Un livre pour
les passionnés d'aviation !
Bonne lecture,
Bertrand
24 juin
2017.

Jacques-Henri Schloesing, ITINÉRAIRE D'UN FRANÇAIS LIBRE

Préface de Pierre Schœndœrffer

À Caroline, Valentine, Guillaume, Loïc, Joséphine.

HEIMDAL

Remerciements :

Mes très sincères remerciements s'adressent :

À Monsieur et Madame Olivier Schlœsing,
À Claude Rosa,
Au colonel Marc Augenstreich, au capitaine Arnaud Faure, au docteur Stéphane Cosson,
À Frédéric Bruyelle, Bertrand Hugot, Philippe Chéron, Vladimir Trouplin, Evelyne Capelle,
À mon épouse, sans laquelle ce livre ne serait pas.

Crédits photographiques :
Sauf mention particulière, les droits photographiques de cet ouvrage appartiennent au service historique de la Défense, à diverses collections privées, ainsi qu'à la famille Schlœsing.

Coordination : Jean-Charles Stasi

Prépresse : Christel Lebret

Conception graphique : Constance Le Monnier

Conception graphique de la première de couverture : Guillaume Fiquet

Achevé d'imprimer sur les presses d'Arti Grafiche, Pomezia (Italie), mai 2013.
Pour le compte des Éditions Heimdal, Damigny/Normandie (France), Georges Bernage, éditeur.

Sommaire

Préface de Pierre Schoendoerffer 4

Avant-propos du général Jean-Paul Paloméros 6

Prologue 7

Chapitre I : *Engagé pour la durée de la guerre* 8

Chapitre II : *Première évasion* 14

Chapitre III : *Piloter !* 20

Chapitre IV : *Squadrons britanniques* 32

Chapitre V : *Naissance du groupe « Île de France »* 36

Chapitre VI : *Veillée d'armes* 48

Chapitre VII : *Baptême du feu* 52

Chapitre VIII : *La guerre au quotidien* 58

Chapitre IX : *Débarquement à Dieppe* 64

Chapitre X : *Biggin Hill* 68

Chapitre XI : *À la tête du groupe « Île de France »* 74

Chapitre XII : *Le feu* 80

Chapitre XIII : *Retour en France* 86

Chapitre XIV : *Clandestinité* 92

Chapitre XV : *Paris* 100

Chapitre XVI : *Seconde évasion* 108

Chapitre XVII : *Retour à Londres* 112

Chapitre XVIII : *Queen Victoria Hospital* 116

Chapitre XIX : *Un an de patience* 124

Chapitre XX : *À l'entraînement* 130

Chapitre XXI : *Derniers combats* 136

Chapitre XXII : *26 août 1944* 144

Postface d'Olivier Schlœsing 150

Annexe 1 : *Reported missing* 152

Annexe 2 : *Schlœsing vu par…* 154

Annexe 3 : *Décorations et citations* 155

Annexe 4 : *Discours de Bernard Dupérier lors de l'inauguration de la rue Cdt Schlœsing à Paris* 156

Annexe 5 : *Quelques insignes du squadron 340* 158

PRÉFACE

Non! Non! Non!... Oui! Ha! Oui!... Ce pourrait être la devise de Jacques-Henri Schlœsing — « le grand Chleu », Pour ses compagnons de guerre de libération. Son épitaphe! *« Non, à ce que je ne veux pas. Oui, à ce que je cherche »*, Quitte à en mourir, soldat inconnu.

En juin 1940, la France est au fond de l'abîme, humiliée, elle a subi l'un des plus effroyables désastres militaires de son histoire.

« Est-ce le châtiment cette fois, Dieu sévère ? Alors, parmi les cris, les rumeurs, le canon, Il entendit la voix qui lui répondait : Non ! » Non au déshonneur, à l'abandon, la résignation, la soumission, au renoncement. Ha! Non!... Il préférait mourir plutôt que de survivre paisiblement à un pareil désastre. Il voulait vivre, bien sûr. Un vieux sage vietnamien dont j'ai perdu le nom disait, il y a déjà mille ans : les raisonnables ont duré, les passionnés ont vécu. Avec quelle intensité Schlœsing a-t-il vécu, la tête dans les étoiles. Oui à l'Espérance contre toute raison. Oui à la France. Oui, à la victoire contre toute raison en ce temps-là, en juin 1940. Ha! Oui!... « le grand Chleu » fait son choix, dit non, et oui. Il rejoint la France libre en Grande-Bretagne sans même avoir entendu à la radio le message du 18 juin. Il a tout juste vingt ans. Ah! La jeunesse! *« Et l'on voit de la flamme aux yeux des jeunes gens »*.

Il semble qu'il n'en savait pas lourd alors. Quatre ans plus tard, à l'heure de sa mort, les yeux ouverts, entre ciel et terre, il en savait beaucoup, plus que la plupart d'entre nous. Il était devenu un chef. Pourtant, il était toujours un jeune homme au visage défait par le feu et refait dix fois. Un visage d'une éternelle adolescence. Il avait, chevillée en lui, la puissance de la vie. Il avait foi en l'espérance.

On dit facilement aujourd'hui que des héros comme ce Schlœsing n'existent plus, le moule en est cassé, ils appartiennent à des temps révolus. Je vous réponds : Non!... Il y aura toujours des jeunes hommes courageux qui, dans des circonstances et des occasions diverses, seront prêts, sans cesse prêts à donner corps et âme pour leur patrie. Churchill disait : *« Never was so much owed by so many to so few. »*, *« La patrie d'un homme qui peut choisir, c'est où viennent les plus vastes nuages »*, disait aussi Malraux.

Cette biographie du « grand Chleu » se lit comme un roman. J'en connais l'auteur, c'est un ami. Un officier. Il a commandé le 1er régiment de chasseurs parachutistes. Unité d'élite dont la source remonte à la création des premières compagnies de parachutistes dans les années trente. J'ai vu le colonel Collet commander son régiment en Afghanistan, il y a peu. La responsabilité du commandement condamne le chef à une solitude particulière. Collet est un chef, Schlœsing était un chef. Il est juste et bon que cette histoire de soldat nous soit contée par un soldat. Ils sont du même sang, l'un et l'autre.

Une plume d'une grande probité. Ni sécheresse, ni lyrisme intempestif, pas de bavardage. Une pudeur –qui était aussi celle de notre héros– bouleversante, suggérant la grandeur et le mystère de cette courte vie. Un récit d'une seule coulée, qui reste claire et captive le lecteur. Il faut beaucoup de talent pour y réussir. C'est la forme classique de l'épopée qui se plie aux courbures du temps et relate les événements dans l'ordre où ils se produisent, sans hâte, sans ruse, sans effort visible. Un message, une leçon où le courage apporte avec lui l'espérance.

Du haut de son *Spitfire* il contemplait la France, ses champs de blé, ses vallons, ses bosquets, ses fermes et ses villages incendiés par la retraite précipitée de la Wehrmacht… Ô que la France était belle au grand soleil de Messidor…

« Je monte », Ce sont les derniers mots du commandant Schlœsing, du «grand Chleu». Il montait vers le soleil avant de s'écraser en flammes.

Pierre Schœndœrffer.

⋏ Pierre Schœndœrffer, Olivier Schlœsing, les jeunes du jury de la France mutualiste, et l'auteur.
Pierre Schœndœrffer est mort le 14 mars 2012, à 83 ans.

AVANT-PROPOS

En juin 1940, alors que la France connaît une des défaites les plus terribles de son histoire et que se met en place, avec l'armistice, le régime de Vichy, le général de Gaulle décide de poursuivre la lutte contre l'Allemagne. Lançant son appel fondateur, il invite toutes les forces vives de la nation à le rejoindre pour l'épauler dans son combat.

Des aviateurs français firent alors le choix de poursuivre la lutte pour la liberté de notre pays. Avec des avions dépareillés, des effectifs squelettiques et des navigants tout juste formés qui ne rêvent que de se battre, ils rallient qui l'Angleterre, qui Gibraltar, qui l'Égypte, dans des circonstances épiques, souvent difficiles, parfois périlleuses.

Jacques Henri Schlœsing fut l'un de ces aviateurs, sans doute parmi les plus authentiques, de ces Forces Aériennes Françaises Libres nouvellement constituées. Elles ont rassemblé des hommes et des femmes unis par un même idéal. Des combattants courageux qui ont écrit l'une des plus belles pages de l'histoire de l'aviation militaire française, pour servir leur pays sans jamais céder, et qui sont restés fidèles aux idées qu'ils défendaient. Combattant au départ par petites unités dispersées, ces héros se sont distingués en honorant les couleurs françaises par leur bravoure et, parfois, leur sacrifice.

La foi qui anime nos aviateurs d'aujourd'hui, le courage et l'intelligence qui sont les leurs, nous ont été transmis par des hommes comme Schlœsing, dont la vie a marqué notre aviation à jamais. Quel plus beau symbole de cet héritage qu'une promotion d'élèves-officiers qui porte ce nom légendaire ?

Lorsque de jeunes « Poussins » de l'École de l'Air choisissent ce héros fameux pour parrain, ils nous montrent en effet leur détermination à perpétuer son combat. Ils nous montrent qu'en empruntant la voie que leur grand ancien a ouverte, ils sauront bâtir l'avenir brillant que nous souhaitons tous.

Du Caudron avec lequel « le grand Chleu » rejoint l'Angleterre, au Rafale, les ailes françaises seront passées de la toile au carbone-kevlar, du câble à l'électron, de l'alidade au viseur de casque holographique du vernis cellulosique au revêtement furtif, du bois lamellé-collé au titane monocristallin, de la mitrailleuse au missile de croisière supersonique, de la télégraphie sans fil à la fibre optique.

En trois générations, tout se sera finalement métamorphosé. Tout aura changé.

Tout. Sauf l'essentiel. L'essence même de notre armée de l'Air : l'aviateur.

L'aviateur est, lui, resté le même. Il a conservé son âme. L'esprit de nos anciens accompagne et guide chacun de nos métiers aujourd'hui. Je peux vous assurer que c'est le coeur de Jacques Schlœsing qui bat dans la poitrine du jeune pilote qui effectue son premier « lâcher », seul, aux commandes de son avion.

C'est en poursuivant sur ce chemin que notre armée de l'Air conserve, peut-être par-dessus tout, ce mélange de rêve, d'audace et d'aventure. Ces valeurs qui nous portent, pour continuer à attirer et former des hommes et des femmes brillants, motivés et prêts à Faire Face aux défis à venir.

Non, le destin de Schlœsing ne s'est pas arrêté le 26 août 1944, au-dessus de Beauvoir-en-Lyons. A l'instar de ses camarades disparus trop tôt, le sens qu'il avait choisi de donner à sa vie restera toujours un exemple pour les ailes françaises. Comme l'écrivait le général de Gaulle à propos de ces aviateurs Français Libres, « rien n'effacera de la Gloire de la France ce que vous lui avez offert. »

Général d'armée aérienne Jean-Paul Paloméros,

Ancien Chef d'état-major de l'armée de l'Air.

PROLOGUE

« Un disparu, si l'on vénère sa mémoire, est plus précieux et plus puissant qu'un vivant. »

Antoine de Saint-Exupéry

Évadé de France le jour de l'armistice, le commandant Schlœsing est abattu aux commandes de son *Spitfire* le 26 août 1944.

À l'instant où sa courte vie s'achève dans un ultime combat aérien, au-dessus de la Normandie, le général de Gaulle descend l'avenue des Champs-Élysées sous les acclamations de la foule. Paris est enfin libéré.

Jacques-Henri Schlœsing avait vingt-quatre ans.

Il n'a pas vieilli. Demeurer les jeunes gens qu'ils étaient au jour de leur mort constitue un triste privilège, offert aux soldats disparus au combat. C'est ainsi que leur souvenir est conservé dans les familles, qu'ils nous apparaissent dans les livres d'histoire ou les films d'autrefois. À moins qu'ils n'aient tout simplement déserté nos mémoires, emportés par l'indifférence, visages anonymes parmi la multitude de nos morts au champ d'honneur...

J'étais un tout jeune enfant quand j'ai découvert l'histoire du commandant Schlœsing dans le volumineux *Mémorial des Compagnons de la Libération*, offert par mon père. Je me rappelle avoir lu pendant de longues semaines les récits souvent hallucinants de courage et de douleur de ces combattants de la France libre, soldats et résistants.

L'aventure de cet aviateur était contée sobrement, récit d'un sacrifice parmi des centaines d'autres. Histoire d'une vie bien courte, mais d'une extrême densité, qui voit la transformation d'un tout jeune étudiant appelé à une carrière d'administrateur colonial, en commandant de la première escadrille de chasse de la France Libre en Grande-Bretagne.

Je n'avais rien oublié de tout cela.
Trente ans plus tard, une attirance pour les objets chargés d'histoire m'a fait acquérir une veste d'aviateur français, joliment confectionnée par un tailleur célèbre de Londres. À l'intérieur, une étiquette, et une inscription : *Pilot Officer J.H. SCHLŒSING*.

Cette veste d'uniforme, ornée du brevet de pilote de la Royal Air Force et d'un simple ruban de Croix de guerre, a réveillé le souvenir de mes lectures d'enfant.
Elle m'a replongé dans l'histoire de ces aviateurs de la France Libre qui, les premiers, ont repris le combat auprès des Britanniques, refusant l'humiliation de la défaite et l'outrage de l'Occupation.
Elle m'a rappelé que si j'ai choisi le métier des armes, c'est avec le souvenir de ces hommes qui, en de terribles circonstances, avaient souvent été choisis par lui.
Elle a enfin éveillé en moi l'envie de raconter la belle histoire de ce jeune Français qui, en moins de cinq années, a connu, compris, et offert l'essentiel.

Chapitre I

Engagé pour la durée de la guerre

Jacques-Henri Schlœsing n'a pas vingt ans quand il endosse pour la première fois un uniforme de soldat. Devançant l'appel sous les drapeaux, il s'engage le 15 septembre 1939, signant un contrat qui précise laconiquement *« pour la durée de la guerre »* et, tacitement, exige sa vie. Ce premier uniforme est, à vrai dire, bien loin d'une tenue confectionnée chez un bon tailleur londonien... Dépareillé, orné d'antiques bandes molletières et de cuirs graissés, il semble tout droit sorti des stocks de l'autre guerre.

Il a bien fallu, en effet, accueillir tous les jeunes gens qui se sont subitement présentés pour le recrutement d'une nouvelle classe d'élèves officiers de réserve. À « drôle de guerre », drôles de militaires, mal fagotés, mal logés mais bien nourris, ballottés par les événements, Avant d'être emportés par le combat. Pour ce jeune homme et ses camarades élèves officiers, pour les Français et les Européens, l'hiver 1939 est comme suspendu dans le temps, irréel. Chacun sait ce que l'avenir réserve, mais semble croire encore au miracle.

Il ne reste néanmoins que quatre mois à la France, à ses chefs, à son industrie et à son armée, pour faire face à l'inéluctable. Quatre petits mois pour équiper ceux qui ne le sont pas encore, les armer, les instruire et ouvrir les yeux d'une nation qui semble avoir perdu dans la saignée précédente, sinon son courage, du moins sa détermination. Schlœsing et ses camarades, dont beaucoup sont parisiens, ont déjà tout quitté, abandonnant derrière eux famille et études. À Laval

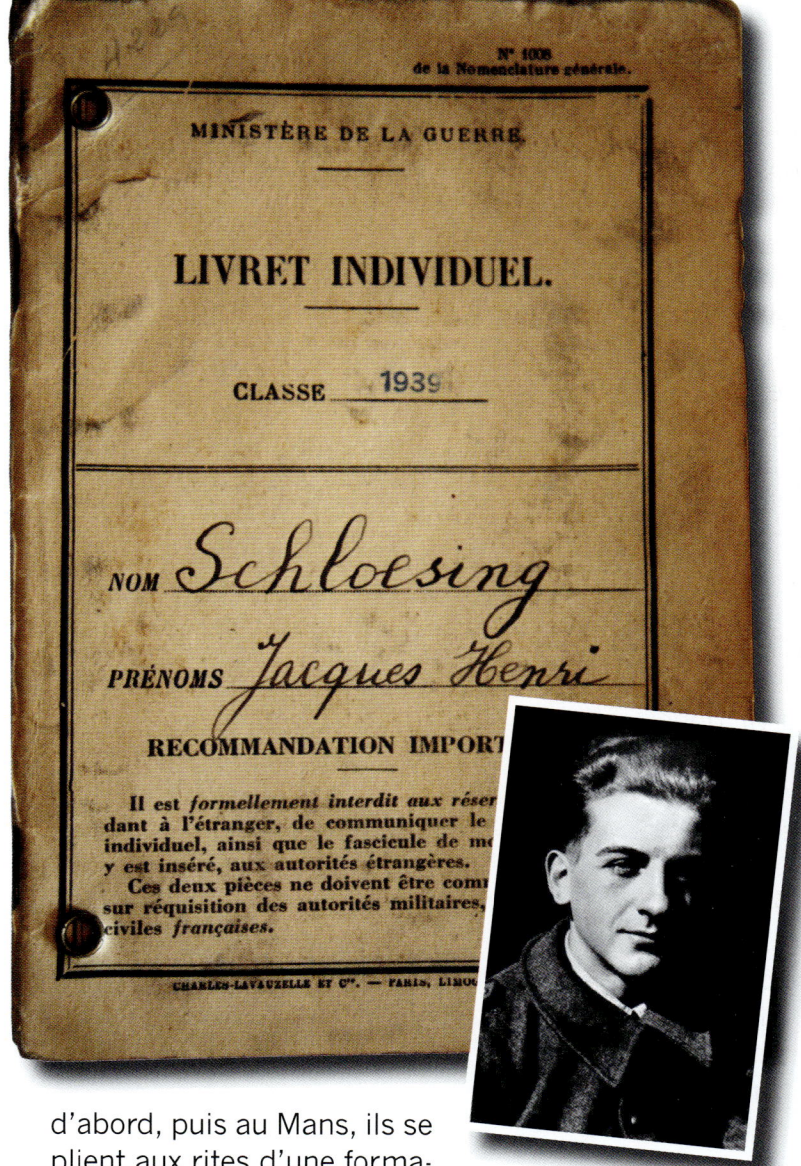

d'abord, puis au Mans, ils se plient aux rites d'une formation militaire qui leur semble bien dérisoire. Marches, de jour et de nuit, ordre serré, topographie... combien de temps les Allemands leur laisseront-ils pour s'instruire et rejoindre une unité entraînée et prête au combat? Pourtant, toute l'armée française, ils le voient bien, n'est pas à l'image de cette troupe de théâtre que lui-même et ses camarades constituent, bien malgré eux.

Les discussions vont donc bon train parmi ces hommes qui ont choisi de se rendre utiles à leur pays. Pour beaucoup, élèves de «khâgne», étudiants en droit ou cyrards malchanceux, la seule préoccupation est de trouver le chemin le plus direct qui permettra de donner un sens à la décision prise : servir en combattant.

Que répondre alors, à Madame Schlœsing, lorsqu'elle écrit à son fils que le nécessaire peut encore être fait pour intégrer la prestigieuse école coloniale, préparée assidûment avant l'engagement? Tout simplement qu'il n'en est pas question. Le bac de philo, la «prépa» et la première année de droit sont maintenant bien loin. En devançant l'appel pour s'engager, son fils exclut toute autre éventualité que le combat et réplique à cette maman qui ne songe encore qu'à le protéger : *«Je ne demande pas mieux que d'être déclaré reçu à la "colo"… Mais pour l'avantage d'avoir une carrière ouverte à la sortie de la guerre, s'il y a une sortie. Je ne partage pas ton jugement selon lequel mon sort immédiat serait "tellement mieux" […]. Je suis maintenant militaire et je ferai la guerre si elle ne se termine pas avant la fin de ma formation. Il n'y a pas à changer cela, absolument pas».*

Tant pis pour cette prestigieuse école qui semblait lui ouvrir les bras, tant pis pour les voyages, les responsabilités d'administrateur d'une contrée lointaine. C'est une autre aventure qui l'attend et ne lui laisse d'autre choix.

Servir donc, et par les armes. Mais encore? Dans l'infanterie, la cavalerie ou l'artillerie comme Émile Schlœsing en 1914, son père, remobilisé depuis quelques mois?

Il semblerait qu'il soit possible de rejoindre l'armée de l'air. D'aucuns murmurent que des places seront offertes aux volontaires reconnus aptes médicalement.

Évidemment, pour qui a choisi d'affronter la tragédie annoncée, l'aviation n'apparaît pas comme un défi insurmontable. Au contraire, elle offre ce supplément d'aventure et de romantisme, dont semblent finalement assez dénués les «biffins», avec leurs bandes molletières. Une commission médicale de l'armée de l'air se déplace effectivement au Mans, fin octobre. Les volontaires se présentent, curieux et dubitatifs, ou très anxieux pour les plus motivés. Vingt-cinq candidats sont retenus et les douze meilleurs sont admis comme «pilote apte» à l'issue des tests. Schlœsing, solidement constitué et sportif, compte parmi ceux-ci.

Ainsi s'offre à lui la perspective de devenir aviateur. Pilote peut-être, qui sait? C'est aussi, à court terme, l'opportunité de quitter la caserne et ses rites, auxquels il s'est finalement assez bien accoutumé. Il faut en effet rejoindre Versailles, où se trouve l'École de l'air. Or Versailles n'est guère éloigné de Paris, et donc de la famille.

Les mois qui viennent, de novembre 1939 à mai 1940, seront donc partagés entre l'apprentissage du métier d'aviateur et les retrouvailles familiales, dont chacun sent bien qu'elles sont de plus en plus précieuses.

De souche alsacienne très ancienne, les Schlœsing ont tout quitté en 1870 pour rester français. Installés à Mulhouse depuis la fin de la première guerre, ils emménagent à Paris en 1928. Animés par une foi protestante très profonde, ils constituent une famille particulièrement soudée, où l'éducation est certes rigoureuse, mais sans excès.

Émile, le père, est pasteur de l'Église réformée. Il est nommé directeur de la Société des missions évangéliques en 1937. Très actif dans le mouvement œcuménique international, il voyage beaucoup à travers le monde, notamment en Afrique. Mais pour l'heure, il est surtout capitaine de réserve de l'artillerie dans une des fortifications de l'Est de la France. Après déjà quatre ans de guerre, où trois de ses cousins ont donné leur vie, le voilà mobilisé une nouvelle fois.

Madame Schlœsing est née en Suisse, dans une famille de médecins elle aussi protestante. Depuis quelques mois, elle assume seule la responsabilité et l'éducation de ses deux plus jeunes enfants encore lycéens, François, dix-huit ans et Olivier, seize ans.

Les plus grands —Andrée, Pierre et Jacques-Henri— ont pris leur essor. Andrée est une brillante étudiante en médecine de vingt-cinq ans, externe à l'hôpital des «enfants assistés» de Paris. Elle sera bientôt d'un secours inestimable pour son second frère,

◁ Livret militaire délivré à l'incorporation. Septembre 1939.
◁ Jeune engagé pour la durée de la guerre.

Été 1938, à l'Ile de Ré, les cinq frères et sœurs réunis pour les dernières grandes vacances familiales : Olivier, François, Pierre, Jacques-Henri et Andrée.

Début 1940, le père et ses deux ainés sous l'uniforme.

Été 1936, au camp national des scouts unionistes.

sont devenus tantôt plantons, tantôt estafettes et messagers, auprès du commissariat à l'information qui s'est installé à l'Hôtel Continental, rue de Rivoli. Ainsi ont-ils vécu ensemble les dernières semaines d'une enfance qui s'achèvera bien vite dans la tourmente. Au moment de quitter ses jeunes scouts de la troupe Cassiopée, Jacques-Henri leur écrit :

« Mes chers amis, J'éprouve le besoin de communiquer avec vous en ce moment. Nous avons vécu une année ensemble, à la fois pour faire de nous des hommes et pour essayer d'agir autour de nous. C'est encore cela qu'il faudra faire pendant la guerre. Nous avions choisi de faire de nos vies une lutte perpétuelle pour trouver celle que le Christ nous offre à la place de la mort, et l'amour à la place de la haine. La guerre, par les souffrances qu'elle nous apportera, nous donnera l'occasion de nous élever au-dessus de nous-mêmes, d'être, intérieurement ou dans nos actes, plus manifestement fidèles à Dieu. Ce n'est pas pourtant dans les grandes épreuves que cette fidélité sera la plus difficile, mais bien dans la vie quotidienne qui continue. Comme éclaireurs et comme chefs, prenons nos responsabilités, chacun de son côté puisque nous sommes dispersés. Moralement, pour notre mère en particulier, soyons des soutiens et non des charges, en comprenant, en aidant. Travaillons et rendons service : on a besoin de nous. La troupe, que sera-t-elle dorénavant ? La dispersion la fera peut-être disparaître complètement quant à ses activités. Mais dans son unité fraternelle elle reste beaucoup pour nous, elle continue de vivre

Jacques-Henri. Pierre a toujours rêvé de paysages lointains et de bateaux. Il a vingt-trois ans et vient de sortir de l'École navale avec son premier galon d'enseigne de vaisseau. Il se prépare aux batailles que la déclaration de guerre et son appartenance à la deuxième marine du monde lui laissent imaginer. Il déchantera bientôt.

Il y a quelques mois à peine, Jacques-Henri, François et Olivier comptaient encore parmi les scouts « éclaireurs unionistes » de Paris. Le premier comme chef de troupe de la paroisse de l'Oratoire du Louvre, les deux derniers comme chef et second de patrouille, attachés au temple de la rue Roquépine. En septembre 1939, tous les trois revêtus de l'uniforme ont participé à l'accueil des réfugiés arrivant d'Alsace, en gare de l'Est. Puis ils *en nous et peut-être encore, d'agir sur nous. Restons en contact, comme amis, et devant Dieu ».*

Quelques jours plus tard, il signe son contrat d'engagement pour la durée de la guerre.

François et Olivier, quant à eux, redémarrent sans entrain une nouvelle année scolaire à l'École alsacienne, ignorant où ils pourront la terminer.

C'est donc à Versailles, où Schlœsing arrive le 17 novembre 1939, que commence la formation dans l'armée de l'Air. L'apprentissage du métier d'observateur est la première étape, qui sera suivie d'un stage de « chef de bord ». Il n'est encore nullement question de pilotage…

Les journées se passent en cours théoriques, parfois surprenants, souvent fastidieux. Mais l'aérodynamique, la météo et la navigation aérienne suscitent la curiosité d'un Schlœsing franchement littéraire. La camaraderie qui naît entre ces hommes appelés à vivre l'épreuve du combat l'aide à supporter l'ambiance, plus scolaire que guerrière. Un de ses amis écrira, à propos de Schlœsing : *« Bien qu'étant le plus jeune, il était l'entraîneur du petit groupe que nous formions. Ceux qui l'approchaient sentaient sa franchise, sa simplicité, son entrain. Sans être sévère, il savait […] être un exemple pour ses camarades.*

Car l'homme est gai, naturellement joyeux et optimiste, même si son caractère l'incite à une réserve que rompt un redoutable sens de l'humour. Beau garçon, ses yeux très bleus éclairent un visage aux traits réguliers et francs, surmontés d'une tignasse noire soigneusement coiffée en arrière. Il inspire confiance, du haut de son mètre quatre-vingt. Calme et réfléchi, on ressent immédiatement à son contact une profondeur d'âme qui tranche avec sa jeunesse. Il n'y a pas de doute, cet homme-là est animé de convictions déjà solides.

Le 20 décembre 1939, le premier vol vient enfin récompenser les longues semaines de patience et d'apprentissage. De vieux Potez 25 attendent les élèves observateurs sur la piste. Aux mains d'instructeurs souvent à peine plus âgés qu'eux, ils commencent ainsi à mettre en oeuvre leurs connaissances toutes nouvelles pour naviguer au-dessus de l'Ouest parisien, dans un ciel toujours calme. Deux ou trois fois, la famille de l'aspirant Schlœsing verra ainsi un vieux coucou survoler, à une altitude assez peu réglementaire, la maison familiale de Chantaloup, dans le Vexin.

Ainsi passe l'hiver 1939-1940. Hormis quelques escarmouches parfois meurtrières à la frontière de l'Est, la guerre ne gronde que dans de lointaines contrées. La Finlande, en janvier, résiste courageusement à l'envahisseur soviétique. En avril, c'est au tour de la Norvège d'être attaquée par les Allemands. Les soldats français, chasseurs alpins, légionnaires et marins sont engagés avec succès à Narvik. Pierre compte parmi ces derniers, à bord d'un contre-torpilleur. Mais la « route du fer » ne restera pas coupée longtemps.

Arrive le printemps et la Blitzkrieg à nos portes.

Le 10 mai, les Pays-Bas sont envahis, puis la Belgique où les divisions françaises se précipitent, et très vite le Nord de la France.

En un mois, durant lequel

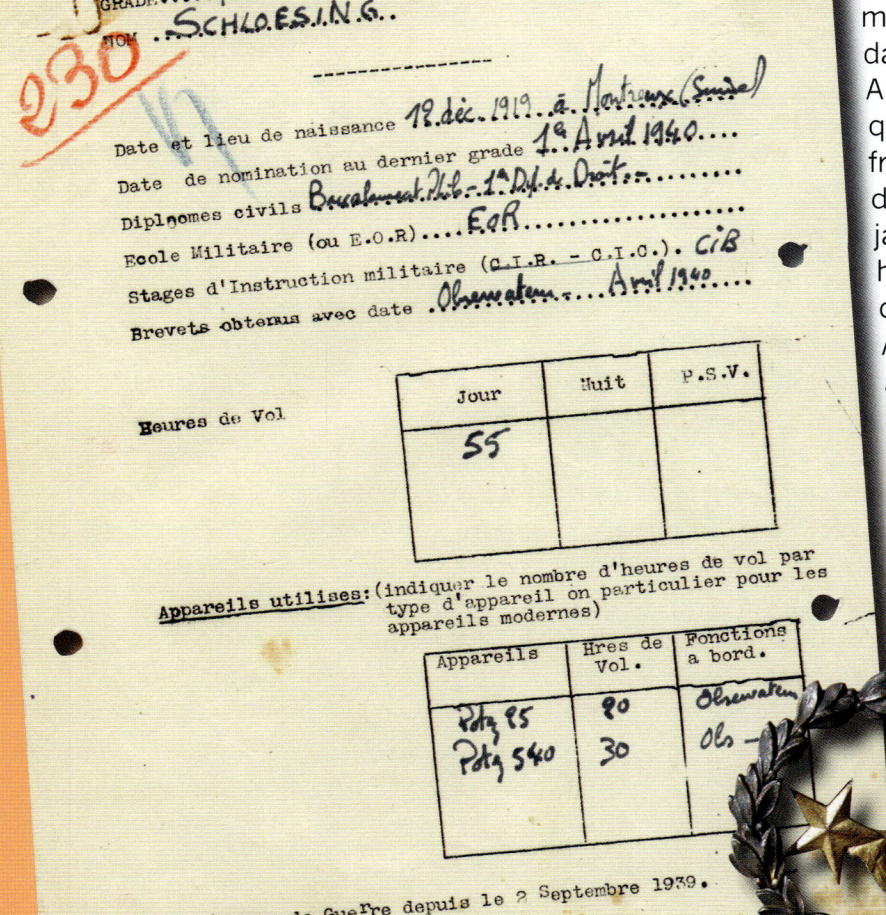

Notes
[1] Marc Bloch, *L'étrange défaite*, Gallimard, 1990.

les combats les plus acharnés côtoient d'affreux mouvements de paniques, tout est joué.

« L'étrange défaite »[1] a précipité sur les routes des millions de Français, livré Paris sans combat, et renversé un pouvoir affaibli. Plus de cent cinquante mille soldats français sont morts en mai et juin 1940, bien davantage qu'au plus fort de la bataille de Verdun.

◁ Brevet d'observateur aérien.
◸ Premiers vols sur Potez 25 à Villacoublay.
◸ Livret militaire, carnet de vol réglementaire tenu de 1939 à 1941 en Grande-Bretagne et gourmette, retrouvée dans la région toulousaine dans les années 80, probablement abandonnée lors du départ pour l'Angleterre.

Chapitre II

Première évasion

Sous la pression de l'offensive des troupes allemandes, Schlœsing quitte Versailles en mai, aspirant depuis un mois et brevet d'observateur tout juste en poche. L'École de l'air se replie d'abord brièvement à Saint-André-de-l'Eure, puis à Toulouse, où elle arrive le 29 mai. Sur la base aérienne 101 de Francazal, chacun tente de suivre une actualité confuse. Il faut d'abord accepter que le combat, sur le territoire français, soit perdu. Admettre également que pour les Britanniques, rembarqués à Dunkerque, seule compte désormais l'intégrité du Royaume. Comprendre enfin que le nouveau pouvoir politique, emmené désormais par le maréchal Pétain, ne poursuivra certainement pas la lutte dans l'Empire. Tout cela, le jeune aspirant pilote le perçoit très vite, manifestant une étonnante vision de l'avenir.

Le 17 juin, la France venant de demander l'armistice, il écrit à sa mère une lettre qui ne laisse aucun doute sur le constat à faire du mois écoulé : l'univers dans lequel il a été élevé vient de s'effondrer. Sans rien céder au désespoir, il ne songe qu'à rendre grâce des années de bonheur qui ont été les siennes jusqu'alors :

« Lundi soir 17 juin 1940, Toulouse-Francazal.

Chère Maman,
Juste un petit mot aujourd'hui, bien que je n'aie rien de spécial à te dire depuis hier. Le peu que nous savons laisse supposer que n'importe quoi est possible et ce gouvernement de militaires sera peut-être plus propre à des négociations, s'il en faut, que s'il s'agissait de nos vieux pantins politiques.

Les Allemands à Dijon vont couper tout l'Est, en atteignant le Jura. Et s'ils avancent là sans rencontrer de résistance, il n'y a plus de raison que toute la France n'y passe. C'est ce que nous allons savoir d'ici peu. Et pourtant il nous reste partout tant de forces. Faut-il qu'elles ne puissent pas servir ? Nos revers militaires viennent de ce qu'en un éclair l'ennemi nous a séparés de toute cette force accumulée dans le Nord pour l'abattre lui-même, de sorte qu'elle ne puisse même pas servir.

Si nous assistons à l'écroulement de tout ce qui fut notre monde, ce qu'à Dieu ne plaise, il faudra bien faire face à la nouvelle vie qui nous attendra et qui risque de ne pas être très drôle. Mais est-ce que la vie est faite pour être drôle ? Et quel privilège pour tes enfants d'avoir jusqu'ici vu et connu tout ce qui fut beau dans leur enfance et leur jeunesse, dans la famille et à côté d'elle. Tout cela ne peut être effacé. Ce qui se passe entre les hommes et les nations est, somme toute, bien petit. Les étoiles, les arbres et la campagne sont simplement d'un été qui commence et qui finira.

Toi, petite mère, tu m'as tout donné. Merci pour tout. Je sais que tu souffres, à cause du monde.

Mais il y a une beauté au-dessus du monde, c'est en elle qu'il faut vivre, n'est-ce pas ? »

Le soir même une nouvelle lettre est envoyée, d'adieux cette fois. Car dans la journée la décision a été prise : aucun ordre de départ vers l'Afrique du Nord n'étant donné, il faut quitter la France pour ne pas tomber aux mains des Allemands :

« Dans l'ignorance absolue de ce qui va sortir de cet armistice et en prévoyant que tout le territoire français va passer au service de l'Allemagne pour l'aider malgré lui à la guerre contre la Grande-Bretagne amie et alliée, prévoyant tout ce que cela signifiera pour tous, pour vous et pour moi, de souffrances et de séparation, je crois voir mon devoir ailleurs. Nous nous trouvons un peu dans la situation des Belges qui ont reçu l'ordre de capituler et dont certains ont refusé pour continuer la lutte avec nous, il y a trois semaines.

Tu comprendras combien il m'est dur de d'écrire cette lettre qui est peut-être pour bien longtemps la dernière. Il faudra accepter de toute façon, je crois, que notre vie de famille soit bien finie. Nous savions que l'enjeu de cette guerre était total et je ne sais pas si l'on fait bien d'essayer une sorte de compromis. Ne valait-il pas mieux, coûte que coûte, continuer la lutte de la nation même hors du territoire ? Me voilà donc, chère petite mère, dans un chemin tout à fait séparé, et je le choisis parce que je crois que, même en restant, il en eût été de même dans une France allemande. Je t'écris avant de savoir quelle réponse et quelle condition l'Allemagne va imposer à la France. Y aura-t-il un État français vaguement indépendant ? Je ne le crois pas. Les Allemands voudront tout, ne serait ce que pour mieux combattre l'Angleterre. Je songe à tout ce qui vous sera imposé de peine, de travail et de souffrance. Mais je pars pensant que Papa sera de nouveau auprès de toi, mari et père. Et je pense à chacun de vous, à vos figures qui m'ont toujours entouré Papa, toi, Andrée, Pierre, François et Olivier. Vous faites tous partie de moi pour toujours. Si vous pouviez tous sortir de cette France asservie et partir pour un pays encore libre ! Échapper à cette servitude n'est pas une lâcheté, loin de là.

Je me demande aussi ce qu'il va advenir de Pierre et de sa marine si belle, intacte, victorieuse.

Je sais aussi que votre pensée à tous, et la tienne, me suivra tous les jours, partout, malgré l'ignorance où nous serons les uns des autres, séparés par l'ennemi.
Je garde au fond du cœur l'espérance la plus chère de vous retrouver tous un jour.

Enfin je ne peux pas te quitter sans te dire encore que cette décision je la prends avec fermeté grâce à ma foi en notre Dieu dont le royaume n'est pas de ce monde.

Adieu, ma petite mère chérie, je t'embrasse de loin bien tendrement et te charge de toute ma tendresse pour les autres quand tu les reverras,

Ton Jacques-Henri.

– J'ai écrit cette lettre sans savoir si je trouverai les moyens que je cherche et qui donneront lieu à son envoi. Il se peut que non, même si tu la reçois.

– Je ne sais pas comment les Allemands considéreront légalement ceux qui leur auront brûlé la politesse. Il vaudra donc peut-être mieux que vous n'attiriez pas l'attention sur ma situation. »

Le 19, Schlœsing qui, comme la grande majorité des Français, n'a pas entendu l'appel radiophonique du général de Gaulle, rédige une ultime lettre. Aussi déterminée que la précédente, son accent tragique révèle le combat intérieur que l'homme livre à ce qui reste encore de l'enfant :

« Mercredi 19 juin 1940, Toulouse-Francazal.

Ma chère petite mère,

Lundi soir après le coup de la déclaration de Pétain, pourtant un peu attendue depuis quelques heures, je t'ai écrit une autre lettre, dans laquelle, après avoir pris une très grave décision qui m'a déchiré, je te faisais mes adieux. Ce soir je suis encore ici, pas pour longtemps je pense. Il se peut, soit que le commandement s'occupe de nous faire partir, puisque pour l'instant on continue la lutte, soit sinon, que je trouve des ailes pour m'emmener. Car, après deux jours complets de réflexion je suis déterminé absolument à tout tenter pour partir. Je sais ce que cela signifie : nous ne saurons plus rien les uns des autres, séparés fatalement par l'ennemi. Je sais que pour vous ce sera terrible aussi, mais tu comprendras que ce soit nécessaire et que j'y vois non seulement mon devoir (car je ne veux pas être utilisé par les Allemands à leur service malgré moi) mais aussi la meilleure solution possible. Songe que si les Allemands arrivent partout, ce qui paraît devoir se produire dans tous les cas dans le territoire métropolitain, ils ne me laisseraient pas, j'en suis du moins persuadé, venir auprès de toi pour t'aider à vivre, d'une façon ou d'une autre. Ne *serait-ce que pour la bonne raison qu'ils sont en guerre contre l'Angleterre, ils vont utiliser chaque Français comme potentiel de travail, manuel ou autre, avec une place assignée, cela loin de toi, peut-être au coeur de l'Allemagne, ne pouvant jamais te voir, à peine t'écrire. Là serait la seule différence dans nos rapports : s'écrire. C'est énorme, mais faut-il pour cela servir l'Allemagne et contribuer ainsi à sa lutte contre la Grande-Bretagne et au fond contre nous-mêmes ? Au contraire, songe, si je peux prendre la lutte ailleurs, là où elle sera en Angleterre ou en Afrique (car j'ignore encore le sort et l'attitude de la marine et des colonies devant ces événements), j'aurai conscience de le faire pour vous directement, pour votre vie, pour notre vie.*

Et si ce que l'on appelle, je ne sais pourquoi, le "sacrifice suprême" est demandé, tu sauras toujours dans quel but il aura été fait, cause désormais indiscutable. Tu seras heureuse d'avoir au moins un de tes enfants au service de cette cause, libre de se donner à elle.

Et tu auras l'âme paisible à la pensée que tout cela n'est que transition et que tu retrouveras toutes ces âmes un jour.

Je pense tous ces jours-ci à Papa qui doit se battre terriblement. Qu'il te soit conservé pour les années de souffrances qui arrivent. Je suis maintenant prêt à tout. Que toi tu le sois aussi, avec cette sérénité si rare et si précieuse.

Comment va être assurée votre vie matérielle ? Que vont devenir François et Olivier, et Andrée ? Nous ne pouvons ni imaginer ni concevoir ce que va être notre sort à tous. Je serai près de vous par la pensée tous les jours. Retrouverai-je Pierre ailleurs ?

Adieu ma chère petite mère. Je t'embrasse très fort. Je mettrai de toute façon cette lettre avec l'autre demain matin à la boîte, sans savoir quand tu les recevras. Si tu ne reçois plus rien après, tu sauras ce que cela veut dire.

Par contre si tout ce que je prévois échoue, je pense quand même te revoir ou t'écrire bientôt, comme civil et comme vaincu. Dans ce cas aussi, il faudra savoir faire face à ce qui pourra arriver.

Adieu donc. Par toi je m'adresse à chacun de vous de la famille, car tu es la mère qui est à tous.

Ton et votre Jacques-Henri.

Je ne comprends pas qu'on essaye, par un armistice, de sauver quelque chose. Battus par les Allemands, nous devrons être soumis à leur seule volonté et il ne peut plus y avoir de pourparlers, me semble-t-il. Pourquoi parlementer, diront-ils, si dans quinze jours nous pouvons prendre tout ce que nous désirons ? »

Tout est dit dans ces quelques lignes qui révèlent en même temps une naïveté presque enfantine et une clairvoyance surprenante. L'honneur commande de partir. Partir en abandonnant ce qu'il y a de plus cher : l'affection d'une famille. Partir et tout perdre : le confort, la tranquillité, la sécurité, et la vie peut-être, s'il le faut. *« Je suis maintenant prêt à tout. »*
Cet homme qui s'apprête à fuir la France est encore libre. Il entend le rester, quand bien même la multitude accepterait sans rechigner l'esclavage annoncé.

Il s'agit bien de fuir en effet, et même de déserter. Les ordres sont stricts sur la base de Francazal : ouvrir le feu sur tout militaire tentant de quitter le territoire national. Les avions sont donc gardés par des hommes en armes, avant d'ailleurs d'être sciemment mis en panne pour éviter les « emprunts ».

Durant ces heures intenses où se noue le destin des Français, alors qu'il envisage son évasion, Schlœsing trouve un compagnon qui deviendra bien vite un ami cher. L'aspirant René Casparius est professeur de philosophie. Diplômé de la Sorbonne, il préparait un doctorat quand la guerre a éclaté. Comme Schlœsing il ne songe désormais qu'à quitter la France pour prendre part au combat.

Très vite, deux autres candidats au départ se joignent à eux : l'aspirant Ricard-Cordingley et le sergent Gueydon. Mais parmi ces trois aviateurs... pas un seul ne sait piloter !

Le 21 juin, un Caudron Goéland, bimoteur de liaison de six places, se pose et se gare prêt d'un hangar. Le sergent Béguin, son jeune pilote, est discrètement contacté. Il ne doit redécoller pour Clermont-Ferrand que le lendemain en fin de journée. Ayant lui-même songé à l'évasion, il accepte bien volontiers de se joindre à ces officiers, trop heureux de ne pas être seuls à risquer le conseil de guerre.

Quelques complicités silencieuses permettent de refaire le plein du Goéland, en espérant que l'autonomie de l'appareil sera suffisante pour la longue traversée vers l'Angleterre. Inutile en effet de penser à rejoindre l'Afrique du Nord. Qui peut dire quand y reprendra le combat? Les Anglais eux, n'envisagent pas une seconde de baisser les armes. Se battre, c'est donc les rejoindre et se mettre à leur disposition. La liberté de l'Europe entière va désormais se réfugier sur les îles britanniques...

Une carte, quelques effets personnels mais pas trop pour ne pas alourdir inutilement l'avion, tout cela est vite préparé. Les navigateurs calculent la route et les éléments de vol. Théoriquement l'avion devrait les amener dans le Sud de l'Angleterre après un vol plein ouest direction l'Atlantique, puis plein nord vers la Manche. Pas question, en effet, de survoler la France et de courir le risque d'être abattu par les Allemands ou même les Français. Durant ce long trajet, le principal danger réside dans l'éventualité d'une panne moteur, qui contraindrait les évadés à un amerrissage forcé, sans le moindre espoir de secours. Pas un n'hésite.

Le matin du 22, les cinq camarades se retrouvent et confirment le départ pour midi, au moment où chacun se préoccupera de sa pitance.

Au même instant, les délégations en charge de négocier l'armistice entament l'ultime phase de pourparlers à Rethondes. Humiliation supplémentaire, à laquelle Hitler a lui-même tenu, elles sont rassemblées dans la clairière et installées dans le train où fut signé celui de 1918.

◁ D. Béguin, pilote du Goeland.
△ L. Ricard Cordingley.
▷ R. Casparius.

À 11 h 35, l'équipe se dirige vers le poste de garde chargé de la surveillance des avions. Elle y trouve le sous-lieutenant Roques, jeune diplômé de l'École polytechnique, en l'occurrence chef de poste. Deux solutions lui sont proposées : il ferme les yeux ou on l'enchaîne au radiateur avec ses sentinelles… Roques en choisit une troisième : il embarque !

À 12 heures, l'avion est amené discrètement en bout de piste, sous le regard d'une sentinelle complaisante. L'hélice est rapidement brassée.
Moteurs… Dieu merci, ils démarrent l'un après l'autre et montent dans les tours à la première sollicitation. Sans attendre la température requise, les freins aussitôt lâchés, le Goéland décolle et entame son ascension dans le ciel toulousain, salué par quelques tirs de DCA[1] maladroits et peu convaincus.
Chacun est sous tension, les yeux rivés sur les cadrans du tableau de bord : niveau de carburant, pression d'huile, température d'eau… Très vite, l'Atlantique est atteint. Commence alors le long périple à cinq cents mètres au-dessus des vagues, à la redoutable vitesse de cent quatre-vingt-dix kilomètres heure… La côte française reste visible en permanence, en main courante au loin sur la droite. Le vol se passe sans mauvaise surprise, mais dure six heures interminables.

Soudain Casparius discerne une falaise qui plonge dans la mer, plein nord. Quelques moutons… Il pourrait bien s'agir de l'Angleterre ! Couvrant les mille deux cents kilomètres sans rechigner, le Caudron Goéland a tenu le coup et accepté d'entamer lui aussi une nouvelle carrière en Grande-Bretagne. Alors qu'il se prépare à atterrir, Béguin entend dans ses écouteurs la voix d'un contrôleur anglais qui lui demande quelque chose comme… le mot code du jour ! Bien embarrassé, il répond qu'il n'en a pas la moindre idée, qu'il est français. Suspense… les Anglais vont-ils eux aussi se mettre à tirer ? Les cocardes tricolores qui ornent les ailes du Caudron remplissent finalement leur office.

À 17 h 50, heure française, Béguin se pose au milieu des coquelicots, sur un petit aérodrome de tourisme en bord de mer.

Au paysan qui peine à dissimuler son étonnement en se dirigeant vers eux, Schlœsing demande :

– « Where are we ?
– Welcome to Devon, Sir. »[2]

Des six compagnons d'évasion, un seul survivra à la guerre : le sergent Gueydon, qui rejoint le groupe de chasse n° 1 en Lybie. Il est abattu en combat aérien en 1941 et fait prisonnier. Son destin se perd dans la confusion de la guerre.

Le 26 janvier 1942, Louis Ricard-Cordingley achève sa formation de pilote de chasse quand son Spitfire percute celui de son ailier. Il réussit à s'extraire de la carlingue disloquée et à actionner son parachute de secours, mais trop bas, il s'écrase au sol.

René Casparius, l'ami fidèle de Schlœsing, disparaît en mer au cours d'une mission de reconnaissance dans le Golfe de Gascogne, le 26 novembre 1942. Titulaire de trois victoires aériennes, il est alors capitaine et *Flight Commander au squadron 235* du *Coastal*

Command. Raymond Roques, le polytechnicien, rejoint le *squadron 149* de la RAF début août 1940. Il est l'un des trois premiers Français Libres à bombarder l'Allemagne, à bord d'un Wellington. Il gagne très vite l'Afrique du Nord et participe aux opérations de Koufra avec le groupe Lorraine. Il trouve la mort en service aérien commandé au large de la Tunisie, au printemps 1943.

Le sergent Didier Béguin est rapidement promu adjudant et effectue deux cent sept missions dans les *squadrons 213* et *253* de la RAF. Volontaire pour rejoindre le groupe Normandie, il arrive en URSS fin 1942. En 1943, il est capitaine et prend la tête de l'escadrille Le Havre. Titulaire de sept victoires aériennes, il quitte la Russie épuisé, après avoir été blessé, début 1944. Reprenant le combat après quelques semaines de repos, il commande l'escadrille Strasbourg du groupe Alsace, lorsque son Spitfire est touché par la Flak, au-dessus d'Appeldoorn, en Hollande. Il s'écrase sans avoir pu sauter.

Notes
[1] Défense contre avion.
[2] Où sommes-nous ? Bienvenue dans le Devon, Monsieur.

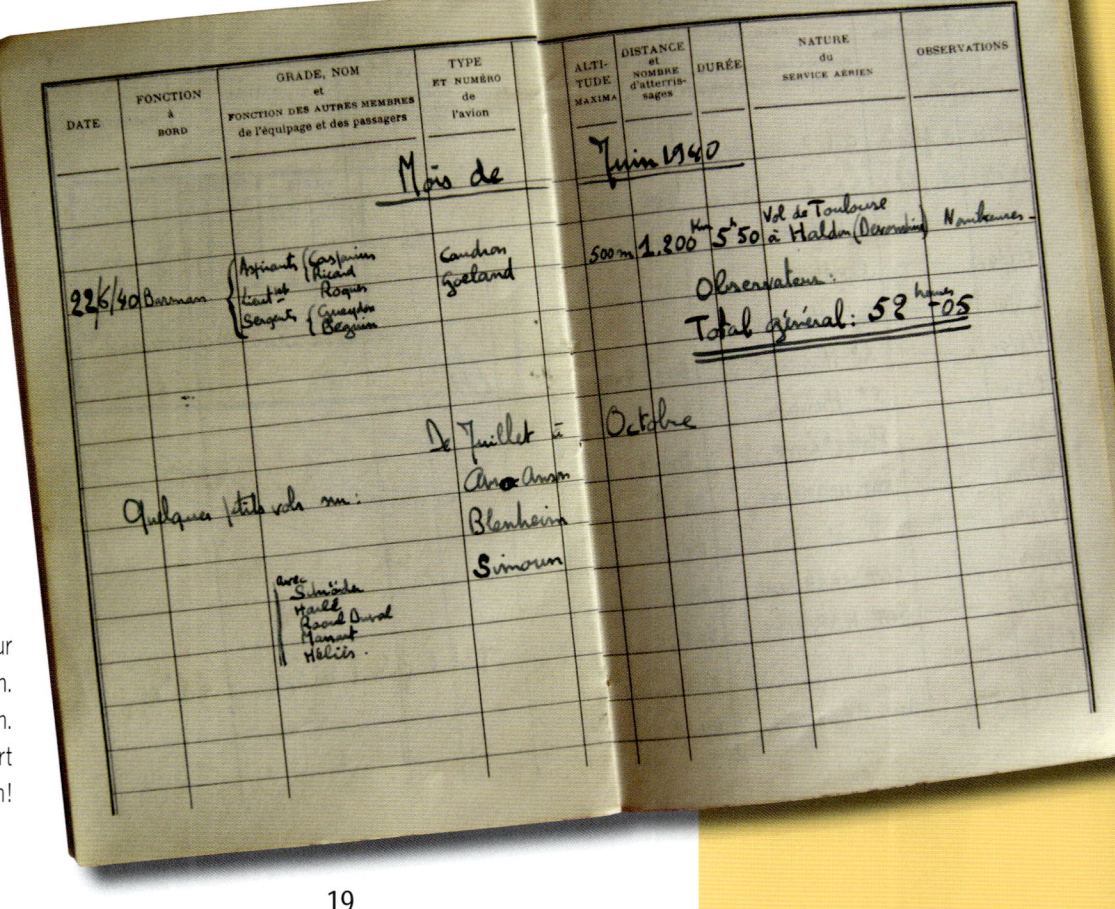

◁ Un Caudron Goélan identique à celui utilisé pour l'évasion.
▲ R. Rocques, le polytechnicien.
▷ Carnet de vol de Schlœsing, au jour du départ vers l'Angleterre. Fonction à bord, il note : barman !

Chapitre III

Piloter !

Aussitôt après leur atterrissage, Schlœsing et ses camarades sont remis à la *Home Guard*[1]. La bataille d'Angleterre vient en effet de commencer et les îles britanniques sont sur le pied de guerre. Elles sont désormais le prochain objectif d'une offensive que rien ne semble pouvoir arrêter. Partout dans le pays, la crainte de la « cinquième colonne » est présente.

Après la *Home Guard*, ce sont les policiers qui prennent le relais pour interroger tour à tour chacun des évadés. Mais il faut finalement peu de temps pour recouper les récits et en vérifier la véracité. Les six hommes, qui déclarent bien sûr leur volontariat pour reprendre le combat, sont donc rapidement dirigés vers le camp de Saint-Athan, près de Cardiff dans le pays de Galles. Là sont regroupés tous les aviateurs français qui ont pu gagner l'Angleterre craignant l'armistice, ou qui s'y trouvaient déjà, souvent par les hasards de la guerre. Bien peu parmi eux connaissent le général de Gaulle. Encore moins nombreux sont ceux qui ont entendu son appel à la radio de Londres.

Dans cette période de trouble, au moment où la France change de pouvoir et passe sous la domination allemande, et alors que son armée achève de se décomposer, la plus grande confusion règne parmi les Français de Grande-Bretagne. Les unités arrivées partiellement constituées en juin,

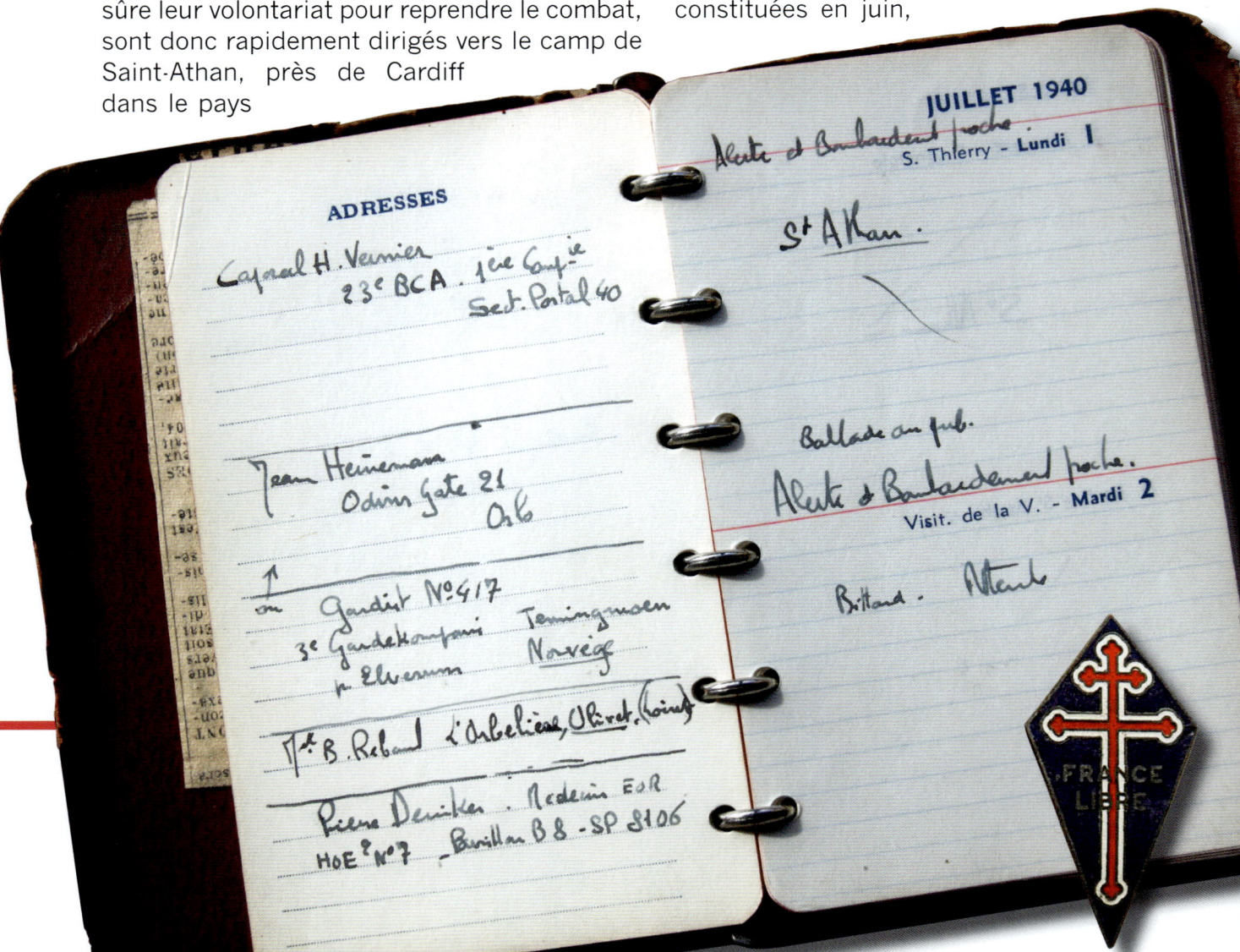

après le rembarquement de Dunkerque et l'opération de Narvik, se voient offrir le choix suivant : rentrer en France ou proposer leurs services au général de Gaulle. Quelques-unes seulement choisissent la seconde solution, ignorant encore tout de ce qui deviendra la France Libre. Ceux qui restent – marins, aviateurs et soldats de l'armée de terre – sont peu à peu séparés et répartis dans différents camps d'Angleterre.

À Saint-Athan, malicieusement surnommée « Saint-Attend », le personnel navigant, les mécaniciens et le personnel administratif sont mélangés en une seule et même troupe par le fait des circonstances. Faute d'unités constituées, de matériel à servir, et donc de mission, seuls l'attente et l'ennui sont effectivement au programme, avec quelques cours d'anglais, de météo et de navigation aérienne. Quelques chanceux se voient cependant proposer d'intégrer l'armée britannique : il s'agit des pilotes déjà qualifiés, qui sont l'objet de la convoitise de la RAF.

La bataille d'Angleterre se livre en effet dans les cieux. Elle est terriblement coûteuse pour un pays soumis à d'intenses bombardements et pour son armée de l'air. Hitler, qui masse ses troupes dans un nouveau camp de Boulogne, ne peut en effet tenter le moindre débarquement tant qu'il ne s'est pas assuré la suprématie aérienne. Pour le fidèle et présomptueux Maréchal Göring, la conquête des îles britanniques n'est qu'une question de semaines…

C'est sans compter sur la ténacité d'un peuple fier et décidé, galvanisé par un chef sans pareil : Winston Churchill. Sous son impulsion, le pays entier prend l'allure d'un camp retranché, dont toute l'activité vise à soutenir la Royal Air Force. Ses pilotes, de chasse en particulier, entament une lutte terrible contre les bombardiers et chasseurs allemands, dans le ciel du sud de l'Angleterre. De leur succès – et de leur sacrifice – dépend la survie du dernier bastion européen dressé contre l'Allemagne nazie.

Mais si l'industrie britannique réussit l'exploit de remplacer sans délai chaque avion abattu, la RAF considère quant à elle avec inquiétude la disparition rapide de ses pilotes, qui ne peuvent être sérieusement formés en moins d'un an.

De tout jeunes pilotes étrangers, dont quelques Français, vont donc très vite rejoindre les rangs de la RAF et ses escadrons de chasse ou de bombardement. Philippe de Scitivaux, Pierre Blaise, Henri Lafont, François Fayolle, Didier Béguin lui-même, et quelques autres encore, aux côtés de Tchèques, de Belges ou de Polonais, prendront ainsi part à la bataille d'Angleterre.

Schlœsing, lui, assiste, impuissant et la rage au ventre, aux premiers engagements de cette bataille historique.

Le 11 juillet, une bonne nouvelle arrive cependant, qu'il n'attendait certainement pas : Madame Schlœsing et ses deux garçons, François et Olivier, sont en Angleterre! Ils ont débarqué la veille, à Liverpool, seize jours après avoir quitté le port de Sète à bord d'un navire de commerce britannique. Jacques-Henri ignorait tout de l'aventure que cette partie de la famille vient de vivre.

Le 10 juin, ses deux jeunes frères ont quitté Paris à bicyclette, direction Montpellier, où ils arrivent après un périple de dix jours. Là ils retrouvent leur mère, qui a pu monter par miracle dans un des derniers trains de réfugiés quittant la capitale avant l'arrivée des Allemands. Le 20 et le 22, ils reçoivent les lettres que Jacques-Henri envoie de Toulouse, annonçant son départ

◁ Premier carnet tenu en Grande-Bretagne, à l'arrivée à Saint-Athan pendant le Blitz.
◁ Insigne premier type de la France libre ayant appartenu à Jacques-Henri.

prochain pour l'Angleterre. Le soir, la famille entend sur la BBC cette curieuse voix de Londres, appelant les Français à la rejoindre... Au moins ne sont-ils pas seuls à envisager la question !

Le lendemain, la décision est prise. Ignorant encore si son mari est tué ou prisonnier, Marguerite Schlœsing déclare à ses enfants que, dans l'incertitude où chacun se trouve, le mieux est de rejoindre la Grande-Bretagne, et de rallier ce général inconnu mais déterminé.

↑ François, qui vient de rejoindre les FNFL.

Ce jour-là, le capitaine Émile Schlœsing est fait prisonnier dans les Vosges, à la tête d'une batterie d'artillerie qui s'est remarquablement battue. Impressionnés par ces hommes, les Allemands leur rendent spontanément les honneurs. Ils se rassemblent, et au commandement de leurs officiers, présentent les armes.

Le 24 juin, la mère et ses deux fils arrivent au port de Sète et parviennent à embarquer sur un cargo britannique en profitant de l'inattention de la sentinelle gardant la passerelle. Le 26, le convoi de navires britanniques se forme au large de Sète et prend la direction de Gibraltar. Il arrivera six jours plus tard.

Devant le Rocher, une chaloupe accoste le cargo. Deux hommes hèlent les occupants : « *Des Français ? Alors avec de Gaulle !* »

C'est ainsi que tous trois se retrouvent à bord du *Neuralia*, un joli petit paquebot de luxe australien, transformé en transport de troupes. Le temps d'être rejoints par d'autres navires, et un nouveau convoi est constitué en rade de Gibraltar, en attente du départ vers l'Angleterre.

Un matin, deux grosses unités de la Navy quittent la rade. Nul ne sait que le *Hood* et l'*Ark Royal* mettent le cap en toute hâte vers Mers-el-Kebir, pour y détruire la flotte française encore intacte...[2] Folie de ces journées de l'été 1940, où quelques Français rejoignent l'Angleterre pour y poursuivre le combat pendant que d'autres sont tués par des Anglais qui craignent de les voir rallier les Allemands.

Le 10 juillet donc, le convoi accoste à Liverpool. Un sous-lieutenant et deux sous-officiers gaullistes montent à bord pour recenser une nouvelle fois les militaires français et les candidats à l'engagement. François, du haut de ses dix-huit ans, leur emboîte le pas et, se tournant vers sa mère lui déclare dans un dernier sourire : « *Cela va de soi, n'est-ce pas maman ?* » Et voilà ce tout jeune « Français libre » parti pour rejoindre les forces navales du même nom !

Madame Schlœsing arrivée en Angleterre, accompagnée ici de Jacques-Henri et du jeune Olivier, condamné à passer son bacclauréat. Une impressionnante détermination se lit sur son visage....

Quant à Olivier, Madame Schlœsing impose d'autorité un retour en classe de terminale : avant la guerre, le bac…

Ce n'est que le 10 août que Jacques-Henri quitte enfin le dépôt de Saint-Athan, recevant l'ordre de gagner la base aérienne d'Odiham, près de Londres, accompagné de René Casparius et de nombreux autres futurs pilotes. Il retrouve là des camarades Belges et d'autres Français de «l'Air Force de Gaulle», classés «non opérationnels» par la RAF faute de qualification.

L'école franco-belge d'Odiham, commandée par le capitaine Henri de Rancourt, n'a d'école de pilotage que le nom, mais on veut croire que l'entraînement y débutera rapidement. Elle compte bien quelques avions, de vieux biplans *Tiger Moth*, surnommés affectueusement «tigres mous», et quelques Simoun français. Mais ils volent si peu…

Affecté à l'encadrement d'élèves pilotes plus jeunes et moins qualifiés que lui, Schlœsing prend son mal en patience et trompe l'ennui : sorties à Londres, virées avec les camarades, concerts, cours de littérature anglaise avec René Casparius… Et beaucoup de courrier, notamment à l'attention de sa mère. Prenant son nouveau rôle d'aîné très à coeur, Jacques-Henri entretient une relation étroite avec cette maman mise à l'épreuve par la guerre. Sans nouvelles de son mari et craignant d'apprendre un jour sa mort, elle se débat parmi les milliers de réfugiés qui viennent de rejoindre la Grande-Bretagne : se loger, trouver un lycée français qui accepte Olivier, et tâcher de renouer le lien avec Pierre, en Afrique du Nord et Andrée à Paris.

Le 25 septembre, comme chaque jour ou presque, il lui écrit, laissant pour une fois transparaître lassitude et résignation : *«J'ai repris hier mon "travail" qui consiste surtout à lire dans un bureau ou regarder les avions atterrir et décoller… commander la cérémonie des couleurs le matin, faire balayer les hangars pour "l'amiral"* [3] *qui vient demain, et signer quelques notes de service. C'est tout […] J'ai appris que mon sort était certainement lié à celui de l'école de pilotage… ce sera donc mon travail dans les mois qui viennent que d'être élève dans cette école.»*

Les chefs de la toute nouvelle France Libre semblent se relayer au chevet de ces jeunes volontaires qui pourraient bien leur échapper à force d'ennui. Après l'amiral Muselier, c'est de Gaulle lui-même qui se déplace le 4 décembre et remonte le moral des troupes. *«Excellente impression : il impose le respect»*, se contente de noter Schlœsing dans une nouvelle lettre. Pour de Gaulle, il n'est pas question de voir se dilapider cette précieuse ressource de pilotes, qui pourrait être engloutie toute entière et anonymement dans la bataille, au sein d'unités britanniques. Son but est aussi simple qu'ambitieux : créer dès que possible des unités françaises, se battant en uniforme et sous le drapeau français, pour incarner la continuité de la nation qui n'a pas capitulé, la seule qui soit légitime à ses yeux.

Mais rien de plus ne vient secouer la torpeur qui continue de régner à Odiham après sa visite.

◁ À Saint-Athan, les FAFL comptent un nouvel aspirant plein d'espoir…

Instruction cent fois répétée, concerts et sorties à Londres, *« tout cela n'est guère militaire, tu vois, mais me coupe des longues heures au camp et distrait un peu d'une attente qui devient insupportable ».*

Noël est l'occasion de regrouper les trois frères autour de leur mère à Stanhope Rectory, dans le Nord de l'Angleterre, à l'invitation d'un vieux révérend qui est l'hôte de Madame Schlœsing depuis novembre. C'est aussi le moment de partager les nouvelles des uns et des autres, et notamment la plus précieuse de toutes : Émile Schlœsing est vivant et en bonne santé, prisonnier des Allemands à Münster, dans la Ruhr. Le contact n'est pas encore établi, mais on cherche activement, via la Croix-Rouge, à faire passer des nouvelles.

Après ces quelques permissions, chacun retourne à ses occupations militaires, ou lycéennes, sans grand entrain. Et le 5 février : *« Cette lettre vient t'apprendre que je crois enfin avoir quelque chose devant moi. Ce matin, ne m'attendant à rien, j'ai été appelé au bureau de l'officier commandant l'école. C'était pour m'apprendre que j'avais été désigné pour partir faire mon pilotage dans une école anglaise avec quinze autres Français [...]. C'est de beaucoup la solution que je préconisais et je ne m'attendais pas à cette veine (si on peut appeler veine de commencer quelque chose après huit mois d'attente).*
Je dois ce choix parmi les quatre premiers à mon anglais, qui est meilleur que d'autres, quoique peu brillant encore, et aussi au fait que je suis un peu l'ami de tout le monde et encore à beaucoup de chance.
Ne nous emballons pas, du reste. Je ne sais pas quand je partirai. Un groupe part samedi et l'autre not much later[4]. *Cela peut donc encore durer... un certain temps. Je me rappelle que j'avais déjà fait mes valises à Saint-Athan quand j'ai appris que je ne partais pas pour Bicester près d'Oxford fin juillet dernier ! »*

Encore quelques journées d'attente anxieuse et, le 15 février, c'est enfin le départ pour l'*Elementary Flying Training School 6th* de Sywell (Northampton). Cette fois, aux mains des Britanniques, il s'agit d'apprendre à piloter sur Miles Magister, appareil d'entraînement militaire.

Le sous-lieutenant Fournier est aussi de la partie. Schlœsing ne cache pas une amitié teintée d'admiration à l'égard de ce camarade hors du commun, découvert à Saint-Athan : *« Fournier, l'autre sous-lieutenant avec moi ici, est un garçon bien sympathique, avec qui je m'entends très bien. Il a énormément travaillé pendant ses études chez les jésuites d'abord, puis en préparant Normale sup et connaît le latin et le grec de façon tout à fait extraordinaire, ayant lu tous les auteurs anciens et les lisant avec autant de facilité que le français. Il a, du reste, réussi à quitter le Maroc en se faisant nommer professeur au lycée de Tanger, en septembre dernier. Une fois là, évidemment, il a été se présenter au consul anglais, et non au professeur du lycée, qui quinze jours avant était venu le voir à Rabat, discutant longuement l'organisation de sa classe, sa participation éventuelle à une troupe de scoutisme, etc. »*

Les deux amis sont logés chez l'habitant, à Northampton. L'Angleterre est en effet peu à peu recouverte de camps et de bases militaires et il faut faire appel aux bonnes volontés pour loger des soldats de plus en plus nombreux. La famille Pearson va ainsi accueillir les deux garçons avec chaleur et générosité pendant les trois mois de leur école de pilotage. Les Français Libres ont une cote particulière au sein de la population britannique, qui, tout au long de la guerre, leur manifestera un soutien que d'autres leur envieront. Cette fois, les journées à l'EFTS passent vite et comportent entre une et quatre heures de vol quotidiennes : *« Le travail se ressemble tous les jours. Je suis très content de faire ce que je fais et d'être enfin parti avec ce pilotage. Pris le matin en voiture à huit heures moins le quart avec Fournier. À l'arrivée breakfast puis signature à 8 h 30 dans notre Flight qui est l'unité élémentaire. Après quoi soit vol, soit "ground lectures"*[5]*; break de midi à une heure, et idem l'après-midi (l'inverse du matin sauf si le temps ne le permet pas); j'ai installé ma TSF dans ma chambre qui n'est pas chaude pour s'y tenir; je me tiens en général en bas avec les Pearson où je puis disposer d'une table ou lire au coin du feu. Ce sont de très braves et sympathiques gens, très simples et assez aisés, protestants convaincus que l'État* "ecclésiastique" de Papa a achevé de conquérir à une grande gentillesse. Samedi, mon "day off"[6], j'ai un peu visité Northampton (et ses garagistes) qui est la ville la plus dépourvue de charme et d'intéret qui soit. Mais je n'y suis jamais, heureusement. Je vous écris du "drawing room"[7] chauffé. Silence complet battu par les tic-tac de deux bruyantes pendules à fréquence différentes qui se rattrapent et se dépassent. La grosse a de temps en temps des accès et bat un coup supplémentaire... Je suis ici pour au moins six semaines..."

Les premiers examens se chargent de motiver les élèves pilotes. Car la sélection est sévère et à chaque instant l'un d'entre eux peut se voir contraint d'abandonner la formation : « Les Français d'ici ont tous passé heureusement l'interim exam[8], mais pas avec de très hautes moyennes, moi en particulier, car nous avons été surpris par le système anglais qui demande en fait de savoir par coeur, sans omettre un mot, le cours très élémentaire tel que dicté. Un peu de travail suffira, je crois, pour leur donner une bien meilleure impression au final exam qui a lieu déjà la semaine prochaine. Je n'ai encore que sept heures de vol ici sur Tiger, mais subitement je volerai bien plus chaque jour dès le départ de nos "seniors" qui a été différé d'une semaine. J'ai passé cet après midi mon "solo test"[9], circuit fait avec un autre moniteur que le mien avant d'être lâché. Je volerai seul la prochaine fois, demain matin j'espère. »

Fin mars, Schlœsing est proposé pour la chasse, signe que tout va bien. L'habitude venant, il semble enfin pouvoir profiter un peu de la magie de certains vols, sans la pression des instructeurs : « J'ai presque fini les heures de vol que je dois faire ici, après une grosse journée de vol lundi (6 h 40 de vol) et quelques petits vols depuis, dont une merveilleuse balade dans de splendides nuages cet après-midi. Quelle beauté dans ces blancheurs étincelantes sur fond bleu, avec de la lumière de toute sorte, composant comme la matière même de l'atmosphère... »

Quelques jours plus tard, c'est le test final : « J'ai fait cet après-midi mon flying test[10], c'est-à-dire que j'ai été testé par le chief flying instructor[11], un squadron leader, adjoint au commandant de l'école qui m'a fait faire toutes sortes de choses en vingt-cinq minutes : décollage, PSV[12], climbing turns[13], atterrissage forcé, acrobatie (tonneaux) et atterrissage. J'ai encore deux heures de vol à faire pour avoir mes cinquante heures ».

C'est chose faite, enfin, au milieu du mois de mai. Schlœsing et Fournier se présentant alors à la Service Flying Training School[14] (SFTS) 5 de Ternhill (Shropshire), nouvelle station de leur long calvaire... « Me voilà en route pour un nouveau bivouac : Ternhill (Shropshire dit Salop) près de Shrewsbury. Je pars demain avec tout mon trousseau, mes meubles et mes sept chevaux. Jusqu'à nouvel ordre mon adresse sera simplement : RAF station Ternhill Salop (Honni soit qui mal y pense)... »

Il s'agit maintenant de se familiariser avec les spécificités d'un avion de chasse

E.F.T.S. SYWELL. Northampton.   N° 19   41 Pilotage.   10

FONCTION à BORD	GRADE, NOM et FONCTION DES AUTRES MEMBRES de l'équipage et des passagers	TYPE ET NUMÉRO de l'avion	ALTITUDE MAXIMA	DISTANCE et NOMBRE d'atterrissages	DURÉE	NATURE du SERVICE AÉRIEN	OBSERVATIONS
el. pilote	Sgt. Harrison, instruct	Tiger Moth DH82 N.6623	3.000 feet	1	0,30	Effet des commandes, vol horizontal, montée, planage.	enfin !
el. pilote	Sgt. Harrison	DH82 6623	3.000 feet	1	0,35	Perte de vitesse.	
—	Sgt. Harrison	DH R5016			1,20	Virages, Altero.	
—	Sgt. Harrison	—			1,10	Roulen, Décollage	
—	Sgt. Harrison				1,55	Vrilles - Circuits	
—	Sgt. Harrison	DH82 R5016			0,50		
—	Sgt. Harrison	DH 82			0,40		
—	Flight/Lt. Love	DH 82			0,20	Solo test.	
—	SGT. HARRISON	DH 82			1,15	Circuits	
—		DH 82			0,15	Seul.	
—	SGT. HARRISON	DH. 82			0,45		
—	SGT. HARRISON	DH 82			0,40		
—		DH 82			2,35		
—	SGT. HARRISON	DH 82			0,85		

◁ Miles Master, l'élève en position arrière apprend la navigation aux instruments... caché sous une bâche noire...
△ L'arrivée à Sywell et les premiers cours de pilotage au sein de la RAF.
△ EFTS 6th de Sywell, *Tiger Moth* à l'entraînement.

moderne... mais toujours sur aéronef d'entraînement et pendant trois longs mois de plus ! *« Je vais commencer à voler dimanche sur ce taxi qui me plaît fort d'avance après le petit jouet de Sywell, mais qui n'est qu'une étape vers le Hurricane que je piloterai ici dans un certain nombre de semaines (monoplace, mais plus facile que le Master) [...]. Mon moniteur est un officier grand, rose et bon enfant apparemment ; de toute la promotion de cette école anglaise, il y a cinq Anglais, tous les autres étant belges ou français. »* La vie quotidienne, à nouveau rythmée par l'entraînement, est interrompue mi-juillet par l'annonce de la libération d'Émile Schlœsing. L'Allemagne a en effet commencé à élargir une partie du million et demi de prisonniers français qu'elle détient. Ces derniers sont autant de bouches à nourrir inutiles, puisque les conventions de Genève

▲ La promotion de Ternhill, Jacques-Henri est assis au premier rang à l'extrême droite. Xavier Hahn, à sa droite, se tuera avant la fin du stage.
▲ Brevet de pilote de Jacques-Henri, remis à Ternhill le 6 août 1941.
▶ Poursuite de la progression : SFTS 5th de Ternhill Salop.

(assez scrupuleusement respectées par les Allemands à l'égard des prisonniers de guerre venant d'Europe de l'Ouest) interdisent de les faire travailler. La collaboration active acceptée par Vichy permet de les échanger contre des «travailleurs volontaires», qui deviendront bientôt les travailleurs obligatoires du STO[15].

Émile Schlœsing bénéficie de cette mesure, facilitée par le fait qu'il est devenu aumônier militaire dans son *Oflag*. Cette libération, aussi espérée qu'inattendue, pose la question du retour de son épouse en France. Rien ne la retient plus en effet en Angleterre. François et Jacques-Henri poursuivent leur formation de soldat, et Olivier, le petit dernier maintenant bachelier, va rejoindre l'école des cadets de la France libre, ce Saint-Cyr en territoire anglais. Mais comment rentrer en France sans risque, avec trois fils *Free French*?

La formation au pilotage opérationnel touche à sa fin. Il ne manque bientôt plus que quelques heures de vol pour recevoir enfin le brevet de pilote de la RAF, mythique petit insigne de tissu où deux ailes blanches encadrent sobrement la couronne du Roi. Le 6 août, les instructeurs britanniques mettent un terme au stage et, sans autre cérémonie, remettent les diplômes. Schlœsing en rêvait depuis septembre 1939 et son engagement dans l'armée de l'air. Il éprouve en plus la satisfaction de quitter Ternhill avec des appréciations élogieuses. Étant en effet évalué comme «*exceptional*» en aisance générale, et en vol en formation. Classé «*above average*»[16] partout ailleurs, seule l'acrobatie lui vaut un modeste «*average*»[17]. Il compte désormais cinquante-trois heures de vol en doubles commandes et soixante-dix-neuf en «solo», dont sept sur chasseur *Hurricane*. C'est finalement bien peu pour aller à la guerre...

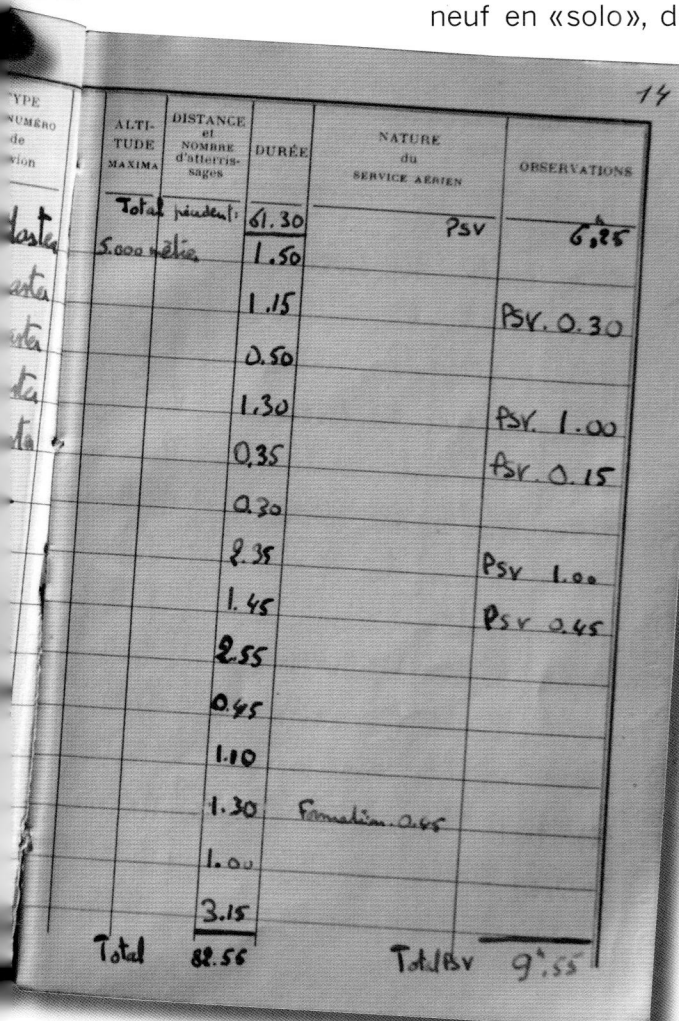

Le 17 août, Schlœsing quitte la SFTS de Ternhill. Une ultime étape l'attend puisqu'il doit finalement faire encore ses preuves en *Operational Training Unit*[18] (OTU) avant de rejoindre une unité de combat.

Celle de Crosby-on-Eden, en Écosse, où il arrive le lendemain, est «*en plein bled, en baraques, et un peu dans la boue, mais dans un pays très beau*». L'objectif qui leur est présenté est ambitieux : les instructeurs anglais promettent de transformer ces jeunes aviateurs en combattants, en leur faisant tout simplement «oublier» qu'ils pilotent un avion! En d'autres termes, ils vont leur apprendre à maîtriser d'instinct le pilotage, pour mieux se concentrer sur l'essentiel : la tactique.

L'apprentissage du combat aérien n'a en effet rien de simple. Il s'agit d'abord de se livrer à un inlassable travail d'équipe, à deux avions, puis en section de quatre (*flight*) et enfin en escadrons de douze avions (*squadrons*), qui constitueront eux-mêmes des escadres (*wings*). Il faut ensuite découvrir et pratiquer une à une les tactiques individuelles puis de groupe, maîtriser le tir aux mitrailleuses de bord, et ne rien oublier des principes de la navigation, si utiles quand il faut combattre au-dessus des nuages et de la mer...

Ce n'est qu'après ces longues gammes qu'un pilote acquiert une chance de survie dans un de ces engagements tournoyants[19] qui peuvent vite se transformer en duel redoutable. Cette chance de survie est faible, ils le savent. Elle est particulièrement réduite dans les premières semaines de combat, car une rencontre avec un chasseur adverse expérimenté ne pardonne pas.

Néanmoins, désormais si près du but poursuivi depuis des mois, plus d'un an après l'arrivée en Angleterre, et près de deux après l'engagement en France, l'impatience est à son comble. Bien sûr l'issue est incertaine, le défi immense et le risque très élevé. Mais les Allemands sont toujours à Paris.

Les futurs chasseurs volent chaque jour, du moins si la météo capricieuse de

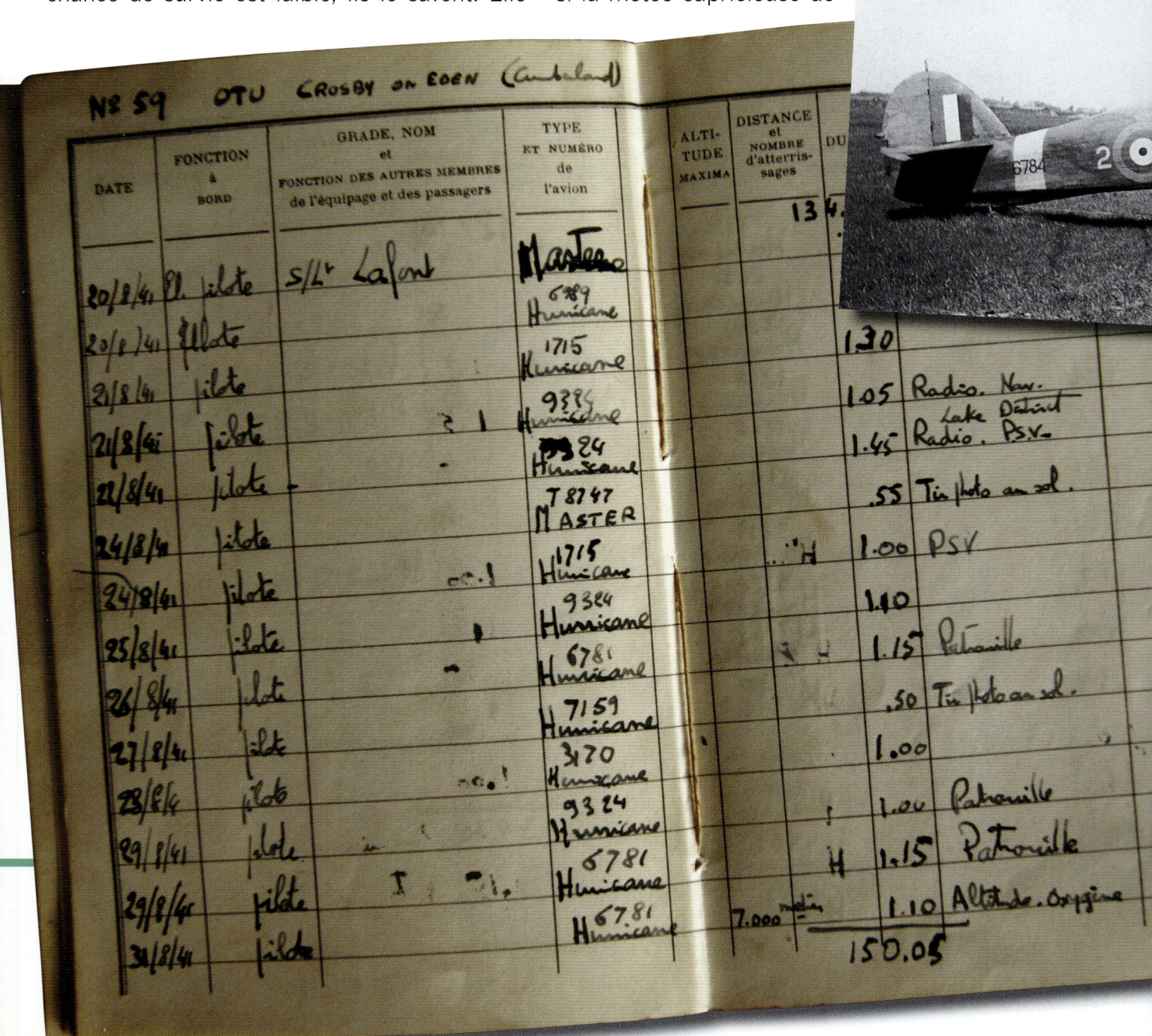

l'Écosse le permet. Les vieux *Hurricane* qui leur servent de monture se montrent de solides appareils, fiables et finalement assez simples à piloter. Ils ont, aux côtés des premiers *Spitfire*, permis de gagner la bataille d'Angleterre et jouissent maintenant d'une paisible retraite dans cette école de chasse écossaise.

L'entraînement intensif dure ainsi jusqu'à la fin septembre. En moins de deux mois, grâce à une météo clémente, les Britanniques déclarent ces jeunes gens aptes au combat. Ces deux mois représentent quelques tours de piste, trois heures de voltige, autant en vol dans les nuages en formation et de vol à très basse altitude, une demi journée de tir air-sol, une journée de tir air-air, et enfin quatre heures seulement de combat aérien. Sur environ quatre-vingt-cinq heures de vol au total, Schlœsing ne compte ainsi que vingt-cinq heures sur chasseur monoplace. C'est bien peu, mais les affectations en *Fighter Squadrons*, tellement attendues, arrivent quand même.

Pour Schlœsing et Fournier, la déception est de taille : envoyés au *Squadron* 17, ils restent en Écosse, loin des combats du Sud. Ils ne parviennent qu'à grand-peine à trouver Tain, leur nouvelle base, sur la carte des chemins de fer…

Notes

[1] Armée de réserve britannique, cantonnée aux tâches de défense du territoire en complément de l'Army.
[2] Le 3 juillet, Lord Sommerville fait tirer sur les bâtiments français au mouillage à la base navale d'Oran. Les fleurons de la Marine nationale sont coulés et mille trois cents marins sont tués. Cette terrible décision faisait suite à l'échec des négociations entreprises sur place avec l'amiral Gensoul, qui visaient à rallier au mieux, neutraliser au moins, cette force navale puissante. Aux mains des Allemands, elle aurait pu faire basculer la bataille d'Angleterre à l'avantage de ces derniers. L'anglophobie supposée de la Marine nationale sera renforcée par ce drame et bien peu de marins rejoindront les Forces françaises libres.
[3] L'amiral Renaud Muselier, premier chef des Forces aériennes françaises libres.
[4] Pas beaucoup plus tard.
[5] Littéralement, cours au sol. Il s'agit de l'apprentissage théorique, en salle.
[6] Jour de repos.
[7] Salon.
[8] Examen intermédiaire.
[9] Examen d'aptitude au vol en «solo», sans moniteur à bord.
[10] Examen de pilotage.
[11] Directeur des vols.
[12] Pilotage sans visibilité.
[13] Chandelles.
[14] École de pilotage de combat.
[15] Service du Travail Obligatoire, créé en France à la demande des Allemands en 1942.
[16] Au-dessus de la moyenne.
[17] Dans la moyenne.
[18] Centre d'entraînement au vol opérationnel.
[19] Que les Anglais baptisent «dog fight», littéralement combat de chien.

◂ Les choses sérieuses commencent à l'OTU 59th, premiers vols sur chasseur monoplace.
▴ Hawker Hurricane en OTU. Des avions souvent à bout de souffle.

Chapitre IV

Squadrons britanniques

La bataille d'Angleterre est terminée depuis mai 1941. Devant l'acharnement des Britanniques, les Allemands ont renoncé à leur ambitieuse conquête et se sont lancés à l'assaut d'un autre territoire, qui fit lui aussi rêver d'autres conquérants. L'attaque de l'URSS a débuté le 22 juin 1941, les troupes allemandes s'enfonçant très vite – trop vite – au coeur d'une immensité soviétique qui les absorbe littéralement.

L'épouvantable hiver 1941-1942 arrive en effet, et avec lui les premiers revers. En attendant, pour les Anglais, la pression du *Blitz*[1] est retombée.

Les bombardements s'espacent. Et l'on songe désormais à repasser à l'offensive.

À Tain, la guerre ne fait pas vraiment rage, l'essentiel des engagements aériens se déroulant évidemment au sud de l'Angleterre. Mais il faut bien commencer quelque part, et finalement, découvrir le métier en escadrille dans un secteur calme peut présenter quelques

avantages, voire garantir une certaine durée de vie!

Le *squadron* 17 ressemble à une sorte de camp scout international, où la vie est pour le moins rustique.

« *RAF Tain Scotland, mardi 7 octobre 1941.*

Me voici arrivé depuis hier sans encombre, après un voyage malheureusement en grande partie dans la grisaille et le brouillard. Je n'ai guère pu jouir du paysage écossais sauf dans la dernière partie, le ciel s'étant un peu dégagé. La région des environs d'Inverness est ravissante avec ses forêts, ses lacs et ses lochs. [...]

Ici, arrivée dans un chantier où l'on campe comme on peut. On a des baraques en plein bled avec de bons lits dedans. Heureusement que mon batman[2] m'a donné un petit bout de bougie hier soir et un verre d'eau tiède pour me raser, ce matin. C'est très amusant et cela me rappelle les camps d'avant la guerre. Je garde mes affaires soit dans mes valises, soit accrochées à des clous au mur. La cuisine est faite sur deux pierres et elle est très bonne. L'eau est à des miles et apportée par camions. Tout ceci change à une vitesse prodigieuse et dans très peu de temps ce sera la station la plus confortable des Îles Brit, pour ne pas dire d'Angleterre car je n'y suis plus. On s'en aperçoit tout de suite après la frontière, on se sent ailleurs et les gens, fort différents, ont l'air, soit dit en passant, tout ce qu'il y a de plus gentil et accueillant. Notre unité comprend des Norvégiens, Canadiens, Australiens, Français, et... des Anglais. Ensemble très sympathique. »

Équipé de *Hurricane*, ce *squadron* a pour mission d'assurer la défense aérienne du Nord des îles britanniques, et ponctuellement, la protection des convois navals alliés transitant au large de l'Écosse. Les incursions allemandes sont rares si loin au nord. Les journées passent lentement et l'ennui gagne assez vite.

« *RAF Tain, lundi 13 octobre 1941,*

J'ai reçu aujourd'hui une lettre d'Olivier me racontant l'amélioration de son logement et la nature de ses cours divers. Il va jusqu'à prétendre qu'il est très sage! J'ai l'impression que le voilà bien casé pour l'année et de la façon la plus utile et désirable. Et François, sais-tu où il est? A-t-il passé de l'autre côté de l'île, navigant au large de chez moi, ou est-il toujours à Aberdeen? [...] Ici, calme parfait, vie à la campagne. Épatant quand il fait beau, un peu gênant quand il pleut. On se tient autour du poêle au mess et au terrain, car il commence à faire froid (gel ce matin). Je suis content d'avoir mes bouquins qui font passer les heures le jour quand on ne vole pas (souvent) et le soir. Si j'ai un jour de liberté, j'irai avec Fournier passer vingt-quatre heures à Inverness pour pouvoir prendre un bain et revoir un peu des traces de civilisation. Nous sommes très contents d'être tombés avec des gens charmants et très gentils avec nous, qui seront désormais nos camarades d'escadrille. Mais que l'on se sent différents. Malgré l'attention portée à ce qui se passe dans l'Est européen, l'ensemble des gens ne semble pas se rendre compte ici, combien ce qui se joue ailleurs les touche de près. La partie semble près d'être jouée. Espérons comme d'habitude, faute d'autre chose ».

Cet intermède étrange ne dure que quelques jours. En effet, dans la semaine qui suit, les deux *Frenchies* sont mutés à Aberdeen, au *squadron* 132. Ce changement d'affectation, mystérieux par sa rapidité, suscite bien sûr de nouveaux espoirs, malheureusement suivis de rapides désillusions.

« *Voilà qu'il m'arrive encore une histoire imprévue. Je suis posté, avec Fournier, dans un autre squadron à Peterhead, au nord d'Aberdeen [...] L'escadrille où je vais s'appelle 132 et a pour appareils des Spitfire bien connus et non des Hurricane comme*

◁ Équipements de vols britanniques et lunettes de protection françaises, typiques de la période 42-44.

ici. Nous n'avons, à Tain, pratiquement rien fait. Il faut renoncer à comprendre. Je t'écrirai de ma nouvelle demeure. »

Schlœsing ne peut pas comprendre la raison de ce changement subit. Il ignore que le général de Gaulle voit enfin aboutir son projet de création d'une unité de combat entièrement française. Au prix de terribles efforts auprès de l'état-major de la RAF, mais aussi de Churchill lui-même, il est sur le point de parvenir à rassembler les hommes et les avions confiés par sa Gracieuse Majesté. Dans ce vaste projet, Schlœsing et Fournier ont été identifiés comme deux des officiers du futur groupe des FAFL « Île de France ». Il leur faut donc passer rapidement sur *Spitfire*. Le squadron 132 en étant doté, cette nouvelle affectation n'est qu'une étape intermédiaire, anticipée par un état-major prévoyant mais avare d'explications.

Pour autant, le quotidien des opérations reste le même de Tain à Peterhead. *Readiness*[3], vols d'entraînement et patrouilles dans un ciel désespérément vide, mais au-dessus de merveilleux paysages écossais.

▲ Arrivé en unité opérationnelle, Schlœsing continue un temps à remplir son carnet de vol français, parallèlement au FORM 414 de la RAF.
▲ Insigne petit modèle des FAFL ayant appartenu à Schlœsing. L'insigne grand modèle, matriculé, fut donné par Schlœsing à Bill Mac Rae, jeune pilote canadien (4ème au second rang de la photo du « A » Flight du 132, comme ce dernier le raconte dans ses mémoires.
◀ Photo du « A » Flight prise au 132 peu après le départ du tandem Schlœsing – Fournier, remplacés par Béraud et Hubidos, que l'on voit ici 1er à gauche du second rang (Paul Hubidos) et dernier à droite du 1er rang (Philippe Béraud).

Début novembre, nouveau déménagement, vers Montrose, toujours en Écosse. Pas davantage d'explications, mais cette fois c'est tout le *squadron* qui fait mouvement : « *Me voici encore dans un nouveau lieu, où nous sommes venus par air hier matin, recevant subitement l'ordre de partir sur l'heure. Ceci n'est peut-être pas pour longtemps et je l'espère car toutes mes affaires sont à Peterhead, à part une brosse à dents, un rasoir et un pyjama. Tu vois que décidément on nous trimballe de droite et de gauche et nous ne savons jamais en nous réveillant le matin où nous nous trouverons le soir même.* »

Enfin, le 5 novembre : « *Encore un changement pour moi, ça arrive vraiment un peu trop souvent, mais qu'y faire ? Je pars avec Fournier demain ou vendredi, laissant nos camarades ici pour rentrer à Peterhead prendre nos affaires. De là, départ pour Turnhouse, à quelques miles d'Edimbourg où nous joignons un nouvel escadron, français entièrement, qui s'y forme. Je connais la plupart de ses membres (pilotes en tout cas). Je ne puis guère te fournir de jugement, mais pour l'instant cela m'inspire des sentiments mélangés. Les Français sont plus intéressants et variés, plus vifs, et notre situation vis-à-vis d'une unité française est plus naturelle, portant le même uniforme, et plus libre. Mais tu sais qu'ils ne sont pas toujours faciles à vivre.* »

Jugement sévère, porté sur des camarades britanniques autant que des Français, par un homme dont chacun reconnaît pourtant la gentillesse et la générosité ! Sans doute reflète-t-il la lassitude consécutive à tant de déménagements, parfois incompréhensibles, qui se succèdent depuis deux ans. Si Schlœsing ne se reconnaît ni chez les uns ni chez les autres, c'est aussi parce qu'il n'a pas encore atteint son but : combattre. Du combat naîtront les liens qui l'attacheront à une nouvelle famille, quelle qu'elle soit.

L'« Île-de-France », bientôt plongé dans une impitoyable tourmente, ne tardera pas à combler ce désir.

Notes
[1] Littéralement « éclair » en allemand. En référence au bombardement des grandes villes durant la bataille d'Angleterre.
[2] Aide de camp.
[3] Alerte. Impose au pilote un décollage en moins de quinze minutes. Le moteur de l'avion est maintenu chaud par les mécanos et les pilotes sont en tenue de vol en salle d'alerte, prêts à prendre les ordres.

Calot de lieutenant FAFL, ce calot est celui du lieutenant P. Béraud, porté sur la photo en bas à gauche.

Chapitre V

Naissance du groupe « Île-de-France »[1]

« *Premier jour de l'escadrille française. Arrivent du 11e groupe le capitaine Dupérier et Fayolle, d'ailleurs Hauchemaille, Fournier et Schlœsing, Waillier et Leplang, Daoulas et Boudier, Debec. Les paires arrivent ensemble des mêmes escadrilles. Premier contact du Flight B au milieu de la foule bruyante des pilotes du Flight A qui n'ont pas encore leur chef, le capitaine de Scitivaux.*

Les mécanos aussi sont là, dont beaucoup de marins. On entend avec surprise parler français autour de soi dans un dispersal[2] *de la RAF. Accent bourguignon, répliques méridionales, boutades parisiennes sonnent étrangement dans cette brume écossaise.* »

C'est Schlœsing lui-même qui écrit ces premières lignes du journal de marche du groupe, le 10 novembre 1941, jour de sa création. Arrivant à Turnhouse, il est désigné comme rédacteur de ce document officiel, qui relate jour après jour sur un ton libre et souvent sarcastique la vie de l'unité.

Le commandement du 340th RAF *free french squadron* (prononcer *three fourty*!) « Île-de-France » est pris par le *squadron leader* Keith Loft de la RAF, le temps de sa constitution. Il devrait être rapidement remplacé par un officier français, comme promis du moins par l'état-major de l'air anglais. La totalité des pilotes sont français et arrivent de toute l'Angleterre. Six d'entre eux seulement viennent de *squadrons* du Sud, où ils ont pu faire leurs premières armes. Les « rampants », administratifs et techniciens, sont également français pour une moitié. L'autre est britannique.

De nouveaux pilotes arrivent encore dans la première semaine. Parmi ceux qui rejoignent le *flight* B, certains sont marins, comme l'enseigne de vaisseau Claude et le lieutenant de vaisseau Béchoff, doyen de l'escadrille. En 1940, Roland Béchoff a abandonné ses fonctions de sous-préfet hors cadre attaché au cabinet du ministre de l'Air, pour rejoindre la France Libre. Suivent d'autres jeunes sous-officiers, Waillier, Daoulas, Boudier, Demas et Taconet.

Le sergent Bourgeois est affecté au *flight* A. À dix-neuf ans, il est le benjamin de l'équipe. Il a quitté son lycée parisien et sa famille pour rejoindre la France libre. Ses parents l'accompagnaient le 23 juin 1940 quand il a embarqué à Port-Vendres pour l'Angleterre...

Chacun des deux *flights* compte théoriquement six avions pour une dizaine de pilotes, officiers et sous-officiers. Scitivaux et Dupérier, le premier marin de l'aéronavale et le second banquier et officier de réserve, sont déjà expérimentés et aguerris par de longs mois passés en unités de combat. Ils prennent respectivement les *flights* A et B, secondés par deux autres « anciens » : René Mouchotte et François Fayolle. Les deux patrons s'accordent d'emblée pour créer une saine et nécessaire émulation dans leurs unités, afin de rentabiliser au mieux l'entraînement. Ils savent parfaitement

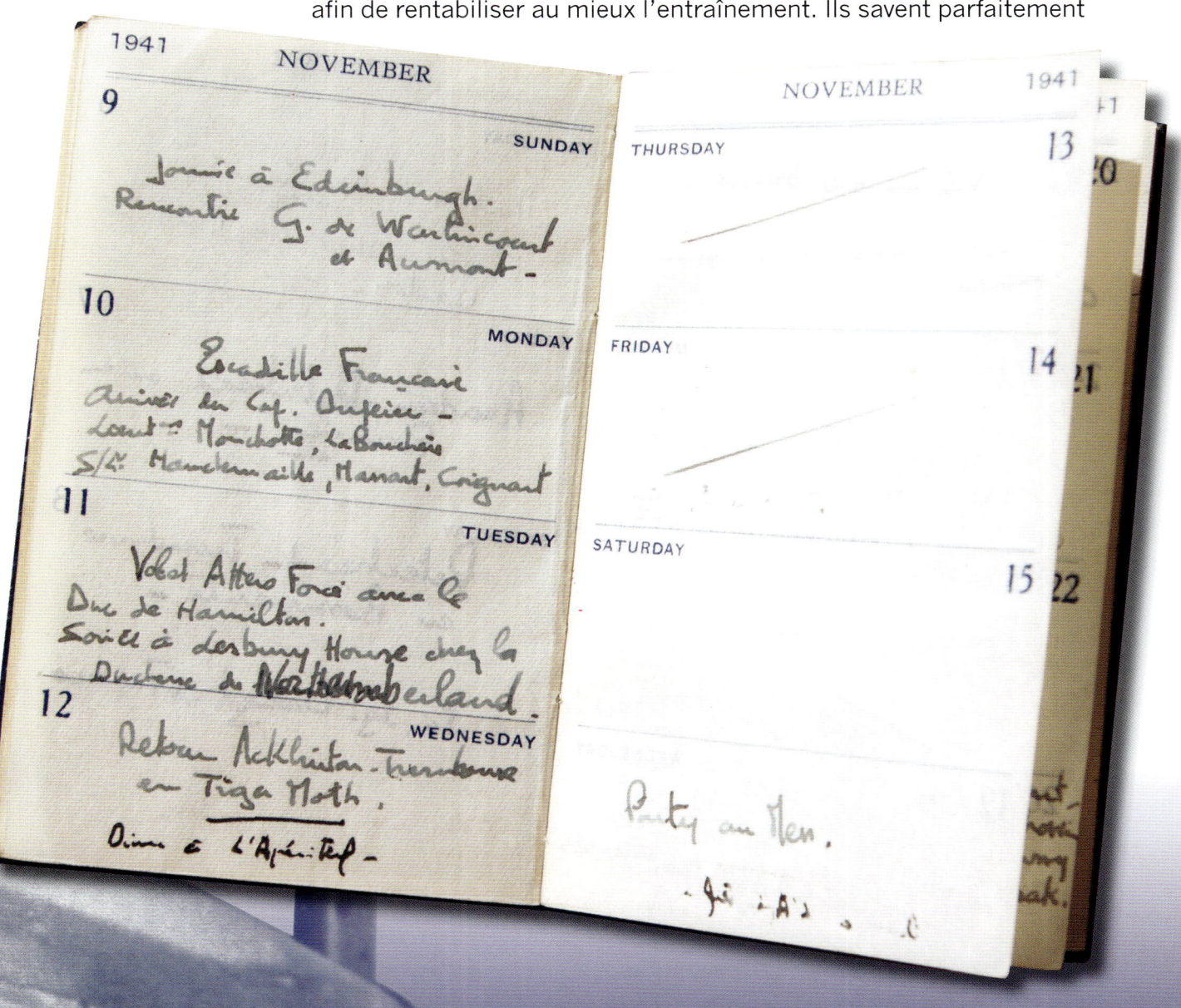

◁ Le SLT Jacques-Henri Schlœsing aux commandes de son Spit à Turnhouse.
▲ 10 novembre 1941, « premier jour de l'escadrille française... ».

◀ Le capitaine Dupérier, un ancien auquel est confié le B flight.
◀ (en bas, à gauche) Philippe de Scitivaux prend la tête du A flight (à l'arrière plan François Fayolle, l'adjoint de Dupérier). Tous deux sont photographiés ici à Merston au squadron 615, début 1941.
▼ Q. Bourgeois sur son Spit, le benjamin de 19 ans.

que les premiers engagements seront difficiles et déterminants.

Difficiles du fait de l'ennemi, bien sûr, car les Allemands sont de redoutables adversaires, particulièrement aguerris. Déterminants car ils engageront immanquablement la réputation de la seule escadrille *Free French* de Grande-Bretagne. Mener les pilotes à la dure pendant l'entraînement est à leurs yeux la meilleure garantie de survie à leur offrir. Et survivre n'est pas une fin en soi… ce n'est que la première et indispensable condition de la victoire !

Si les pilotes sont l'objet de l'attention de chacun, ils ne sont rien sans les mécaniciens, les armuriers, les météos, les transmetteurs, les hommes du renseignement, de l'intendance et de la logistique. Il faut compter pratiquement dix « rampants » pour un chasseur, et ce sont bien les uns et les autres qui doivent constituer une solide équipe.

La tâche n'est pas simple pour le patron de l'« Île-de-France ». Il faut d'abord susciter la cohésion entre tous ces Français qui ne se connaissent pas, car ils viennent, comme les pilotes, d'horizons très divers. Il faut ensuite compter avec des mécaniciens

Le lieutenant de Labouchère, posant avec sa mascotte.

qui arrivent presque tous de la Marine nationale, et pour une bonne dizaine d'entre eux, de Tahiti. Premier territoire d'outre-mer rallié à la France Libre, Tahiti a en effet envoyé dès 1940 ses combattants volontaires en Angleterre. Beaucoup constitueront un bataillon d'infanterie de marine qui se battra vaillamment. Ceux de l'«Île-de-France» serviront fidèlement le groupe et contribueront à lui donner une âme.

Il faut ensuite ménager les susceptibilités des Britanniques du 340, qui certes appartiennent à une unité française, mais sont quand même chez eux.

Que dire de la base aérienne de Turnhouse, hôte du 340, qui ne voit pas toujours d'un très bon oeil ces Français envahissants, aux mines et aux comportements parfois déroutants, notamment s'ils arrivent du lointain Pacifique? Les relations franco-anglaises sont compliquées, émaillées de multiples tracasseries. Un beau jour, il est par exemple tout simplement interdit aux Français de parler leur langue natale au mess de Sa Majesté, entre 18 et 19 heures...

Bien malgré elle, la hiérarchie un peu tatillonne de la base va faciliter la cohésion du groupe, les Français découvrant finalement que, s'ils sont «différents», ils sont d'abord unis, ralliant même peu à peu les Anglais du 340. Les Tahitiens ne seront pas non plus étrangers à cette évolution : déracinés plus encore que leurs camarades métropolitains, frigorifiés par l'hiver écossais, ils chantent, chahutent, se battent et s'amusent... suscitant souvent la colère de leurs chefs, mais aussi leur sympathie. Le capitaine Dupérier découvrira ainsi un matin son *Spit* baptisé d'un grand «TOMANA» en lettres blanches. Hilare et satisfait de sa blague, son mécanicien se contentera de l'aider à monter dans l'avion en lui expliquant que le «Tomana» est le grand chef de la tribu. Le *Spit* conservera ce sobriquet... ainsi que Dupérier lui-même.

Les premiers avions arrivent le 11 novembre : six vieux *Spitfire* généreusement cédés par la base de Kirton Lindsey. Ils sont dans un état lamentable et chaque heure de vol impose un entretien infini à des mécanos ingénieux. L'Angleterre fait ce qu'elle peut. Et la règle est naturellement d'affecter les meilleurs appareils aux unités engagées au combat.

L'entraînement reprend donc progressivement, non sans risque, du fait de pannes nombreuses.

C'est au cours d'un de ces vols que le 340 perd son premier pilote, le 20 décembre, dans des conditions dramatiques. Alors que le *flight* B au complet prend l'air pour rejoindre le reste du groupe en entraînement à Drem, le sous-lieutenant Daligot se perd au-dessus des nuages. À 12 heures il transmet : « *Réservoir vide, je saute.* » Dupérier et Scitivaux se démènent pour retrouver le pilote. Ils croient même l'avoir sauvé quand un *dinghy*[3] est repéré en mer. Terrible méprise, le passager n'est pas Daligot, mais un pilote de l'aéronavale anglaise qui a lui aussi sauté de son avion. La nuit est tombée, les recherches sont abandonnées. Il n'y a plus aucune chance de localiser le malheureux Daligot dans cette mer glaciale. Il ne sera jamais retrouvé.

Schlœsing note sobrement dans le journal : « *Départ pour Drem, pour retrouver A flight. Daligot, au bout d'un vol de 2 h 1/2 au-dessus des nuages a sauté et on le cherche partout en mer, toute la journée, en vain.* »

▲ Les Spits arrivent !

▷ Mouchotte devant son Spit au «nose arts» très évocateur. Les différents «nose art» du 340 sont un cadeau de la production Walt Disney à l'escadrille française. Le 340 les reçut en même temps qu'un tonneau de vin et 5000 cigarettes !

▷ *(en haut à gauche)* Les mécaniciens du groupe, marins pour beaucoup. Ils s'affairent ici sur le «Tomana» de Dupérier.

Disparition stupide, accident idiot ? Les soldats savent bien qu'à la guerre, il y a mille manières de mourir. Aucune n'est enviable et peu valent les honneurs du communiqué ou d'une citation exemplaire. Ainsi, mourir à l'entraînement n'est pas moins noble ou plus idiot que disparaître au combat fauché par un obus que vous n'avez pas vu arriver. Daligot, comme chacun des membres du 340, a fait don de sa vie, une fois pour toutes. Il savait qu'il ne choisirait pas les circonstances. Sa volonté était simplement de servir son pays, quoi qu'il en coûte.

Ce soir-là, quand ses camarades saluent sa mémoire au mess de Drem, ils savent en leur for intérieur qu'il n'est que le premier nom d'une page blanche qu'il leur faudra écrire.

Noël arrive. Les deux *flights* sont toujours regroupés à Drem. Moment précieux, mais redouté pour ces hommes qui souffrent de l'absence de leurs proches. Tout a été fait pour empêcher que la tristesse ne gagne des individus éprouvés par la nostalgie de leur pays et la solitude. Après un repas au raffinement inhabituel et une messe recueillie dans une chapelle étonnamment remplie, tous se retrouvent autour d'un vin chaud. L'alcool ne tarde pas à éveiller les talents artistiques des Tahitiens. Sous le regard étonné, sinon réprobateur, des Britanniques, ces derniers finissent par donner un tour inattendu à cette veillée de Noël arrosée et plus tropicale qu'écossaise.

Le lendemain matin, sacrifiant cette fois à une très ancienne coutume britannique, ce sont les officiers du groupe qui servent à leurs hommes, surpris et un peu gênés, le copieux déjeuner de Noël.

En ces instants, un mois et demi après la création du 340, chacun prend conscience que le miracle de Noël contribue lui aussi à unir ces hommes plus vite qu'ils ne l'espéraient.

La fin de l'année 1941 marque un tournant important du conflit. Le 7 décembre, le Japon a attaqué Pearl Harbor, entraînant les États-Unis dans la guerre contre l'Axe. En Russie, les Allemands, paralysés par un hiver effroyable et attaqués sur leurs axes logistiques, commencent une lente retraite, face à une armée soviétique insaisissable qui se reconstitue peu à peu dans l'immensité de ses plaines orientales. En Afrique du Nord, l'*Afrika Korps* de Rommel et les Italiens connaissent aussi leurs premiers revers. Il semble qu'enfin le Reich puisse être vaincu. Mais la guerre sera encore longue. Notamment parce que l'industrie américaine, aussi puissante soit-elle, a besoin de temps pour bâtir une armée capable d'affronter à la fois les Japonais en Asie, et les Allemands en Europe.

Pour les Français du groupe «Île-de-France», la crainte grandit de voir cette guerre s'achever sans eux, et leur impatience croît de jour en jour.

Après Noël, l'entraînement reprend avec ardeur. Mais le 1er janvier 1942, le 340 doit à nouveau changer de base, cette fois pour Ayr, à côté de Glasgow. Il y relève un squadron tchèque. Schlœsing note, désabusé : *« Nous sommes la seule escadrille de jour sur le terrain et il y a trois sections en readiness. Folie et terrible handicap pour les vols. Le dernier boche ayant passé de jour dans le secteur le fit en juin dernier ! »* Ces mouvements d'une base à l'autre empêchent effectivement l'escadron de mener correctement son indispensable entraînement... et chacun ignore les raisons qui peuvent les motiver ! Les Tchèques partis on ne sait où, il revient aux Français de passer le plus clair de leur temps en alerte pour protéger Glasgow d'un hypothétique bombardement.

Un beau matin de janvier, une invasion de journalistes, photographes et cameramen submerge la base. Ils sont mandatés par l'*Air Ministry* pour réaliser un reportage qui doit faire connaître ce premier groupe des Forces aériennes françaises libres. Visiblement, cette visite n'est pas du goût des pilotes et elle n'a pas dû être de tout repos pour les visiteurs : *« Les journalistes sont là. Nous les regardons comme des chiens de faïence, cantonnés dans un mutisme rare. Il faudra bien qu'ils vendent leurs articles, et ils le feront à merveille. Après le déjeuner, retour au terrain nous faisons une formation de douze, avec prise de vue et tout et tout. »*

Il est pénible pour la majorité de ces hommes de plastronner devant les objectifs, alors que la plupart n'ont pas encore croisé un Allemand. Insupportable sentiment de devoir «jouer» devant de mauvais spectateurs dont ils ne sauront pas se faire comprendre. Terrible frustration de n'avoir aucun exploit à raconter, alors que le monde est en guerre...

Il restera de ce reportage quelques-unes des seules photos du *340th Free French squadron* à ses débuts, où les pilotes apparaissent toujours de loin, ou de dos, pour ne pas être reconnus et compromettre leurs familles restées en France. Tous sont en effet condamnés à mort par le régime de Vichy, pour trahison. Quelques semaines après cette visite, Schlœsing propose à ses chefs l'organisation d'un exercice d'attaque de navire «entre Français». Il s'agit tout

◄ Dessins de la main de Schlœsing dans le premier livre de marche de l'Île de France». Commentaire pour le premier : «28 décembre, un jeune pilote de notre flight, récemment arrivé, fait son entrée en lice et nous redonne de sérieuses chances contre A flight dans le domaine des exploits dévastateurs». Il s'agit de R. Béchoff, 38 ans, doyen des pilotes. Les débuts de l'île de France furent marqués par beaucoup de casse...
Commentaire du second : «on entend encore parler d'exploits dévastateurs à A. Il parait que, dans sa hâte, Blitz a oublié de laisser son *Spitfire* à la porte d'une baraque isolée au bout du terrain».
▲ Les mêmes lieux, quelques jours auparavant... On y reconnait O.Massart, Roland Béchof, Claude Héliés, Michel Bernard.
▲ Maurice Daligot, alors élève pilote en France. Il fut le premier mort de «l'Île de France».

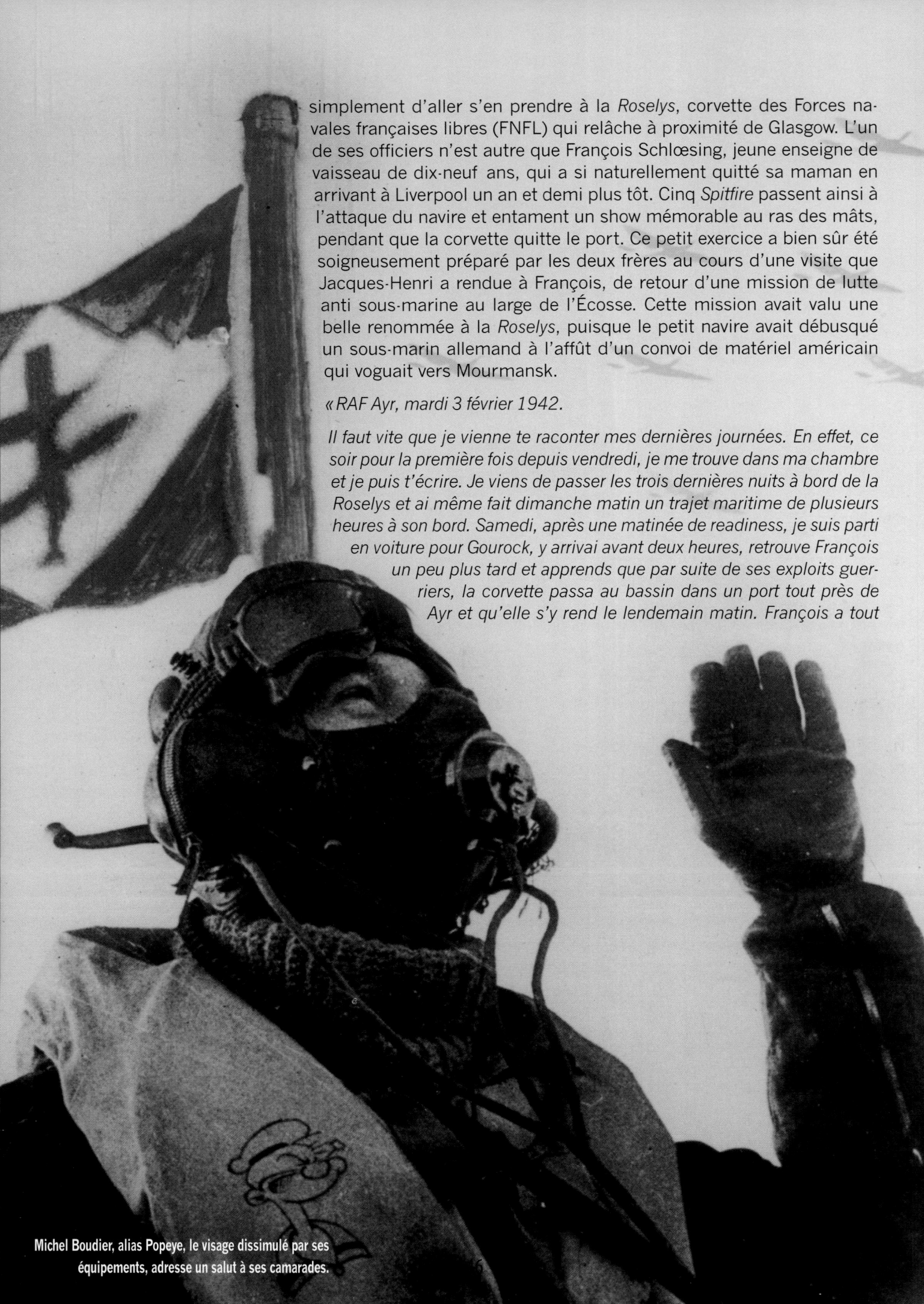

simplement d'aller s'en prendre à la *Roselys*, corvette des Forces navales françaises libres (FNFL) qui relâche à proximité de Glasgow. L'un de ses officiers n'est autre que François Schlœsing, jeune enseigne de vaisseau de dix-neuf ans, qui a si naturellement quitté sa maman en arrivant à Liverpool un an et demi plus tôt. Cinq *Spitfire* passent ainsi à l'attaque du navire et entament un show mémorable au ras des mâts, pendant que la corvette quitte le port. Ce petit exercice a bien sûr été soigneusement préparé par les deux frères au cours d'une visite que Jacques-Henri a rendue à François, de retour d'une mission de lutte anti sous-marine au large de l'Écosse. Cette mission avait valu une belle renommée à la *Roselys*, puisque le petit navire avait débusqué un sous-marin allemand à l'affût d'un convoi de matériel américain qui voguait vers Mourmansk.

« *RAF Ayr, mardi 3 février 1942.*

Il faut vite que je vienne te raconter mes dernières journées. En effet, ce soir pour la première fois depuis vendredi, je me trouve dans ma chambre et je puis t'écrire. Je viens de passer les trois dernières nuits à bord de la Roselys et ai même fait dimanche matin un trajet maritime de plusieurs heures à son bord. Samedi, après une matinée de readiness, je suis parti en voiture pour Gourock, y arrivai avant deux heures, retrouve François un peu plus tard et apprends que par suite de ses exploits guerriers, la corvette passa au bassin dans un port tout près de Ayr et qu'elle s'y rend le lendemain matin. François a tout

Michel Boudier, alias Popeye, le visage dissimulé par ses équipements, adresse un salut à ses camarades.

de suite arrangé pour moi de faire reconduire la voiture et je suis resté à bord pour le trajet, qui se termina à temps dans la matinée pour me permettre de rentrer prendre ma readiness à treize heures Le soir même, je retourne dîner à bord avec un de mes camarades qui est un vieil ami d'un des officiers du bord. Soirée fort gaie dans le carré et, au moment du départ, "Rossinante"[3] arrivée dans l'après-midi refuse de nous ramener. D'où deuxième nuit à bord. Je pars en vitesse le matin pour être au terrain avant le jour de readiness. Je fais un vol d'une heure, une visite aérienne à ces Messieurs dans leur bassin, pendant que François s'occupe de faire réparer la voiture.

Lundi soir, je repars la chercher, la trouve en état de marche, dîne à bord pendant une neige et une brume "diluvienne". Après le dîner, tentative de départ, pas moyen, l'humidité est si pénétrante qu'elle imprègne les circuits électriques, c'est arrivé à bien d'autres ces jours-ci. D'où troisième nuit à bord. Ce matin après séchage au jet d'air par un garagiste, elle est partie et m'a ramené ici. Je suis rentré dans ma chambre et ai pu me changer. Je n'y avais pas mis les pieds depuis samedi matin, car ce n'est pas près du terrain et je n'avais été ici que pour ainsi dire "au passage" pour les heures de travail !

Maintenant, voici par quoi j'aurais dû commencer. L'histoire du sous-marin est arrivée pendant que François était de quart avec le second, c'est lui, François, qui l'a vu (de nuit), l'a signalé et crié rapidement les ordres. Il paraît que ce succès revient à lui d'abord, puis à l'officier en second et à un second maître qui a fait partir les grenades très rapidement. Bravo. Ils ont eu là la récompense d'innombrables journées de travail dur et ingrat.

Salut, petite mère, je me couche ce soir non pas dans un hamac, mais dans mon lit et en suis presque étonné.[4] »

Notes

[1] Les appellations groupe et escadrille sont souvent concomitamment utilisées en 1941. Mais début 1942, ce sont les flights A et B qui prendront respectivement les noms d'escadrilles "Paris" et "Versailles". «L'Île-de-France» devient alors «groupe».

[2] Baraque sommaire auprès de laquelle sont dispersés les avions en alerte. Les pilotes y prennent leurs derniers ordres avant une mission, et y patientent des journées entières dans autour d'un mauvais poêle à charbon.

[3] Surnom affectueux donné par Schlœsing à sa petite voiture Austin Seven décapotable. C'est aussi le nom de la mule de Don Quichotte…

[4] D'après les archives allemandes, aucun sous-marin n'a été coulé ce jour là. Mais il y a bien eu rencontre entre un sous-marin et la corvette Roselys, dont un témoin considère qu'elle fut plutôt… fortuite !

Scramble! Pour les photographes.

▲ La petite Austin Seven de Schlœsing, et son permis britannique. A l'intérieur, Olivier et François.

▲ Ayr, Scotland. Visite de journalistes britanniques mandatés par l'Air Ministry pour réaliser un reportage sur cette 1ère escadrille française. On devine l'ombre des photographes pour cette cérémonie des couleurs soigneusement mise en scène (dos aux objectifs, pour préserver l'anonymat de ces condamnés à mort !). Le drapeau est un pavillon de la marine FNFL. Schlœsing, troisième en partant de la droite domine le petit SLT Hauchemaille à sa droite…

Chapitre VI

Veillée d'armes

12 février 1942 : « *Grand jour. Première visite d'inspection de l'escadrille par le général de Gaulle. Mais quel vent avec nuages bas : ça va danser dans la formation ! Ça a dansé, mais on l'a fait quand même. "La prochaine fois que je vous verrai, vous serez dans le sud". Espérons.* »

Le général est passé. En son honneur, le 340 a mis au point un vol de démonstration où douze appareils forment une magnifique croix de Lorraine. Philippe de Scitivaux, nouvellement promu (« *surtout ne pas dire "mon commandant" comme ils disent dans la biffe !* ») a succédé au *squadron leader* Lofts, le 25 janvier. Il présente l'unité à de Gaulle, qui inspecte tout de fond en comble, avec une manie du détail qui surprend ses interlocuteurs. Rien ne lui échappe et il prend la mesure de ce que devient le groupe, jour après jour, sous l'impulsion de ses chefs : une unité apte au combat. Discutant avec les uns et les autres, écoutant longuement le lieutenant René Mouchotte, désormais à la tête du *flight* A, il ne peut que constater l'ardeur et l'envie d'en découdre qui anime ces hommes. Il repartira confiant, fier de ses troupes, mais sans doute aussi un peu triste de les envoyer là où certainement beaucoup mourront.

Au lendemain de la visite du général, Schlœsing écrit à sa mère, qui organise maintenant son probable retour en France auprès de son mari :

« *Chère petite Mam, je pense beaucoup à toi, malgré mes silences d'une semaine et à toutes les idées qui doivent tourner dans ta tête au sujet de cet avenir si peu discernable, de ces projets, de ces décisions qu'il faut prendre sans savoir à quoi elles vous engagent exactement. Il me tarde, comme à toi, de voir quel sera le premier écho fait à ton télégramme et au programme inattendu qu'il suggère.*

Depuis jeudi dernier, jour où nous avons escorté le départ de la Roselys et l'avons honorée d'une corrida aérienne, la vie s'est de nouveau écoulée, bien quotidienne, jusqu'à hier. Le général de Gaulle est venu nous voir, pour la première fois depuis que l'escadrille existe. Il a tout vu et inspecté. Nous lui avons fait un vol en formation à douze en croix de Lorraine dans un temps nuageux et peu favorable. Après le déjeuner au mess, je lui ai été présenté (pour la troisième fois). Il m'a dit, à propos de François dont lui parlait le capitaine Dupérier, que son fils était posté à bord de la Roselys. J'ai appris ensuite par un officier de marine qui était là que François la quittait. »

Février et mars se passent en alerte et surtout en entraînements en tout genre. Le 2 mars, le

◁ Le capitaine Mouchotte, désormais à la tête du A flight.
△ Première visite du Général de Gaulle à l'Île de France.
▷ Posant devant le *Spit* de B. Dupérier : Roos, Boudier, Lagarde, Bouguen Pabiot.
Sur l'avion : Marquis, Leguie.

journal du groupe relève, piquant : *« Daoulas descendant d'avion : "j'ai vu un sous-marin tout à l'heure. C'est la première fois que j'en rencontre un en l'air". Cette semaine a été occupée par les vols de nuit sans incidents notoires. Mais les avions sont HS sans arrêt. Enfin de nouveaux Spits Vb à canons nous arrivent. »*

Ces nouveaux *Spits* vont faire du 340 une unité apte à l'engagement dans le sud, à la différence des vieux *mark* II à bout de souffle. Équipés de deux redoutables canons de 20 mm, en plus de quatre mitrailleuses de 7,7 mm, ils possèdent une excellente puissance de feu. Ce qu'ignore Schlœsing, c'est qu'au même moment les Allemands remplacent peu à peu les Messerschmitt 109 – transformés en *Jagdbomber*[1] pour le front de l'Est – par des *Focke Wulfe 190*. Cette apparition en masse du FW 190 va brutalement retourner la situation dans le ciel de France, début 1942. En effet, si la maniabilité et l'armement sont comparables, le FW 190 surclasse le *Spit mark V* en vitesses horizontale, ascensionnelle et en piqué. Conditions indispensables pour prendre l'ascendant dans ce contexte : posséder un avantage d'altitude significatif... et si possible l'effet de surprise. Beaucoup de pilotes de l'«Île-de-France» le constateront bientôt à leurs dépens.

Le 23 mars : *« Les bruits de départ se précisent singulièrement. Nous partons pour Merston (Tangmere wing) au début d'avril. D'ici là, tirs... tirs et tirs sans cesse, sans parler des*

mises au point et réglages d'avions neufs, des montées à trente-six mille pieds, des compensations de compas, des modifications, etc. etc. ».

L'espoir allait croissant depuis le passage du général et du *wing commander* Michaël Robinson, patron de l'escadre de Tangmere. Ce dernier est venu rencontrer le commandant de Scitivaux et se faire lui-même une idée de ces *Free French* à la réputation controversée. Cet as renommé de la RAF – il est titulaire de vingt-deux victoires – est francophile et souhaite compter parmi ses unités subordonnées le nouveau groupe français. Tangmere est tout simplement, avec Biggin Hill, l'une des bases les plus en vue en Angleterre. Ses unités sont quotidiennement plongées au coeur des opérations.

Le général de Gaulle avait donc raison... La fine fleur de ses Français libres va enfin pouvoir faire ses preuves. Mais à quel prix?

1er avril. *« Départ mémorable, dans un nuage épais de vingt-cinq mille pieds, de trois sections séparées : le commandant, le capitaine Dupérier, et le capitaine Mouchotte. Voyage en PSV jusqu'à Digby. Là déjeuner puis envol jusqu'à Red Hill dans un temps tout ce qu'il y a de plus "bumpy"*[2].

Red Hill. Enfin le 11e groupe, les sweeps[3]. *Nous assistons au décollage d'une escadrille australienne partant en opération. En attendant de faire de même, nous profitons déjà du climat plus amène, de l'entourage plus aimable. Nous allons deux fois à Westhampnett (Tangmere) voir notre wing commander Michael Robinson.*

Télégramme de l'officier commandant le 11e groupe, Air Marshall Leigh Mallory, au commandant du Free French squadron Red Hill : "It is with great pleasure that I welcome the Free French squadron to 11th group and wish them the best of luck in their operations". »

Le 7 avril, atterrissage à Westhampnett des dix huit appareils de l'«Île-de-France». Le 340 est enfin solidement installé sur une base opérationnelle, où il côtoiera le *squadron* 129 de la RAF.
Entraînement encore. Derniers réglages. Et chacun enrage, car le mauvais temps cloue tout le monde au sol. La tension monte imperceptiblement au sein des deux *flights*, où l'on sent pilotes et mécaniciens encore plus attentifs, soucieux du moindre détail, concentrés. L'ambiance est celle d'une veillée d'armes joyeuse, impatiente, et grave tout à la fois.
Demain, ou dans une semaine, chacun devra faire face à ses responsabilités, mis à nu, confronté à d'inévitables faiblesses qu'il faudra immanquablement surmonter, pour affronter ensuite le regard des autres, le sien, et puis recommencer, jour après jour. Ils ont tous croisé de ces pilotes physiquement et moralement exténués par le rythme des opérations, par les heures de vol harassantes dans des cabines gelées et non pressurisées, la tension des engagements, les nuits trop brèves et souvent agitées, la mort infligée à l'adversaire, celle des camarades... Se lever chaque matin en songeant qu'il n'y en aura peut-être pas d'autres. Ranger ses quelques affaires personnelles en chassant l'idée qu'elles arriveront peut être à la famille, après la victoire, dans un petit sac, accompagnées de la lettre d'un camarade. Vider ses poches consciencieusement avant d'enfiler la tenue de vol, faire disparaître toute trace d'identité en pensant à la capture. Tous ces gestes vont désormais prendre pour Schlœsing et ses camarades un relief bien particulier. Désormais, la mort les côtoiera, quotidiennement.
Et pourtant... Ils ont choisi, tellement espéré et attendu! Pour rien au monde ils ne laisseraient leur place. La guerre les a happés. Ils lui appartiennent et n'ont plus qu'une envie : descendre leur premier Allemand.

Notes
[1] Chasseur bombardier.
[2] Terme anglais signifiant « propice à la collision ».
[3] Littéralement, coup de balais. Mission de chasse visant à détruire la chasse ennemie.

▲ Au bar du groupe à Westhampnett, chacun a droit à sa caricature, réalisée par JL. Coatalen : Schlœsing.... Toujours prêt à croiser le fer, à côté d'une girafe qui rappelle sa grande taille.
▼ Derniers vols d'entraînement pour O. Massart sur son *Spit* baptisé *Stormy*.

Chapitre VII

Baptême du feu

La journée du 10 avril 1942 commence comme les autres. Réveil vers 6 h 30. Petit-déjeuner copieux au mess— oeufs, bacon, thé— en silence et le nez dans le journal, selon la coutume britannique. Passage au *dispersal* pour confirmer les ordres de la matinée et prendre la météo, qui s'annonce excellente. Chacun comprend que cela signifie peut-être, enfin, le départ en mission.

Au programme du matin, *wing formation* : exercice tactique réunissant les 41, 129 et 340 *squadrons* au complet sous les ordres de Michael Robinson.

La météo confirme : on vole !

Le 340 prend sa structure de combat en trois sections : jaune constituée par le *flight* A, bleue par le *flight* B et rouge toujours commandée par le patron du groupe et qui rassemble les pilotes restants des *flights* A et B. Le décollage se fait en un seul bloc de douze avions. Au retour d'un exercice impeccable, Michael Robinson se contente d'un «*good show chaps !*»[1]. Inutile d'en dire plus, venant de lui ces quelques mots signifient que la mécanique est bien réglée, et qu'elle peut être mise à l'épreuve.

Repas de midi partagé au mess, où chacun « debriefe » le vol de la matinée et évoque celui de l'après-midi. La météo est toujours bonne, tous les espoirs restent permis. Mais il ne se passe rien…

À 16 h 30, alors qu'ils râlent de voir la journée s'achever sans nouveau décollage, les pilotes voient Scitivaux et Dupérier bondir dans une voiture, direction le bureau de Michael Robinson. La nouvelle fait le tour de la base en deux minutes.

Le *wing commander* Robinson donne ses ordres aux commandants de *squadrons*. Une opération offensive doit être déclenchée sans délai au-dessus de la région de Saint-Omer, cap Gris-Nez. Mission de chasse, qui vise simplement à faire décoller les Allemands pour engager le combat dans un rapport de force favorable.

Pour cette grande première, Michael Robinson annonce qu'il volera avec le 340, accompagné du lieutenant Choron, son ami d'avant-guerre et compagnon de combat depuis 1940. Robinson vient de faire affecter Choron au 340, précisément pour l'avoir auprès de lui. Son choix se passe de commentaire. Pour leur baptême du feu, le patron anglais confie tout simplement sa vie à ceux qu'il est allé chercher en Écosse. Sa confiance est totale. Philippe de Scitivaux prendra la section jaune, suivi du sergent-chef Darbins, du lieutenant de Labouchère et de l'enseigne de vaisseau Gibert. Bernard Dupérier emmènera les bleus, avec le sergent Debec en numéro deux, Schlœsing en trois et l'inséparable Fournier en quatre. Le capitaine Mouchotte volera donc avec le sergent-chef Guignard en troisième et quatrième positions des rouges, derrière le *wing commander* et Maurice Choron.

◀ M. Choron et son ami, le *Wing commander* Michaël Robinson, tous deux tués le 10 avril 1942.
▶ P. de Scitivaux (1er à gauche) et P. Choron (5ème position) reçoivent la croix de la Libération des mains du général de Gaulle le 15 mars 1941 (Choron rejoint le 340 trois semaines plus tard). Ils seront abattus lors de la première sortie opérationnelle du groupe. On distingue également sur la photo : J. Demozay (2ème), E. Pinot (3ème), J. Pompéï (4ème) et M. Halna du Fretay (6ème). L'attitude, peu martiale… est « très FAFL ».

De retour au *dispersal* de l'«Île-de-France», Scitivaux et Dupérier constatent avec un sourire amusé que tous les pilotes attendent devant la porte. Ceux qui sont désignés depuis quelques jours pour cette première opération ont déjà enfilé leurs équipements de vol et attrapé leurs cartes. Autour d'eux, les autres, qui n'en sont pas, enragent silencieusement. Quelques centaines de mètres plus loin, les mécaniciens sont là, qui tournent, l'air de rien, autour de leurs appareils. Tous sont prêts à bondir.

Schlœsing a passé sa «mae west»[2] au-dessus d'un gros pull-over bleu à col roulé. En s'équipant ce matin, il avait le pressentiment que ce jour était le bon. Il est prêt, calme, impatient de savoir enfin quel effet produira ce premier engagement, dont la perspective génère néanmoins une légère appréhension… En lisant la satisfaction qui éclaire le visage de Dupérier, il comprend que dans quelques minutes il survolera sans doute la France. Pour lui comme pour beaucoup d'autres, la perspective du combat représente aussi la fierté d'un retour au-dessus du sol natal, aux commandes d'un *Spitfire*.

Scitivaux rassemble les pilotes dans le dispersal, impose le silence et expose la situation. Les ordres sont brefs, clairs, donnés sur le même ton qu'à l'entraînement. Cette mission, ils l'ont déjà répétée cent fois. Seule différence vraiment notable avec celles qui ont précédé : les caps et les temps de vol, qui leur feront franchir la Manche pour la première fois et atteindre Le Touquet. Le premier rendez-vous est fixé à Beachy Head sur la côte sud de l'Angleterre. Là ils retrouveront quatre autres *wings* à une altitude de deux mille trois cents mètres. C'est décidément une grosse opération. De Beachy, montée progressive à sept mille mètres vers le Touquet, et direction Saint-Omer. La suite? Au bon vouloir de ces messieurs de la *Luftwaffe*. Le temps de répondre à deux questions et Scitivaux met fin au briefing : «*Cette fois, on y va. Bonne chasse!*»

Déjà plongés dans la mission, les pilotes quittent le *dispersal* en silence. L'appréhension laisse insensiblement la place à la concentration. Fréquences radio, indicatifs, éléments de navigation, les ordres ont rapidement été notés sur la carte. Il s'agit maintenant de s'en imprégner et de dérouler le film de la mission jusqu'à la côte française. Schlœsing et Fournier échangent deux mots d'encouragement et chacun monte à bord de son *Spit*, garés l'un à côté de l'autre.

L'adjudant Pomiès, le fidèle et précieux mécanicien, attend «son Chleu». Il l'aide à se brêler dans l'étroite cabine de l'avion. D'abord enfiler le harnais du parachute, puis boucler par-dessus celui du siège. Le serre-tête et son masque à oxygène attendent à leur place habituelle, posés sur le sommet du pare-brise. Pour une fois, le soleil les a un peu chauffés... Schlœsing manœuvre la verrière. Tout est OK. Elle restera entrouverte pour le décollage.

«*Bonne chance, mon lieutenant! – Merci Pomiès et à tout à l'heure...*» Et s'il n'y avait pas de retour dans une heure et demie?... Chasser cette idée qui n'a pas de sens. La mission, et seulement elle!

16 h 45. L'avion de Dupérier, trente mètres devant, crache quelques flammes écarlates puis laisse échapper une longue écharpe de fumée blanche. Schlœsing enfonce les boutons du démarreur. L'hélice brasse l'air avec hésitation, dans un toussotement désordonné, puis le moteur presque neuf de l'avion démarre franchement, prenant aussitôt un rythme puissant et régulier. Pomiès jette un dernier coup d'œil sur le *Spit* et retire les cales. Le pouce levé vers le ciel indique que son travail s'arrête là. Il ne peut désormais rien d'autre pour son «Chleu». Il n'a plus qu'à partir, en le laissant là.

Une pénible attente commence.

Schlœsing ne le voit déjà plus. Coupé du monde par le vrombissement du moteur, il appartient maintenant physiquement à son avion, et son esprit est tout entier consacré à la mission. Machinalement, il emboîte le pas derrière l'appareil du sergent Debec, le numéro deux de Dupérier. Tous les avions du 340 se mettent en position sur la largeur de la piste, prêts à décoller ensemble sur l'ordre du commandant de Scitivaux qui, pour la première fois, va emmener ces hommes au combat.

17 heures. Décollage en trois séries de quatre avions, dans le bruit infernal des moteurs Rolls Royce lancés plein gaz, et une magnifique impression de puissance... Dix minutes plus tard, la jonction est faite au-dessus de Beachy Head, à l'altitude prévue. On retrouve là les quatre *wings* annoncés, dans un ordre impeccable. Cap sur la France, horizon lointain masqué par la brume. Vers l'ouest, le soleil déjà bas sur l'horizon, rend la visibilité très mauvaise. Chacun éprouve dans son habitacle le sentiment d'appartenir à l'Invincible Armada. Aussi loin qu'ils regardent sur la droite ou la gauche, les pilotes de l'«Île-de-France» ne voient que des *Spitfire*. Comme beaucoup d'autres, Schlœsing n'a jamais vu autant d'appareils en l'air, ils sont prêts de deux cent cinquante! Devant, Scitivaux et Dupérier ressentent une réelle fierté : la discipline de vol est parfaite, le groupe est vraiment au point.

17 h 25. Arrivée du 340 sur Boulogne à six mille cent mètres. La formation bute alors littéralement sur un essaim d'abeilles. Le spectacle est à peine croyable : près de trois cents chasseurs sont déjà engagés dans un *dog fight* gigantesque. La Luftwaffe, alertée par son réseau de radars côtiers, a devancé l'arrivée des chasseurs britanniques. Tous les appareils en alerte dans le Pas-de-Calais ont décollé. Face aux *Spits*, une grande majorité de FW 190, bien plus nombreux que les Me 109.

L'affaire est sérieuse. La voix de Michael Robinson raisonne dans les écouteurs : «*Bon sang! C'est digne d'Hollywood! Aux ordres des chefs de sections. On y va les gars.*»

Il n'est en effet pas question d'aborder ce «Cirque» en *wing* constitué. Robinson donne donc la liberté de manoeuvre à chacun des *flights*. Et advienne que pourra!

Dupérier, que le sergent Debec ne lâche pas d'une semelle, fonce à son tour dans la tourmente en tête du *flight* B. Lui seul possède l'expérience qui permettra de localiser une proie dans la bagarre. Immédiatement dans son sillage, Schlœsing, comme les autres jeunes pilotes, a du mal à discerner *Spits* et *Focke Wulfe* tellement les uns et les autres sont enchevêtrés dans cette ronde diabolique. Il concentre toute son attention sur les évolutions brusques de son leader et réussit à le suivre, croisant un 190 d'un peu près – est-ce bien un Allemand? – ou dépassant un *Spit* qui traîne un long nuage de fumée derrière lui. Quelques images furtives se fixent dans sa mémoire : un pilote affaissé dans son cockpit, sans doute tué, et dont l'avion décrit une vrille lugubre vers le sol ; l'explosion d'un autre appareil qui percute la mer au ras des flots...

Suivre Dupérier, encore, s'assurer d'un coup d'oeil que c'est bien Fournier qui colle derrière et pas un Allemand qui aurait pris sa place, éviter la collision, à droite, à gauche. Essayer de comprendre les conversations de plus en plus confuses à la radio et d'y entendre les ordres. Voilà subitement un FW 190 qui pourchasse un *Spitfire* et auquel Dupérier tire une rafale au passage. L'Allemand est touché, mais pas gravement. Emportés par leur vitesse, ni Debec, ni Schlœsing ni Fournier n'ont le temps de le finir. Étrange sensation de la sueur qui coule le long du dos, alors qu'il doit faire moins vingt degrés dans la cabine. Bon sang quelle cacophonie dans les écouteurs! Entre deux cris, on entend pourtant Choron annoncer, distinctement et étrangement calme :

«*Je crois que je l'ai eu, il est en feu*». Michael Robinson lui répond, maîtrisant lui aussi parfaitement sa voix : «*Oui, Maurice, bon boulot.*» Ces deux-là semblent se livrer à une partie de chasse. Et pourtant, moins de trois minutes après, c'est à nouveau la voix de Choron qui est entendue : «*Ici Maurice, je saute, à bientôt les gars!...*»

Au même instant, Dupérier constate qu'ils ne sont plus que quatre dans le ciel : ses trois coéquipiers et lui-même. Ne demeurent autour d'eux que les immenses traînées de condensation laissées par le combat qui vient d'avoir lieu. Plus un avion à l'horizon, plus un appel à la radio.

Puis la voix de Robinson retentit enfin dans les écouteurs : «*Rendez-vous sur Calais, altitude sept mille mètres*».

Le *wing commander* est toujours là et tente de regrouper ceux qui restent pour entamer le retour vers l'Angleterre. Les Allemands seront bien sûr à l'affût des isolés, attendant de les attaquer sans risque au-dessus de la Manche.

Dupérier, toujours sur Le Touquet, prend aussitôt la direction de Calais. Le ciel y est encore désespérément vide. Après la grande mêlée, ce brusque retour au calme est suspect, presque surréaliste. Il reste encore suffisamment d'essence, juste ce qu'il faut pour tenter un ultime passage dans les terres, sur Saint-Omer. Quelques Allemands s'y trouveront peut-être encore. À moins que ce ne soit des camarades isolés qui pourraient avoir besoin d'aide pour rentrer...

En arrivant à Saint-Omer à sept mille mètres, même horizon désespérément vide. Le cirque a bel et bien disparu aussi brutalement qu'il était arrivé. Le ciel est simplement un peu plus sombre, le soleil plus bas. Subitement, deux *Spits* apparaissent, qui sagement viennent se ranger derrière Fournier. Il s'agit de

◂ Pomiés confie son avion à «son pilote»...
◂ Le SCH Darbins, ici lors de sa formation en France. Il est ailier de P. de Scitivaux le jour de sa disparition. Darbins sera tué au-dessus de Dieppe le 19 août 1942.

Labouchère et Gibert, qui ont engagé le combat derrière Scitivaux. En voilà deux qui apprécieront de ne pas rentrer seuls. Dupérier se dirige aussitôt vers le cap Gris-Nez et l'Angleterre. Chacun prend maintenant le temps de contrôler un peu mieux sa machine : essence, pressions, températures… il ne s'agit pas qu'elle flanche au-dessus des flots !

Le cap Gris-Nez passe sous les ailes, et l'on distingue au loin l'Angleterre.

C'est le moment choisi par une dizaine de FW 190 qui, soleil couchant dans le dos, surgissent pour la curée !

Deux par deux, ils se relaient pour attaquer la formation de six *Spits*. Dupérier engage alors une série de manoeuvres d'évasions brutales

Choron grimpe dans son Spit… une de ses dernières photos.

et aléatoires. Les cinq équipiers suivent comme un seul homme. Les Allemands ne décrochent pas et relancent sans cesse leurs attaques. Finalement à court de munitions, et peut-être aussi d'essence, ils finissent par abandonner ces proies pourtant faciles. Par miracle, pas un *Spitfire* n'est touché. La formation passe Douvres et arrive enfin au-dessus de Westhampnett.

Il est 18 h 35. Resserrés autour de leur chef dans une formation qu'ils veulent parfaite, les six *Spitfire* survolent le terrain à cinquante mètres au-dessus du sol. Les mécanos, et trois pilotes déjà posés, essayent de distinguer les grandes lettres blanches peintes sur les fuselages.

Qui revient? Ou plutôt qui ne revient pas?
Dupérier ramène ses pilotes, et deux autres, partis avec le commandant de Scitivaux. À peine vingt minutes auparavant ces hommes étaient encore engagés dans une lutte à mort et pouvaient disparaître à tout jamais, sans même laisser de trace. Ils retournent maintenant à la vie et savent qu'ils le doivent pour beaucoup à leur capitaine.
Encore quelques gestes mécaniques à accomplir, et ils seront passés d'un univers à l'autre.
Siège en position haute, verrière légèrement ouverte volets et train sortis, hélice au petit pas. Schlœsing pose son *Spit* lourdement. Pomiès est là, au loin, qui l'attend sur le parking. Il a reconnu le «Chleu» lors du premier passage. Il se prépare déjà à répondre à l'inévitable question du lieutenant.
Schlœsing étouffe le moteur, coupe les magnétos. Subitement l'hélice arrête de tourner. Le silence se fait enfin autour de l'avion. Dans la tête du pilote, la machine gronde encore et semble refuser de s'arrêter, comme pour le retenir un peu plus. En pénétrant par la verrière ouverte, le vent a transformé en froid humide la tiédeur que la longue descente avait rétablie dans la cabine. Il amène une puissante odeur d'herbe fraîchement coupée, et de terre. Schlœsing, aidé de Pomiés, se détache de son *Spit*. La mission a duré une heure et trente-cinq minutes. Il lui semble pourtant que sa vie entière fut plus courte que ce vol. Comment le temps peut-il le tromper à ce point?
«– Alors, mon lieutenant?
– Qui manque-t-il, Pomiès?
– Le *wing commander* Robinson, le lieutenant Choron et le commandant de Scitivaux. Alors, et vous?
– Ils nous attendaient. Il y avait beaucoup de monde.»

Que dire de plus? Rien maintenant. Plus tard sans doute, mais il faut d'abord remettre de l'ordre dans le film désordonné de ses souvenirs, commencer par aller aux nouvelles. D'autres savent peut-être pour Scitivaux et Robinson. Si Choron a pu sauter en parachute il faudra de toute façon du temps pour savoir s'il a été fait prisonnier.

Schlœsing retrouve vite ses camarades. Tous ont la mine des mauvais jours et les nouvelles n'en sont pas. Personne ne sait rien de plus. Dans la confusion du combat aucun pilote n'a rien vu qui puisse légitimer le moindre espoir pour aucun des trois disparus. Les optimistes espèreront malgré tout et les autres, par pudeur, se tairont. Seul le temps pourra confirmer ce qui a pu arriver et fournir la réponse à la question que chacun se pose : morts ou encore vivants?

Au retour de cette dramatique journée, Mouchotte notera dans son journal : «*La plus terrifiante bataille aérienne qu'il m'ait jamais été donné de voir s'est terminée, après quinze longues minutes de sueur. Je rentre au terrain, honteux de n'avoir pu tirer une balle.*»[3]
Sous la plume de Schlœsing, le journal du groupe se contente de cinq petites phrases qui dissimulent mal la déception :
«*Aujourd'hui, après une wing formation le matin, l'escadrille part pour sa première opération offensive au-dessus de la France. Sur douze avions, neuf reviennent après un engagement dans la région de Boulogne, à huit mille mètres. Outre le wing commander Robinson, nous perdons le commandant de Scitivaux et Choron. Le coup est dur pour l'escadrille. Mais sous l'impulsion forte que lui laisse son commandant, elle continue sous les ordres de Dupérier.*»

Ni Choron, ni son ami Robinson ne réapparaîtront.

◀ 10 Avril 1942, premier engagement au-dessus de la France.
◀ L'enseigne de vaisseau André Gibert, aux commandes du *Spit* de Massart.

Notes
[1] Beau travail, les gars!
[2] Gilet de sauvetage. Du nom d'une chanteuse célèbre des années 1930 aux formes généreuses.
[3] *Les carnets de René Mouchotte*, Flammarion, 1949.

Chapitre VIII

La guerre au quotidien

Après cette première épreuve qui marque tragiquement l'entrée en guerre de l'«Île-de-France», le groupe n'a d'autre choix que de se réorganiser en remplaçant les manquants sans délai. Le soir même, les Britanniques proposent que le capitaine Dupérier succède au lieutenant de vaisseau de Scitivaux, ce que l'état-major des FAFL agrée le lendemain. Ainsi, Fayolle prend la tête du *flight* B et Schlœsing devient son adjoint. Ce n'est pas son expérience toute relative d'une unique mission de guerre qui lui vaut cet honneur, mais le crédit qu'il a déjà gagné dans son entourage. Tous reconnaissent en lui un chef.

À la tête du *wing*, le *squadron leader* Hugo «Dutch» succède à Michael Robinson. C'est aussi un vieil ami des Français qui, au lendemain de cet engagement, en ont bien besoin. En effet, comme à chaque coup dur, les mauvaises langues ne manquent pas pour remettre aussitôt en cause leur aptitude opérationnelle. L'état-major des FAFL fait bloc derrière Dupérier, de même que le *group captain*[1] Appleton, patron de Michael Robinson et du secteur : le 340 n'est pas à blâmer, il a joué de malchance. En effet, l'analyse à froid du combat laisse clairement apparaître que le groupe a buté sur le gros d'un dispositif allemand exceptionnel. Le rapport de force numérique était défavorable et aggravé par la supériorité indiscutable des FW 190 sur les *Spits* V. Jamais autant de ces nouveaux chasseurs n'avaient été mis en l'air simultanément par les Allemands.

Bien que sonné, l'«Île-de-France» n'a qu'un seul espoir : repartir au combat. Il ne s'agit pas simplement de laver l'affront ou de venger les camarades. Ces hommes, qui ont vaincu les pires difficultés pour se battre, ne peuvent envisager un seul instant d'être écartés du combat, quelques jours à peine après leur première rencontre avec l'ennemi. La crainte de repartir en Écosse «parfaire l'entraînement» va les tarauder pendant trois jours.

Finalement, le 14 avril, à 11 h 57 du matin, le 340 décolle derrière le capitaine Dupérier, pour une nouvelle mission sur la France.

Les opérations vont dès lors s'enchaîner à un rythme élevé, soumettant les hommes à rude épreuve.

La chasse allemande conserve en effet pour un long moment la supériorité conférée par ses FW 190.

Les sorties sont quotidiennes pendant un mois d'avril qui ne s'achèvera pas sans d'autres épreuves. Le 22 en effet, le sous-lieutenant Hauchemaille est abattu au large d'Ostende, en pleine mer. Son avion désemparé, il annonce sobrement à Dupérier : «*Rouge 1, je saute.*» L'espoir de sa récupération planera longtemps, mais comme beaucoup d'autres, son corps ne sera pas retrouvé. Des années durant, après la guerre, son épouse parcourra les cimetières côtiers du Nord et de Belgique à sa recherche. La mer ne le rendra pas[2].

Le même jour, le *wing commander* Peter Hugo est blessé à l'épaule dans son cockpit. Il saute lui aussi en pleine mer, mais est repêché presque aussitôt.

De nouveaux pilotes arrivent chaque mois pour combler les rangs. Parmi eux, un homme que sa réputation précède et qui sera d'emblée apprécié comme un excellent camarade. Jacques Guillou de Mézillis a rejoint la France Libre parmi les premiers en Afrique du Nord. Il a laissé un bras dans un bombardier *Blenheim* posé en catastrophe en plein désert. Contraint de pratiquer une amputation sur place, il s'est fait aider d'un légionnaire armé de son canif, faute de médecin ou d'infirmier. Il a rejoint alors à pieds les lignes amies, distantes de plusieurs kilomètres. Un an plus tard jour pour jour, il réussit à se faire affecter à l'« Île-de-France », Pourvu d'une main artificielle, et y reprend l'entraînement.

Le 30 avril, deux nouvelles pertes frappent les Français. Le sergent-chef Waillier est abattu au-dessus de la baie de Somme lors d'une mission d'escorte de bombardiers *Boston*. Touché lui aussi, Blitz ramène à grand-peine son avion, qui a reçu deux obus dans le moteur. Il le crashe en bout de piste, se fracturant un fémur. En trois semaines d'opérations, le 340 a déjà perdu cinq pilotes.

Il faut attendre le 3 mai pour qu'enfin une nouvelle mission de couverture au-dessus d'Ambleteuse apporte les premières victoires. Ce jour-là, trois Focke Wulfe 190 sont abattus en quelques minutes, le premier par le binôme Fayolle–Chauvin, le second par Dupérier et le troisième par Tedesco alors qu'il était lui-même sérieusement touché. Ces victoires, plus qu'une récompense que tous auraient attendue, sont la justification des pertes déjà consenties.

◁ Le *Squadron leader* Hugo «Dutch», qui succède à Michael Robinson à la tête du *wing*.
△ J. Guillou de Mézillis, qui a perdu un bras en Afrique du Nord.
▷ Le SLT M. Hauchemaille, «Nonoche», l'ancien que chacun appréciait.

Dans la soirée, le groupe au complet se retrouve au pub qui jouxte la base. Peu importe le lendemain et son lot d'épreuves, l'instant seul compte et il sera bien temps de mourir plus tard… Pour un moment, les peines et les deuils, sont oubliés. Le 340 vient enfin d'infliger un premier revers à l'ennemi, en retournant une situation bien difficile. La bière coule durant de longues heures à l'*Old Ship* et les tournées se succèdent, ramenant à la vie ceux qui ont quitté l'équipe récemment.

Cinq contre trois. Macabre comptabilité, soigneusement tenue par le groupe, et symbolisée avec soin sur le flanc des avions : une victoire est une petite croix peinte en noir, d'autant plus fièrement arborée qu'elle n'est pas seule.

Ce décompte cache pudiquement, derrière le nombre d'avions abattus, celui des pilotes et membres d'équipage tués : un pour un chasseur, trois au moins pour un bombardier, parfois plus. Peu importe que les hommes aient survécu ou pas. Seule compte la destruction de l'avion… Et alors? C'est la guerre! Les pilotes alliés n'exigent pas davantage que ce que les Allemands les contraignent eux-mêmes à payer. C'est la guerre, et chacun aspire naturellement à la paix. Mais elle se payera cher et attend son lot de morts.

Schlœsing et ses camarades, comme tous les soldats en guerre, sont à la moisson… et ils compteront eux-mêmes, demain peut-être, parmi la macabre récolte.

Le débat s'arrête donc là. N'ayant ni souhaité ni fui le combat, comme tant d'autres, ils ont bien le droit de fêter une victoire, fût-elle la mort d'un homme. Ils peuvent boire plus que de raison et même se montrer joyeux. Cette insouciance ne les trompe pas, elle les aide simplement à recommencer jour après jour, en regardant les rangs se clairsemer. Même s'ils s'efforcent de l'oublier, demain il faudra quand même repartir, et peut-être, ne plus revenir.

Le répit n'est en effet que de courte durée. Le lendemain matin le sergent Pierre Bourgeois, benjamin de l'escadrille, disparaît. Il n'avait pas encore vingt ans et n'était pas le dernier à fêter ses camarades victorieux, la veille. Cette mission de protection de bombardiers au-dessus du Havre était l'une de ses premières sorties opérationnelles, car tous avaient été d'accords pour retarder autant que possible son engagement. Il en était tellement meurtri que René Mouchotte finit par accepter l'idée de voir «le petit» rejoindre le *flight* A. Touché par un FW 190 dans les premières secondes de l'engagement, il réussit péniblement à s'extraire du cockpit et ouvre aussitôt son parachute. La voile se prend dans l'empennage du Spit et y reste accrochée. Le malheureux Bourgeois est précipité en mer, accroché à son avion, sous les yeux de ses camarades impuissants.

Aux débordements de joie de la veille succède une immense peine. Plus que d'autres encore, le souvenir de Bourgeois accompagnera ces pilotes, qui n'imaginaient pas hier que la guerre puisse exiger autant.

Une semaine plus tard, décollant en *readiness*, le sergent Debec et le sergent-chef Boudier s'attaquent à douze Me 109 partis bombarder un aérodrome côtier. Ils en abattent un, un autre étant compté «probable». Puis c'est Fayolle qui détruit un Ju 88 lors d'une patrouille nocturne. Le 24 mai une autre bonne nouvelle parvient au groupe : Scitivaux est vivant. Légèrement blessé, il a été fait prisonnier. Ironie du sort, sa femme est arrivée en Angleterre quarante-huit heures après sa disparition, au terme d'un périple d'un an et demi qui lui a fait traverser

◁ Jean de Tedesco. Le 3 mai, il abat un FW 190 au-dessus de Calais. Après 97 missions de guerre et 2 victoires il disparaîtra le 14 juillet 1943, abattu en Russie au sein du groupe Normandie-Niémen.
⋏ Nomination au grade de lieutenant, Schlœsing l'apprendra courant mai...
⋏ Début mai 42, la routine des engagements...
▷ Quentin Bourgeois.

l'Afrique et l'Amérique. Cette fidélité exemplaire ne sera récompensée qu'au printemps 1945, quand le prisonnier rentrera...

Le 4 juin : *« Un Ju 88 est intercepté à vingt-cinq mille pieds par Chleu, visé, tiré, manqué et rentre à sa base. »* Pas d'autre commentaire dans le journal du groupe. Schlœsing oublie en effet de préciser qu'il a décollé sur alerte avec un équipier qui se repose aussitôt, moteur en panne. Il continue seul et, suivant les instructions du contrôle, atteint Beachy Head a cinq mille mètres. Il aperçoit le Ju 88 cinq cents mètres plus bas. Ce dernier le décèle aussitôt. S'engage alors une poursuite au-dessus de la mer, qui ne s'achèvera qu'aux environs de Berck. En deux passes successives, Schlœsing endommage sérieusement l'Allemand, qui se défend bien avec sa mitrailleuse dorsale. À bout de munitions, il est finalement obligé d'abandonner sa proie blessée. Posé à 9 h 05, il constate avec Pomiès que l'Allemand a quand même réussi à lui loger une balle dans l'aile droite.

Bien que ne comptant toujours pas un Allemand à son actif, Schlœsing n'a pas manqué une mission depuis le 10 avril et prend chaque jour un peu plus l'ascendant sur ses camarades. Son calme, sa rigueur et sa grande aisance tactique valent, à leurs yeux, bien des victoires que les circonstances ne lui ont pas encore accordées.

Quelques jours après une nouvelle visite du général de Gaulle à Westhampnett, le 10 juillet, le 340 bénéficie d'une période d'entraînement et de repos à Ipswich. Le commandement permet ainsi au groupe de marquer une courte pause, après quatre mois de combats presque quotidiens. Un nouveau déménagement est annoncé dans le même temps, cette fois pour Hornchurch, dans la banlieue est de Londres. Il s'agit en effet de laisser la place aux Américains de l'*US Army Air Force* à Westhampnett-Tangmere. Six mois après leur entrée en guerre, ces derniers arrivent en masse en Grande-Bretagne, où ils déploient à un rythme effréné des quantités impressionnantes de matériels.

Durant cette période de calme relatif, Schlœsing profite de la présence de sa mère, dont le retour en France se confirme. Dès que les circonstances le permettent, il ne manque pas de survoler sa petite maison dans le vallon d'Haslemere, à côté de Londres : un premier passage rapide pour annoncer sa venue, suivi d'un second, plus bas et plus lent, le temps de l'apercevoir dans le jardin et de lui faire un petit signe d'une main gantée... Chacune de ses permissions à Londres est également mise à profit pour aller la retrouver, souvent avec Olivier. Le petit dernier achève une année de faculté en attendant de pouvoir s'engager lui aussi dans les Forces françaises libres. Fin juillet il rejoindra l'école des cadets à Ribbesford[3].

François, Olivier et Jacques-Henri se retrouvent finalement autour de leur mère le 18 juillet à Poole, près de Southampton. La veille, ce dernier a appris que les FAFL lui accordaient sa première citation à l'ordre du groupe aérien. Cette récompense fait naturellement suite à l'affaire du 4 juin dernier. Mais il ne s'agit pas de fêter cet événement. Un hydravion militaire doit amener Madame Schlœsing à Lisbonne. De là, elle rejoindra l'Espagne, puis la France. Les visas de sortie britannique, de transit au Portugal et en Espagne, et surtout d'entrée en France, ont été obtenus non sans mal. Le visa français a été accordé via un consulat de la « France occupée » qui existe encore curieusement à Londres.

Le général de Gaulle lui-même a veillé à ce que le retour de Madame Schlœsing soit rendu possible. La rencontrant à Londres pour la fête nationale, il lui demande *« De transmettre ses respects à M. le pasteur »* et lui exprime son admiration pour sa famille.
Quand le gros quadrimoteur *Short Sunderland* s'arrache des flots, les trois garçons savent qu'ils tournent une nouvelle page, qui les isole encore un peu plus de la vie d'autrefois.
Pour l'aîné des trois, cet au revoir ne sera que très temporaire.

◀ Olivier Schlœsing, ici à sa sortie de l'école des cadets de la France Libre.

itation à l'ordre du Groupe de Chasse "Ile de France"

Lieutenant J.H. SCHLOESING

Magnifique officier qui n'a cessé de donner le plus bel exemple depuis son arrivée au Groupe. Toujours volontaire a executé brillament vingt cinq missions au dessus des territoires occupés dont huit comme chef de section. Le 4 Juin 1942 a intercepté et gravement endommagé un Junker 88 au dessus de la Manche.

Le Commandant B. DUPERIER

Citation approuvée
Tangmere 11-7-42
Lieut. col Courstey
Cort p. i les FAFL

Notes
[1] Commandant d'escadre, équivalent du grade de colonel.
[2] Voir les carnets de Marc Hauchemaille, *Bonsoir Nadette*, de P. Chéron, éditions Petit à Petit, 2004.
[3] L'école militaire des Cadets de la France Libre a été créée en 1941 par le général de Gaulle pour former les volontaires aptes à devenir officiers et trop jeunes pour s'engager. La scolarité y était d'un an.

∧ Texte de la première citation de Schlœsing, accordée pour un Junker 88 «probable».
∧ Remise de la croix de guerre, quelques semaines plus tard à Biggin Hill.
◁ De droite à gauche : Massart, Guignard, Guilloux, Demas, ?, Schlœsing.

Chapitre IX
Débarquement à Dieppe

Formant une superbe croix de Lorraine, le 340 se pose le 28 juillet à Hornchurch, sa nouvelle base. Comme ils le souhaitaient, les Français ne passent guère inaperçus… et sont accueillis chaleureusement par les Anglais, sur ce terrain qu'ils trouvent plus confortable que le précédent. Au moins y mangent-ils à leur faim !

Le groupe est à nouveau réorganisé. Le capitaine Fayolle, chef direct de Schlœsing au *flight* B, quitte le 340 pour prendre le commandement d'un *squadron* de la RAF. C'est un honneur rare que les Britanniques accordent aux Français. Le capitaine de Labouchère, nouvellement promu, lui succède, et Schlœsing reste adjoint.

Les opérations reprennent avec le nouveau *wing*.

Le 30 juillet, deux nouveaux pilotes sont perdus lors d'un *sweep* sur Saint-Omer : le sergent Debec, tué, et le sous-lieutenant Lambert, abattu et blessé.

Les quinze premiers jours d'août sont plus calmes, noyés dans la triste brume caractéristique de l'estuaire de la Tamise : « *Routine de readiness et des patrouilles de convoi. Ennui des heures d'inaction, des jours que n'accompagne aucun "show". Cafard des perpétuels ciels gris en plein été, des brumes de l'East End enfumé. Les jours de sortie, cinquante minutes d'underground nous séparent de Trafalgar Square, où les uniformes français vont se mêler, dans une foule cosmopolite, à ceux de trente-six nations en guerre contre l'occupant d'un continent entier.* »

C'est sur cette note que le journal du groupe « Île-de-France » change de rédacteur, Schlœsing passant la main après quatre mois.

Mi-août, un débarquement anglo-canadien sur les côtes françaises est annoncé pour le 19. Depuis un mois cette opération était dans l'air. Elle avait déjà suscité un immense espoir, puis une terrible déception après une première annulation. Les Français y voyaient naturellement l'ouverture d'un front sur le sol national, en plus de la reprise de l'offensive terrestre contre les Allemands à l'ouest.

Dans la soirée du 18, le groupe est mis dans le secret, mais c'est une nouvelle déception ! Le débarquement ne constituera pas le premier temps d'une reconquête de la France. Il ne sera qu'un bref coup de main de quelques heures, visant à tester le dispositif de défense allemand et les procédures très complexes d'une action amphibie d'envergure. Cette opération, que les tacticiens qualifient de simple « va-et-vient », devra en effet servir de répétition générale à un débarquement majeur, dont chacun a maintenant compris qu'il sera un jour le premier temps de l'offensive finale contre le Reich.

Schlœsing et ses camarades ne cachent pas leur amertume : libérer le sol de France, même s'il ne s'agit que de quelques kilomètres carrés,

pour ensuite le rendre aux Allemands... cette idée n'a effectivement pu naître que dans un cerveau britannique !

Le 340 est consigné strictement : interdiction de sortir ou de téléphoner jusqu'au déclenchement de l'opération *Jubilee*.

Les premières troupes débarqueront à 6 heures du matin, pour rembarquer dès 11 heures. Le décollage est prévu à 4 h 35 avec les trois autres *squadrons* du *wing*, emmené par Peter Hugo, de retour après sa blessure.

Ce matin-là, Schlœsing, avec Dupérier et quelques autres, revêt la tenue bleue de l'armée de l'air. S'il faut disparaître en combattant pour quelques hectares du sol natal, que ce soit en soldat français !

À l'heure dite il décolle, suivi de Chauvin. Tous deux emboîtent le pas à Bouguen et au *wing commander* Hugo, constituant pour cette première mission de la journée la section rouge. Dupérier emmène « bleu » et Mouchotte « jaune ». Ceux qui n'ont pas la chance d'être du premier show n'ont pu s'empêcher de se lever. D'ailleurs, bien peu ont réussi à dormir, cette nuit. Ils regardent s'éloigner les petites lumières vertes et rouges des douze *Spits*, qui forment un ballet bien réglé, vite absorbé par l'obscurité encore totale.

Onze avions se posent une heure quarante-cinq plus tard. Le jeune Kerlan a été touché et s'est posé en mer. Il en réchappe miraculeusement. Mécaniciens et pilotes de réserve se jettent sur ceux de la première vague. Schlœsing tente d'expliquer à un Labouchère frustré de ce premier combat que la bagarre ne ressemble à rien de ce qu'ils ont déjà vu. Le spectacle est dantesque : la bande côtière apparaît en feu là où elle n'est pas entièrement noyée sous les rideaux de fumée artificielle, la mer est couverte de bateaux de toutes tailles inextricablement enchevêtrés, et le ciel rougeoyant de l'aube est déjà peuplé d'une multitude d'avions tournoyants. Le combat fait rage. Impossible de savoir qui prend l'avantage, mais les Allemands sont très nombreux. Leurs bombardiers et les nôtres se disputent l'espace nécessaire pour anéantir assaillants et défenseurs, dans une mêlée confuse. Pas de doute, cette journée coûtera cher des deux côtés.

9 h 16. Les pleins sont refaits, les armes rechargées. Un rapide casse-croûte a été avalé. Après avoir renouvelé une partie des pilotes, l'« Ile-de-France » décolle une nouvelle fois pour reprendre son tour dans le cirque.

Au sol, les combats se déroulent toujours sur la plage et s'étendent maintenant à la ville. À 1500 m d'altitude, les pilotes y distinguent nettement

◁ Le *Spit* de B. Dupérier orné de ses bandes jaunes et noires.
△ Le même. La lettre S rappelle le nom de Sternberg, patronyme original de B. Dupérier. Donald s'acharnant sur le ver de terre allemand est de la main de Walt Disney.
▷ Moynet, Schlœsing et Laureys. Schlœsing se partage avec Laureys un DO 217 le 19 août, lors de leur troisième sortie... dans une certaine confusion.

les fantassins et les blindés en action. Le spectacle qui s'offre à eux semble ainsi donner une dimension nouvelle, comme plus humaine, à la guerre. Mais ils n'ont guère le temps de s'attarder. Une attaque de bombardiers survient dans leur secteur, qu'il leur faut désorganiser avant qu'elle n'atteigne nos navires. En quelques instants, Labouchère descend deux Dornier 217. L'adjudant Darbins s'en prend à un troisième lorsqu'il est atteint par deux Focke Wulfe 190. Son *Spitfire* est sévèrement touché. Il perd une aile et tombe en mer.

À 12 heures, puis encore à 18 heures, le 340 redécollera pour Dieppe et Schlœsing « partagera » un *Dornier* 217 avec Pierre Laureys, dans ces circonstances confuses.

Au bilan, le coup de main allié a duré plus longtemps que prévu. Les Allemands se sont montrés particulièrement habiles et déterminés dans la défense de la ville. Les pertes parmi le corps expéditionnaire anglo-canadien sont très élevées. Quand l'ordre est donné aux derniers bateaux de quitter la plage, il reste des centaines d'hommes pris au piège des défenses allemandes. Ils n'ont d'autre choix que de se rendre, après d'âpres combats, donnant à cette opération une allure de défaite qu'elle ne mérite pas tout à fait. Les enseignements qui en seront tirés permettront d'économiser bien

◁ Fayolle, tué lors de sa première opération à la tête du *squadron* 174 de la RAF, équipé de « Hurry Bombers »

△ R Mouchotte, Darbins, R Blitz. Repêché en mer pendant les combats, l'adjudant Darbins meurt à l'hôpital peu de temps après.

△ De gauche à droite : Hardy, Porchon, Réveilhac, ? ,Gouby, Demas, Maureys, à genou, Labouchère et Massart.

△ Lt Francis Chauvin, ailier de Schlœsing pour la première sortie sur Dieppe. Il succèdera à de Labouchère , à la tête du A flight.

des vies, deux ans plus tard, sur les plages du Cotentin et du Calvados.

Pour l'«Île-de-France», le résultat final est honorable : trois Do 217 ont été abattus, cinq endommagés ainsi qu'un FW 190. Deux *Spits* ont été perdus. Mais surtout, encore un pilote a été tué : Darbins, qui a été repêché grièvement blessé, meurt avant son arrivée à l'hôpital de Brighton. Cette triste nouvelle parvient en même temps que celle de la disparition du commandant Fayolle. L'ancien patron du *flight* B a disparu le matin, alors qu'il volait pour la première fois à la tête du *squadron* 174. Ce 19 août, la RAF a perdu au total quatre-vingt-quinze appareils, contre cent côté allemand.

La fin du mois sera plus calme, les deux parties se remettant du choc de Dieppe.

La guerre continue cependant d'exiger son tribut. Le 23, le sous-lieutenant Coignard disparaît en mer devant Saint-Valéry-en-Caux, lors d'une mission d'attaque côtière à basse altitude. Il avait fait l'admiration de tous quelques mois auparavant. Blessé par éclats d'obus, les commandes de gouvernes sectionnées, il avait refusé de sauter et réussi à poser son avion à Hornchurch. Impressionné par son cran et son obstination, Dupérier lui avait obtenu une citation à l'ordre des FAFL.

Le 1er septembre, le capitaine René Mouchotte quitte l'«Île-de-France», appelé lui aussi à l'honneur de commander un *squadron* de la RAF. Labouchère lui succède au *flight* A. Nommé capitaine, Schlœsing prend quant à lui le commandement du *flight* B. Cette réorganisation du 340 survient alors que le rythme des opérations s'était sensiblement calmé depuis le coup de sang de Dieppe.

La journée du 5 septembre vient rappeler une nouvelle fois la dure réalité de la guerre. Le groupe s'envole à 8 h 30 pour Abbeville avec une mission de diversion, qui doit permettre à une formation de B 17 américains d'aller bombarder Rouen. Sur le chemin du retour, la section de Labouchère est subitement attaquée. À peine la première alerte est-elle entendue à la radio qu'un *Spit* est déjà en flammes. Pendant d'interminables minutes, le 340 se démène seul contre une cinquantaine d'adversaires, quand arrive enfin une partie du *squadron* 122. Devant ce renfort, les Allemands finissent par lâcher prise.

Le capitaine de Labouchère, son numéro deux, le sergent Thibaud et son numéro trois, l'adjudant Dubourgel, ont été abattus. Le numéro quatre, Bouguen, est le seul survivant du *flight* A. Taconet a aussi disparu dans la bagarre. Maigre consolation devant ces lourdes pertes, Boudier a abattu deux FW 190.

Une nouvelle fois le *flight* A change de chef, le lieutenant Chauvin succédant à Labouchère. Avec ce dernier, les FAFL perdent l'une de leurs belles figures. Issu lui aussi d'une vieille famille protestante, François de Labouchère avait déjà choisi de rejoindre les Français Libres quand il a appris que son père était tombé au combat en juin 1940. Il a alors gagné l'Afrique du Nord et de là, l'Angleterre. Il servait au *squadron* 242 de la RAF quand, en avril 1941, son *Spit* subit une collision en l'air. Empennage sectionné, en vrille à plat sur le dos, il ne réussit à sauter qu'à cent cinquante mètres du sol. Son parachute s'ouvrait à peine quand il toucha le sol... pour se relever indemne, quelques instants plus tard.

Ce 5 septembre, sa baraka déjà légendaire, symbolisée par le chat noir qui ornait son avion, l'a quitté.

R. Taconnet, dit «Taco», disparu en mer le 5 septembre 1942.

Chapitre X

Biggin Hill

Fin septembre, un automne humide s'installe, provoquant l'inaction tant redoutée des pilotes. Ceux qui le peuvent en profitent pour se reposer et se distraire en goûtant aux charmes d'une capitale de plus en plus cosmopolite. Mais l'ennui gagne rapidement.

Les nouvelles responsabilités de Schlœsing le préservent heureusement de cette nouvelle période d'inactivité forcée. Les tâches administratives sont nombreuses, les FAFL jouissant du redoutable privilège de la double subordination à la RAF et aux FAFL. Aucun de ces deux commandements ne manque d'imagination pour réclamer rapports, comptes rendus et fiches d'analyse... Et il s'agit encore de maintenir le moral et la tenue de son *flight*, qui a vu quatre chefs se succéder depuis novembre 1941 : Dupérier, Fayolle, Labouchère et maintenant lui-même !

Mi-octobre un nouveau déménagement se prépare : Biggin Hill doit accueillir le groupe des Français libres.

Au-delà de la crispation provoquée par un chambardement de plus, ces derniers ne cachent ni leur satisfaction, ni leur fierté : Hornchurch, souvent noyée dans les brumes de la Tamise ou la fumée des usines, était un peu triste. Biggin Hill est LA base de la RAF. Emblématique de la défense de Londres, elle a gagné ses lettres de noblesse durant le *Blitz*, et n'accueille depuis que les meilleures escadrilles anglaises. Il faut voir là un beau geste de la part de Britanniques si sensibles aux symboles.

En outre, cette perspective s'accompagne d'une nouvelle qui suscite l'enthousiasme : les *Spitfire mark IX* arrivent ! Ces nouveaux appareils sont les chasseurs que tous les pilotes de la RAF attendaient. Ils permettront désormais de lutter à armes égales avec les FW 190, et sans doute de reprendre un ascendant perdu depuis avril.

Entre le 17 et le 25 octobre, le 340 reçoit ses *Spits* et conduit sa transformation sur ces remarquables appareils. Une nouvelle période s'ouvre ainsi pour l'«Île-de-France», et à court terme pour tous les *squadrons* de chasse de la RAF : les tactiques mises au point pour pallier l'insuffisance des vieux *marks* V vont enfin pouvoir évoluer et rendre une part d'initiative aux alliés.

Le commandant Dupérier ne profitera guère de Biggin Hill. Le second patron de l'«Île-de-France» a commencé le combat en 1941 et arrive à la fin de son tour d'opération. Le règlement de la RAF ne lui laisse pas d'autre choix que le repos forcé et le général de Gaulle a pensé à lui pour une tournée d'inspection aux États-Unis et au Canada. Il s'agit d'aller s'assurer que les Français qui s'entraînent là-bas se préparent dans de bonnes conditions et mesurent pleinement le défi qui les attend en Grande-Bretagne, au sein des FAFL. Cette mission accomplie et après un passage pénible à l'état-major de Londres, Dupérier prendra le commandement du groupe «Alsace» en août 1943, à la disparition de René Mouchotte. Deux mois plus tard, il succédera à Al Deere, l'un des plus grands chasseurs de la RAF, à la tête du prestigieux *wing* de Biggin Hill. Fin 1943, il recevra son ultime commandement : la première escadre de chasse française FAFL, constituée

◁ Dupérier sautant de son nouveau *Spit* IX A, immatriculé GW-S. C'est avec cet avion qu'il s'octroie ses deux dernières victoires au sein du groupe, le 2 novembre.
▽ Le capitaine Schlœsing, nouveau patron du B flight depuis le 1er septembre 1942.

par les groupes «Île-de-France», «Alsace» et «Cigognes». Ayant quitté ce poste prestigieux peu avant le débarquement pour une nouvelle affectation en état-major, il ne supportera pas cette inactivité relative et rejoindra les services secrets français du Bureau central de renseignement et d'action (BCRA). C'est en tant que chef des opérations d'un état-major interallié chargé de coordonner l'avance américaine en Bretagne qu'il sera parachuté vers Saint-Brieuc, dans la nuit du 4 août 1944. Grièvement blessé dans un accrochage, il terminera la guerre sur un lit d'hôpital, ce qui permettra certainement à ce combattant infatigable d'en voir la fin…

Dans les derniers jours d'octobre, Dupérier prépare donc sa succession, qu'il évoque au cours d'une nouvelle visite du général de Gaulle à Biggin Hill. Il ne fait aucun doute dans son esprit que «le grand Chleu», pour lequel il a une affection particulière, doit lui succéder à la tête du 340. Le 31, il sollicite un rendez-vous à l'état-major de la RAF. L'Air *Marshall* Leigh Mallory lui donne son accord : Schlœsing prendra le commandement de l'«Île-de-France» le 1er décembre.

Pendant que Dupérier intercède en faveur de Schlœsing auprès du grand patron de la RAF, une mission *Rhubarb*[1] est déclenchée inopinément. Quatre avions aux ordres du capitaine Chauvin prennent la direction de Calais, où plusieurs trains de marchandises viennent d'être signalés sur la ligne Calais-Dunkerque.

Au-dessus de Gravelines, le lieutenant Fournier repère l'un des trains et fonce, suivi du sous-lieutenant Demas. Dans leur attaque, les deux *Spits* sont violemment pris à partie par des tirs de mitrailleuses denses et précis. Le renseignement était bon : il s'agit très probablement d'un train de ravitaillement militaire de la *Wehrmacht*, à ce titre fortement protégé. Chauvin et le lieutenant Hélies ont pris quant à eux la direction de la ligne Calais-Saint-Omer, pour y attaquer un second train.

Ils disparaissent tous les deux.

Abattu au cours de l'attaque, blessé et fait prisonnier, seul Chauvin réapparaîtra en 1945, échappé par la Russie d'un camp de prisonniers allemands.

Le lieutenant Reilhac se voit confier le *flight* A, à la suite de Chauvin. Ses deux prédécesseurs ont été abattus en moins de deux mois…

Le 2 novembre, pour sa centième mission sur la France, Dupérier décolle à la tête des douze avions de l'«Île-de-France». Le 340 et le 611 s'envolent pour une mission de chasse libre sur Abbeville. Après avoir atteint la côte française au-dessus de l'estuaire de la Somme, la formation assiste au décollage de quelques FW 190 sur l'aérodrome d'Abbeville. Le 611 tente de les intercepter, en vain.

◁ Le général de Gaulle s'adresse au Lieutenant Massart.
◁ 10 juillet 1942. Visite du général de Gaulle à Biggin Hill, on y distingue deux marins du 340: Gibert et Béchoff. C'est au cours d'une entrevue avec le «Grand Charles» que Dupérier évoquera la prise de commandement du groupe par Schlœsing. Le "Grand Chleu" note sur son carnet : «De Gaulle à l'escadrille. Mots du jour : Bonjour Dupérier (de G. à Béchoff); A mon garde à vous... command! (Mouchotte); Je suis général, mon Tedesco (Tedesco)»!
◁ Au *dispersal* de Biggin Hill, Moynet, Guilloux, Boudier, debout Reveilhac, Renaud et Schlœsing
▽ Hardy, Gouby de dos, Lorand, Pomies, Porchon et François.

Le *wing* reprend alors la direction de l'estuaire de la Somme, quand il trouve une bonne dizaine de chasseurs allemands qui l'attendent sur le chemin du retour. Le combat s'engage. Repérant deux isolés légèrement sous sa position, Dupérier se précipite à leurs trousses et abat d'un *snap shoot*[2] un avion qui croise une fraction de seconde sa trajectoire. Reprenant aussitôt la poursuite des deux isolés, il déclenche à très longue distance un tir improbable qui fait mouche. Les adjudants Gouby et Buiron, qui couvrent Dupérier pendant ces attaques successives, le débarrassent de deux FW 190 particulièrement agressifs.

Dans le même temps, Schlœsing engage sa section dans la bagarre. Il attaque un nouveau FW 190 avec le sous-lieutenant Moynet, son ailier.

L'Allemand est probablement mis hors de combat, mais personne ne peut observer sa chute.

Rentrant sans encombre sur l'Angleterre, le 340 atterrit à 15 h 55 à Biggin Hill. L'escadrille est complète et groupée. Elle compte trois victoires de plus : deux pour le commandant Dupérier et une pour l'adjudant Gouby. Schlœsing partage un «probable» avec Moynet. Buiron en a endommagé un dernier. C'est une bonne journée, qui fait un peu oublier celle du 31 et administre la preuve que le *Mark* IX est vraiment un bon avion!

Le temps clément permet à l'escadrille d'accumuler les missions jusqu'à la mi-novembre, sans dégât ni succès particulier. Puis le brouillard s'installe, et les vols s'arrêtent jusqu'au début de décembre.

La guerre à l'Ouest ne connaît cependant pas de trêve, bien au contraire. Le 8 novembre, les troupes américaines débarquent en Afrique du Nord, se heurtant à une brève résistance des unités de Vichy. La confusion est totale pendant quelques jours, jusqu'à ce que le pouvoir passe des mains de l'amiral Darlan à celles du général Giraud. Rallié aux Américains, ce dernier est opposé à un général de Gaulle que les Américains ignorent et s'obstinent à considérer comme un dictateur… La totalité des troupes d'armistice stationnées en Afrique du Nord passent ainsi sous le contrôle allié.

Elles seront peu à peu réarmées, équipées et entraînées par les Américains, jusqu'à reprendre le combat à leurs côtés pour la fin de la campagne d'Afrique, puis surtout d'Italie.

En représailles, dès le 11 novembre, les Allemands envahissent la zone libre, mettant la main sur l'ensemble du pays.

Réfugiés à Nîmes, Monsieur et Madame Schlœsing se réveillent un beau matin dans une ville désormais contrôlée par la *Wehrmacht*.

◁ Le lieutenant Massart dans son *Spit* IX.
△ Notice technique du *Spit* IX ayant appartenu au lieutenant Massart.
▷ Le commandant B. Dupérier, quelques jours avant de quitter l'"Île de France" à la fin de son premier tour d'opérations, le 30 novembre 1942.

Comme prévu, Dupérier s'efface le 30 novembre, laissant la place à celui qu'il considère comme le meilleur de ses subordonnés.

Avec moins de cinquante missions opérationnelles, «le grand Chleu» ne compte pas parmi les as de l'aviation française. Il n'a pas une seule victoire complète à son actif. Son tableau de chasse se résume à un avion endommagé au-dessus de la Manche, un autre abattu en collaboration avec cinq autres pilotes à Dieppe, et enfin un «probable» partagé avec Moynet. Sous ses ordres quelques vieux briscards ont déjà un autre palmarès à faire, valoir... Ses titres de gloire sont donc modestes, et c'est peut-être mieux ainsi. Ils n'empêchent pas Schlœsing de bénéficier d'un crédit immense, bien au contraire. Discret mais attentif aux autres, d'une humeur agréablement égale et le plus souvent joyeuse, il est par nature un excellent camarade. Réfléchi et d'un calme imperturbable dans l'action, son courage n'est plus à démontrer. Il sait prendre des risques et distinguer ceux qui s'avéreront inutiles. Jamais il ne se met en avant. Pas une fois il n'a pu laisser croire que sa propre gloire le préoccupait. Il n'y a donc aucun doute dans les esprits : il sera un chef aussi déterminé que soucieux de la vie de ses hommes. Ils le suivront, avec confiance, jusqu'à la dernière extrémité.

Notes
[1] Nom de code donné par la RAF aux opérations d'attaque au sol à très basse altitude.
[2] Tir réflexe «au passage».

CHAPITRE XI

À LA TÊTE DU GROUPE « ÎLE-DE-FRANCE »

Le 1er décembre 1942 au matin, Schlœsing a fait rassembler le 340. L'officier de jour lui présente le groupe, aligné au grand complet devant les hangars. Il est tôt, il fait froid et le goût modéré des aviateurs pour ces cérémonies un peu formelles est inscrit sur les visages.

Schlœsing salue. Chacun le regarde attentivement. Ses yeux rencontrent furtivement ceux de Fournier, l'ami des premiers jours qui a pris sa place devant le *flight* B. Puis il croise les regards de tous ses hommes. Il connaît chacun d'entre eux, souvent depuis longtemps, et tous le connaissent. Pourtant, ils lui semblent différents d'hier.

L'immense responsabilité de leur destin pèse désormais sur ses épaules, lui, capitaine de vingt-trois ans tout juste promu. Il n'est qu'à les observer pour comprendre ce que silencieusement ses subordonnés semblent lui dire ce matin-là, figés dans un garde à vous approximatif : « Nous sommes à toi, et prêts à tout. Fais ce que tu dois faire, et fais le bien... »

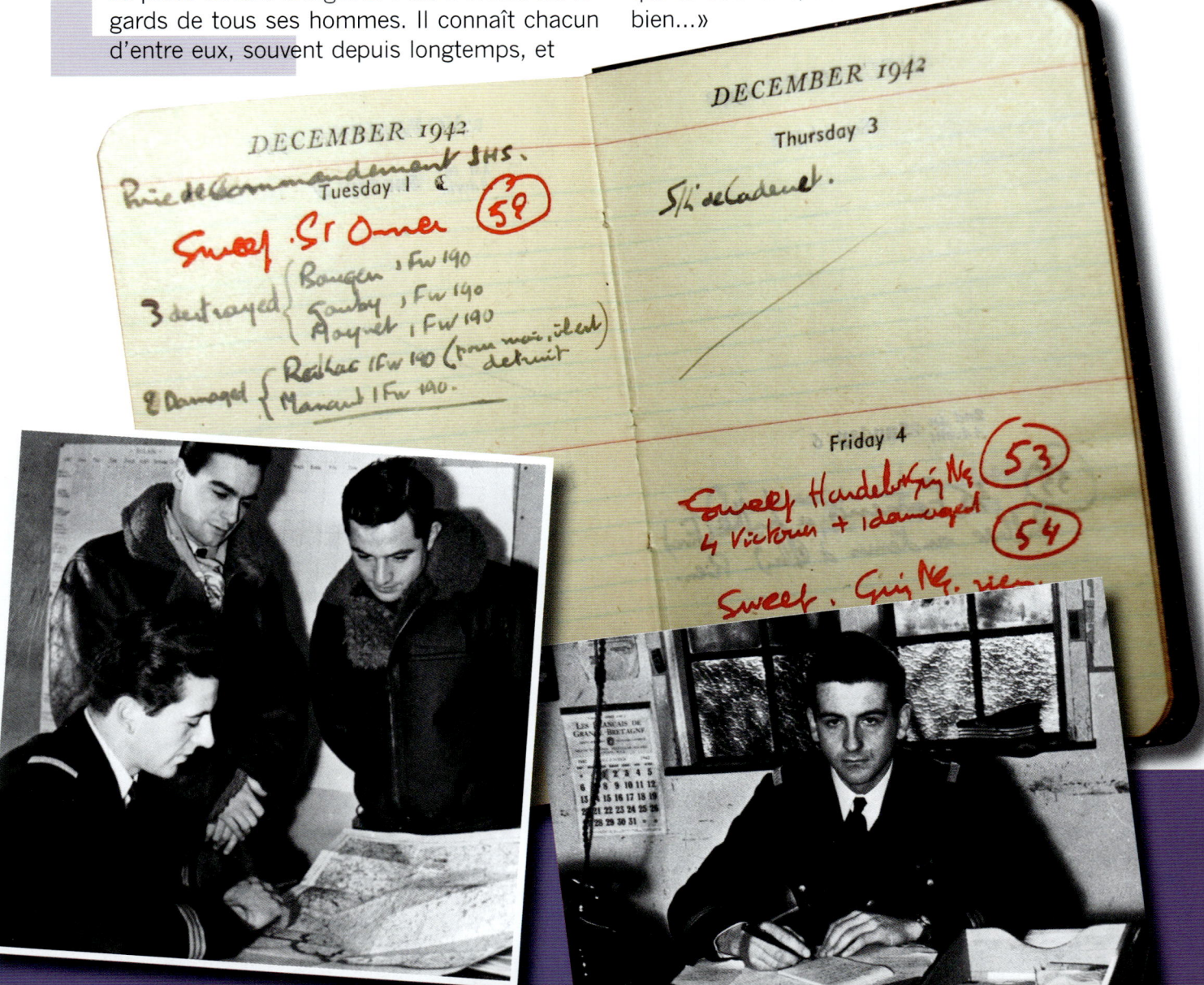

Pour « le grand Chleu », cet instant est précieux. Mais il ne s'agit pas de laisser apparaître l'émotion qui lui noue la gorge. Surtout ne pas penser que demain, sur son ordre sûrement, certains mourront. Dix-sept pilotes ont déjà été abattus, en huit mois de combat seulement.

Il commande la cérémonie des couleurs. Le drapeau tricolore frappé de la croix de Lorraine s'élève doucement dans le ciel britannique, rappelant à chacun sa raison d'être. Quelques mots suffisent ensuite pour saluer le remarquable engagement à leur tête du commandant Dupérier et demander à tous de continuer le travail si brillamment accompli depuis un an. Que dire de plus ? Chacun connaît sa mission, les enjeux, le danger… et le nouveau chef. Il commandera comme il a été commandé, simplement, avec humanité et fermeté, car il y a une guerre à gagner.

Avant que Dupérier ne quitte la base, tous les pilotes rassemblés lui remettent le livre de marche du groupe…

L'« Île-de-France » n'aura guère à patienter pour prouver encore une fois sa valeur derrière ce tout jeune chef, car le groupe doit décoller à sa suite en début d'après-midi.

Le 611 et le 340 sont encore de la partie, côte à côte, pour un *sweep* région Calais et Saint-Omer. Schlœsing, Reilhac et Fournier ont chacun pris une section, pour cette première mission qu'ils espèrent digne de l'événement du matin.

Et c'est une démonstration de combat aérien qui attend les Allemands !

Le *Wing* atteint la côte à Mardik, vers 15 heures, et prend la direction de Saint-Omer. Il rencontre aussitôt une escadrille allemande d'une vingtaine de FW 190. L'engagement est rapide et brutal, parfaitement coordonné par les trois chefs de sections. L'ascendant est pris dès les premiers instants. Moynet et Bouguen abattent chacun un chasseur ennemi, ainsi que l'adjudant Gouby, décidément chanceux. Trois autres sont endommagés par Reilhac, Massart et à nouveau Moynet. Les Allemands ne demandent pas leur reste et s'enfuient en ordre dispersé. À 16 heures, l'« Île-de-France » se pose, indemne. Quelle satisfaction, et quelle fierté pour cette nouvelle équipe qui n'a pas oublié les doutes et les épreuves des premiers mois !

Schlœsing ne pouvait pas espérer mieux pour ouvrir le bal et souder ses hommes autour de lui. Il sait d'expérience qu'ils ont tous besoin d'une unité à toute épreuve pour vaincre les difficultés qui, immanquablement, surviendront à nouveau. Cohésion, camaraderie, amitié ou même amour, peu importe le nom donné aux sentiments qui doivent unir ces hommes au combat. Par-delà la hiérarchie et l'indispensable discipline, qui placent Schlœsing à leur tête, ils doivent pouvoir suivre avec confiance un homme auquel ils confient la petite flamme de leur vie… De tout cela, leur chef est bien conscient, et il goûte non sans satisfaction le plaisir de cette première journée victorieuse. Mais il sait aussi qu'ils seront peut-être à nouveau étrillés dès demain. Sa modestie incite naturellement ses hommes à s'en souvenir.

Au moins a-t-il la satisfaction de prendre en main un outil de combat redoutable et éprouvé.

Ainsi, durant deux mois et demi, le nouveau patron du groupe va accumuler les succès, mais aussi quelques revers douloureux. Constituant un remarquable trio avec

◂ Quelques lignes succinctes pour une semaine hors du commun…
◂ Donnant ses ordres à Massart et Demas…. pour le photographe.
◂ Le nouveau patron du groupe « île de France ». Le calendrier indique la date du 4 décembre… Trois jours après la prise de commandement.
▸ En grande discussion avec Boudier et Hardy. Massart tend l'oreille…

ses chefs de *flights*, Fournier et Reilhac, il multiplie les opérations à un rythme effréné et éprouvant.

En effet, aux missions de chasse traditionnelles s'ajoutent maintenant de multiples escortes de bombardiers. Avec la montée en puissance de l'US *Army Air Force* (USAAF) en Grande-Bretagne, un nombre important de groupes américains prennent part aux opérations, équipés des redoutables bombardiers lourds B 17 *Flying Fortress* et B 24 *Liberator*. Utilisés en escadres qui comportent fréquemment jusqu'à plusieurs centaines d'appareils, ces bombardiers sont employés dans des missions de destruction d'infrastructures civiles et militaires. Gares, nœuds ferroviaires, aérodromes, ports, centrales électriques et raffineries, tout ce qui concourt de près ou de loin au soutien de la *Werhmacht* est attaqué, au prix de pertes civiles souvent très lourdes.

B 17 et B 24 seront longtemps redoutés par les chasseurs de la RAF eux-mêmes qui, s'ils n'y prennent garde, sont facilement pris pour cibles par leurs multiples mitrailleurs de bords, *cow-boys* nerveux à la détente rapide. Les premières escortes donneront ainsi lieu à de terribles méprises.

Le 340 se voit confier un grand nombre de ces opérations d'escorte au-dessus du Nord de la France. Le 12 décembre, Schlœsing commande l'une d'elles. Les bombardiers sont chargés de détruire l'aérodrome de Romilly. Incapables de distinguer leur objectif dissimulé par une épaisse couche de nuages, les B 17 américains se reportent vers leur cible secondaire, le port de Rouen. Alors que le groupe assure leur protection éloignée au-dessus de Grandvilliers, Schlœsing reçoit l'ordre de gagner Les Andelys, au sud-ouest, où une concentration de chasseurs ennemis est signalée. Quand les Français arrivent, les Allemands n'y sont déjà plus. En limite d'autonomie, ils reprennent donc la direction de l'Angleterre.

C'est après Saint-Valéry-en-Caux, alors qu'ils entament la traversée de la manche, que plusieurs FW 190 s'attaquent à eux. Un combat s'engage que les Français, dont les réservoirs sont presque vides, auraient préféré éviter. Le sous-lieutenant Boudier réussit néanmoins à détruire un FW 190 après avoir échappé à ses assauts. Dans le même temps, le sous-lieutenant Renaud en endommage un second et le lieutenant Massard un troisième, avant d'en détruire encore un quatrième qui sera compté «probable». Spectaculaire retournement de situation et nouvelle leçon de combat infligée à l'ennemi! Par cet engagement, les pilotes de l'«Île-de-France» démontrent encore une fois leur maîtrise du combat, les progrès accomplis en quelques mois, et l'exceptionnelle qualité de leur appareil.

Le 9 janvier 1943, les bombardiers de l'Air Force ont cette fois pour objectif l'aérodrome d'Abbeville, bien connu du groupe. La tâche des chasseurs est simple : provoquer le décollage de l'escadrille allemande d'alerte avant l'arrivée des bombardiers, afin que ces derniers ne soient pas livrés les premiers à leurs assauts.

Alors que tout s'était passé comme prévu– décollage, rendez-vous au-dessus de Beachy Head et traversée de la Manche–, le bombardement est annulé au dernier moment. Les Américains font demi-tour. Le 611 et le 340 reçoivent néanmoins l'ordre de poursuivre leur mission et ils arrivent au-dessus de l'aérodrome d'Abbeville à quatre mille mètres d'altitude. Une quinzaine de FW 190 prennent aussitôt l'air.

Cette fois-ci, l'avantage est clairement du côté allié. Le 340 pique en direction des Allemands et engage une série de combats qui deviennent très vite confus. Le lieutenant Reilhac choisit deux avions qui semblent hésiter à rentrer dans la mêlée. Il abat le premier et endommage aussitôt après le second. Son ailier, le sous-lieutenant Moréac se détache volontairement de son chef pour se jeter sur plusieurs avions qui passent sous ses plans. Il est aperçu pour la dernière fois attaquant l'un d'entre eux.

Malgré l'avantage initial qui lui vaut une victoire et deux chasseurs ennemis endommagés, l'escadron perd donc à nouveau l'un des siens. Au retour de cette mission, les chefs de sections reprennent en main les plus jeunes : il n'est pas question de s'engager seul dans un combat. Quelle que soit l'opportunité qui se présente et la tentation de la saisir, il faut y résister car trois fois sur quatre, le malheureux qui tente l'aventure n'en revient pas. Dans la confusion du combat, un attaquant isolé devient très vite une proie facile.

Quatre jours plus tard, le bombardement manqué d'Abbeville est reprogrammé. Cette fois le 340 et le 611 franchissent la côte française à Cayeux-sur-Mer, passant brutalement du ras des vagues à mille cinq cents mètres d'altitude. Continuant à grimper pour arriver sur Abbeville à cinq mille mètres, les *Spits* provoquent, comme prévu, le décollage d'une douzaine de FW 190 aussitôt engagés. La section du lieutenant Reilhac est la première au contact. Plongeant sur un groupe de quatre avions, Reilhac abat lui-même le dernier de la colonne. Le sous-lieutenant Hardy attaque dans les mêmes conditions le dernier d'une autre section. Ouvrant le feu à moins de cent cinquante mètres de l'Allemand, il redresse brutalement. Victime d'un voile rouge[1] provoqué par la violence de la ressource, il ne voit pas le FW percuter très vite le sol. Le sous-lieutenant Renaud, son ailier, endommage un autre avion dans la même passe.

Le groupe rentre sans encombre à Biggin Hill. Les consignes ont, cette fois, été respectées à la lettre. Le bénéfice de la surprise et de l'altitude, le rapport de force favorable et surtout la parfaite discipline de vol ont garanti le succès complet de la mission. Sans oublier la chance qui compte au moins autant que chacun des autres facteurs... mais sur laquelle il est interdit de miser.

La fin du mois de janvier ne ressemble toujours en rien à une quelconque trêve hivernale. Le 340 est au combat chaque jour, qu'il s'agisse de patrouilles offensives, de missions de couverture ou de chasse libre.

Le 15, quatre patrouilles de deux avions sont programmées pour la journée. Les trois premières se posent sans avoir rencontré le moindre Allemand. L'aspirant Gouby décolle pour la quatrième et dernière patrouille avec le sergent-chef Guilloux. Arrivés au-dessus de l'estuaire de la Somme, ils repèrent deux FW 190, qui semblent eux aussi isolés. L'aubaine est rare! Bénéficiant de l'effet de surprise et de l'avantage de l'altitude, ils attaquent. Le premier avion ennemi est abattu et le second endommagé. Prudemment, Gouby et Guilloux reprennent aussitôt la direction de l'Angleterre, mais sont pris en chasse par deux autres FW 190. Traqués à leur tour, les Français échappent néanmoins à leur poursuivant, non sans que le *Spit* de Guilloux soit sérieusement touché. Il réussira tant bien que mal à le poser à Biggin Hill.

Pour la dernière mission importante du mois, l'«Ile-de-France» est engagé au cœur d'une opération dont les Allemands ont, pour une fois, pris l'initiative. Alors que

◂ Le général de corps aérien d'Astier de la Vigerie membre du haut comité militaire de la France Libre inspecte le 340, accueilli par son commandant. Le lendemain, Schlœsing ne rentrera pas de mission...

▴ Le SLT F. Hardy, natif de l'Île Maurice : « Pilote de chasse qui a donné de magnifiques preuves de sa valeur. A détruit le 13 janvier 1943 un chasseur ennemi F.W.190 qui a été vu éclatant et tombant en morceaux sur Abbeville. Compte 31h45' de vol d'opérations et 9 opérations offensives en territoire ennemi. »

les lieutenants Reilhac et Roos sont en patrouille depuis 11 h 20 au-dessus du Sud de l'Angleterre, un nombre indéterminé d'appareils ennemis est signalé sur la côte, volant vers la France. Il est 12 h 30 quand le contrôle envoie Reilhac et Roos vers leur position, et ordonne le décollage des patrouilles disponibles dans le secteur. Schlœsing et l'aspirant Reeve sont précisément d'alerte. Ils décollent aussitôt, espérant bénéficier de leur petit temps d'avance. Neuf autres appareils du 340 les suivent peu après. Mais tous n'ont pas encore décollé que le contrôle annonce encore douze FW 190 au nord-est de Biggin Hill, volant vers Londres. Vingt-quatre autres sont signalés au-dessus de la banlieue de Londres, et encore quatre-vingts en diversion entre Londres et la côte... c'est une nouvelle bataille d'Angleterre!

Le 340 est bientôt en l'air au complet, rejoignant une mêlée furieuse et confuse qui anime toute la RAF stationnée au sud-ouest de l'île. Reilhac et Roos ont atteint les premiers une formation allemande dans la région Hastings. Attaquant sans hésiter, Roos endommage un ME 109 *Jagdbomber*. La patrouille de l'aspirant Gouby et du sous-lieutenant Renaud a pris quant à elle la direction de Beachy Head. Au-dessus de la Manche, les deux hommes repèrent quelques FW 190 qu'ils prennent à partie. Gouby en détruit un et voit nettement le pilote s'extraire de la cabine puis sauter en parachute. Remontant vers le nord-est, ils aperçoivent encore d'autres FW 190. Ils en comptent neuf et en repèrent trois légèrement à l'écart du gros de la formation. Encore une fois, ils attaquent! L'aspirant Gouby détruit un nouvel appareil, qui se crashe en mer, et en endommage encore un autre. C'est après s'être posé sans encombre à Biggin que Gouby constate ce qu'il avait bien pressenti, sans voir son adversaire... Dans la bagarre, son propre avion a lui aussi été sérieusement touché.

Février. Les opérations se poursuivent au même rythme harassant. Le 2, *sweep* sur Saint-Omer, Hardelot, Boulogne. Le 3, *sweep* le matin sur Gravelines, puis l'après-midi sur Douvres. Le 4, encore un *sweep*, sur le cap Gris-Nez. Le 5, patrouilles. Le *squadron leader* Armstrong, patron du 611, est abattu en mer. Toute la journée le 340 participe aux recherches, en vain. Le 8 et le 9, nouvelles patrouilles. Le 10, *sweep* au cours duquel le lieutenant Reilhac réussit bien malgré lui une manœuvre osée. Perdant sa patrouille dans les nuages, il finit par sortir de la couche au moment où une formation de douze avions passe sous ses ailes. Soulagé, il la rejoint aussitôt et prend la dernière place. Il lui faut encore quelques secondes pour comprendre que ce sont des FW 190 qu'il suit docilement. D'un coup d'aile il retourne se cacher dans le premier nuage!

Le 11, nouvelle patrouille en début de matinée, puis exercice d'interception. Deux sections de quatre avions décollent à 11 h 10, la première derrière Schlœsing et la seconde derrière Reilhac. L'entraînement se déroule normalement avec la participation du contrôle basé à Appledore. Soudain, un message radio met fin à l'exercice et envoie les deux patrouilles intercepter quelques FW 190 signalés au-dessus de Boulogne. Reilhac et les jaunes prennent aussitôt la direction du port, couverts en altitude par les rouges de Schlœsing. À leur arrivée sur Boulogne, les Français ne peuvent que constater la disparition des Allemands. Déçus, ils repartent vers l'Angleterre dans la même formation, quand ils

repèrent au loin et bien plus bas un chasseur isolé. Schlœsing entame un large virage dans sa direction pour aller s'assurer qu'il s'agit bien d'un Allemand. Ses quatre coéquipiers le suivent en échelon refusé. Pas un ne remarque les trois FW 190 qui piquent droit sur eux, dissimulés par un soleil éblouissant. Le lieutenant Beaumont, serre-file de la section, a juste le temps d'apercevoir la silhouette grise de l'avion qui envahit soudain son rétroviseur. Il est déjà trop tard, l'Allemand a eu tout le temps d'ajuster sa cible et de déclencher le tir de toutes ses armes à moins de deux cents mètres.

Seul l'aspirant Guignard assiste au spectacle. Car c'est lui qui est aux commandes de l'appareil isolé que Schlœsing a pris pour un Allemand…! Il voit le *Spit* de Beaumont, comme stoppé dans son élan, subitement distancé par le reste de la formation, qui n'a rien vu. En perte de vitesse, l'avion blessé se retrouve seul, suivi par la traînée de fumée noire qui s'échappe soudain de ses flancs. De longues flammes lèchent les ailes. Beaumont, s'il n'est pas tué, doit chercher à s'extraire de sa cabine. Subitement, c'est l'explosion. Dans une énorme boule de feu l'appareil se désintègre. Guignard voit nettement l'empennage et le moteur s'abattre brutalement vers le sol, une aile entamer une vrille désordonnée, des morceaux, indistincts et incandescents, virevolter plus lentement. Parmi eux, le corps désarticulé et sans vie du pilote.

Le lieutenant Charles Beaumont d'Autichamps venait de rejoindre l'«Île-de-France» en décembre. Il est mort sans commettre la moindre faute, accomplissant sa mission d'ailier en suivant fidèlement son chef.

Ce matin-là, il n'avait pourtant décollé que pour un exercice. Au-dessus de la France, où il n'aurait pas dû aller, il n'y avait pas de nuage. À midi, le soleil à son firmament était éclatant, favorable à l'attaque lancée par cette patrouille allemande que personne n'avait vue. Et Guignard, lui, était isolé de ses équipiers, seul au-dessus de Boulogne… Pourquoi?

Pas un de ces hasards, ni leur enchaînement, ne vaut excuse. Ils coûtent la vie d'un homme.

Schlœsing vient de perdre l'un des siens, tout simplement parce qu'il a décidé de reconnaître un avion isolé. C'est la guerre, bien sûr, qui fixe les règles de ce jeu insensé et prend son tribut quand elle veut. Et il faut bien admettre que le chef, s'il décide et ordonne, ne peut tout maîtriser ni tout contrôler. Beaumont est mort. Tous l'appréciaient, car c'était un bon camarade, entier et généreux.

Mais un autre prendra sa place, et demain, il faudra repartir.

Notes
[1] Phénomène physiologique provoqué par un afflux de sang au cerveau, qui peut rendre aveugle pendant quelques secondes.

▲ Le *Spit* IX BS244 immatriculé GW-P, qui sera celui de Schlœsing jusqu'au 13 février 1943. On note l'insigne de commandant de groupe en avant de la croix de Lorraine. Abandonné en vol entre Vron et Abbeville, le site du crash de cet avion n'a jamais été retrouvé.
◂ Série de clichés prise dans le GW-P.

Chapitre XII

Le feu

Samedi 13 février 1943.

C'était un jour d'hiver qui ressemblait aux autres. Le destin n'avait pas pris le soin de le marquer d'un sceau particulier... L'avait-il fait pour d'autres ? Le programme était sans originalité : une nouvelle mission de couverture de quelques bombardiers *Boston*, envoyés détruire un navire allemand dans le port de Rouen.

C'est la quarante-neuvième depuis que Schlœsing a pris le commandement, deux mois et demi plus tôt. Pour la RAF, rien que de très banal, un *circus* de plus, le numéro deux cent soixante-deux. La routine ? Pas de place pour ce mot en temps de guerre, où tout peut toujours basculer en un instant. Ou alors elle s'insinue parfois entre deux opérations, mais s'arrête quand les roues du *Spit* quittent la piste herbeuse de l'aérodrome. Schlœsing, comme tous ses hommes, le sait bien.

Ils décollent tôt : 9 h 15. Dix *Spitfire* qui constituent avec le 611 le second échelon de couverture de l'opération. Ils franchissent la côte au niveau zéro à Bexhill. Après avoir traversé la Manche au ras d'une mer grise et inhospitalière, ils montent brutalement, comme toujours, à six mille mètres d'altitude au-dessus du Touquet. Sensation habituelle, mais toujours aussi désagréable, de la température qui passe de moins cinq à moins vingt en quelques minutes. Le lieutenant François Roos, numéro quatre de la section commandée par Schlœsing, se souvient de la traversée : *« Je fais comme si j'ai des œillères et fixe mon regard sur le bout des pales de mon hélices, que je m'efforce de maintenir juste sous la roulette de queue de l'avion qui me précède. Après le rase-mottes, c'est le rase-flotte, puis on commence à monter et la formation se sépare. »*

À cet instant, les *Boston* on achevé leur travail et pris le chemin du retour. Les Allemands, eux, ont fait décoller tous les chasseurs disponibles dans le secteur. Le contrôle en signale plusieurs, deux mille cinq cents mètres plus bas, dans la région de Doullens. Personne ne les trouve. Nouvelle tentative vers Abbeville, nouvel échec. La liaison radio avec le contrôle d'Appledore s'interrompt brusquement, privant le 340 d'un précieux renseignement. Schlœsing ordonne le retour vers l'Angleterre.

Le groupe est à neuf mille mètres au-dessus d'Hardelot quand trois formations de chasseurs ennemis sont aperçues loin en arrière, dans le soleil. Le 340 entreprend un large virage montant par la droite pour gagner une position plus favorable. Les Allemands virent également en montant. Amis et ennemis se font maintenant face. La vitesse de

◁ «Manche à balai» d'un *Spitfire* Mk 9 démonté sur un appareil crashé en Normandie en juillet 1944.

rapprochement dépasse les mille deux cents kilomètres heure. Il ne reste que quelques petites secondes avant que le combat ne s'engage.

Le *Hauptmann*[1] Wilhelm Ferdinand Galland est à la manœuvre. *GruppenKommandeur*[2] du *II/Jagdgeschwader* 26[3], il est le frère d'Adolf Galland, jeune général de la Luftwaffe et as de la chasse allemande. Il vient de décoller du terrain de Vitry-en-Artois aux commandes de son FW 190. Encore quelques instants et il remportera sa vingt-huitième victoire.

Les deux formations éclatent en se rencontrant et plusieurs combats individuels s'engagent. Très vite la situation tourne à l'avantage des Français, sans qu'ils s'en aperçoivent vraiment. Le lieutenant Massart détruit un 190, Fournier en endommage un second, ainsi que Reilhac et le sergent-chef Hubidos.

Suivi de Oury, son numéro deux, de l'aspirant Reeve en trois et de Roos en quatre, Schlœsing engage un groupe de quatre FW 190 légèrement plus bas qu'eux. Deux autres FW qu'ils n'avaient pas vus les prennent en chasse immédiatement en se rapprochant très vite. Oury distingue nettement l'impact d'une rafale sur son plan gauche. Il dégage rapidement sous le feu. Les deux Allemands se concentrent alors sur Schlœsing. Roos témoigne : *« Les Focke Wulfe nous tombent dessus. Mon chef dégage à droite, trop mollement à mon avis, moi à fond à gauche, en montant et à plein gaz. Je me retrouve au-dessus des Allemands et fonce sur le dernier de la formation et lui lâche une rafale à faible distance, mais à un trop grand angle de présentation et regrimpe en vitesse, les autres arrivant sur moi. Assez loin je vois l'autre Spit en légère descente, dégageant une fumée bleue et toujours entouré de sa meute. Je ne peux plus rien pour lui. »*

En ordre dispersé, les sections rentrent vers l'Angleterre. Roos prend seul le chemin du retour. Il franchit les falaises de Douvres au ras des vagues et aperçoit un terrain. À court d'essence il engage un virage pour s'y poser et comprend trop tard que c'est un leurre destiné à tromper les Allemands. Il remet les gaz, son moteur coupe et il se pose train rentré à côté d'une batterie antiaérienne ! Son *Spit* est détruit, mais lui est indemne. À court d'essence également, le sergent-chef Guilloux se pose à Shoreham et Hubidos à West Malling, son *Spit* touché et le pare-brise couvert d'huile.

Ferdinand Galland est accueilli en vainqueur à Vitry. Il ignore qu'il vient d'ajouter un *squadron leader* de la France libre à son palmarès. Il ne le saura d'ailleurs jamais puisqu'il sera tué à son tour le 17 août 1943, en s'attaquant à une escadre de bombardiers américains rentrant de Schweinfurt. Chevalier de la Croix de fer, il sera alors titulaire de cinquante-quatre victoires.

Un mécanicien refait le plein du GW-P... Prêt à repartir !

Touché avant même d'avoir pu tirer sur sa proie, Schlœsing dégage rapidement pour échapper à ses agresseurs. Mais son avion est sérieusement endommagé et engage un lent piqué. Ferdinand Galland a compris que le *Spit* est blessé à mort. Il s'éloigne à son tour pour éviter une mauvaise surprise et observe l'appareil filer vers le sol. L'huile envahit le pare-brise, mélangée au glycol [4]. D'une seconde à l'autre, l'avion peut exploser. Il faut sauter ! Dégrafer d'abord le harnais du siège, puis éjecter la verrière, projeter enfin le manche vers l'avant, ce qui provoque l'éjection instantanée. Le harnais est rapidement ouvert, mais la fragile poignée de libération d'urgence de la verrière reste dans les mains de Schlœsing. Avec la vitesse, le toit coulissant refuse de glisser vers l'arrière. Il faut pourtant l'ouvrir, et vite...

Subitement, le feu. Il se déclare dans le compartiment moteur. Les premières flammes pénètrent dans le cockpit et remontent sporadiquement le long des jambes du pilote. Ses mains s'acharnent maintenant sur la commande principale de la verrière. L'incendie se propage, grossit rapidement et d'un seul coup les flammes sortent à hauteur du collimateur. La chaleur devient aussitôt insupportable. Le feu s'attaque au visage et déjà brûle ce qui n'est pas protégé par le serre-tête ou le masque à oxygène. Schlœsing n'a pas mis ses lunettes de vol et il est trop tard pour le faire. Ses paupières fondent. Ses mains, elles aussi dévorées par les flammes malgré les gants, se crispent encore sur la commande de la verrière, qui refuse de céder...

Indicible souffrance.

Dans un réflexe de tout son être, le pilote se dresse subitement dans l'habitacle et, hurlant de rage et de douleur, se projette de toutes ses forces contre sa cage de plexyglas. Sous le choc, elle se déverrouille et part brusquement vers l'arrière. Emporté par l'élan, il est propulsé hors de la fournaise et happé par le vent relatif. Dans un ultime réflexe il déclenche la poignée du parachute, qui s'ouvre aussitôt avec un choc violent. Il est 10 h 15.

Un silence absolu et un froid glacial prennent d'un seul coup la place des hurlements et du feu. De la lutte à mort engagée dans le cockpit, il ne reste déjà plus qu'un brutal souvenir. Une sorte d'hallucination qui laisse « le grand Chleu » incertain entre ciel et terre, suspendu à son éclatante coupole de soie blanche. Tout haletant de peur, et de douleur, mais en vie.

◁ Wilhelm Ferdinand Galland, Gruppenkommandeur du II Jg 26, frère d'Adolf, patron de la chasse allemande. Titulaire de 54 victoires, il sera tué le 17 août 1943, à 29 ans, abattu par un P47 du 56 fighter group, au-dessus de Maastricht.
◁ *Focke Wulfe* 190A 4 de la JG26, février 1943.
△ À gauche, W.F. Galland (à sa droite Hoppe et Heuschel) à Vitry-en-Artois au printemps 1943.
◁ Poignée de «manche à balai» de FW 190.

Ces quelques minutes, Schlœsing les décrira quelques mois plus tard, avec une infinie pudeur :
« *Deux groupes de chasse français patrouillent en haute altitude. Entre neuf et dix mille mètres, nos Spitfire, à l'aise malgré l'air raréfié, évoluent comme un ballet bien exécuté.*

À chaque changement de cap, les escadrilles et leurs sections s'entrecroisent, le dispositif apparemment rompu se retrouve à la sortie du virage, les sections en ligne de front couvrant réciproquement leurs arrières. L'esprit des pilotes, occupé par cette géométrie dans l'espace et le temps, éprouve le plaisir que donne une solution juste, une expérience réussie. Une erreur de jugement, un retard de quelques secondes dans la manœuvre et nos avions, si bien groupés au centre de l'espace par un réseau de pensées, sont en un instant dispersés dans l'immensité limpide, à des kilomètres. Nous balayons une portion de la France encore tout occupée. Nos yeux scrutent l'espace à l'affût d'un signe attendu, de quelques petits points insignifiants et lointains qu'il faut voir. Quelques secondes suffisent à transformer ces points en chasseurs ennemis. Nous les recherchons, ils se dérobent. Nous savons leur présence à côté de Saint-Omer, à quarante-cinq kilomètres. Nous fonçons. À mi-chemin, contrordre : ils partent vers le sud..

Nous tournons vers Abbeville : trente kilomètres maintenant; et moins haut que nous. Nous filons à plein gaz, piquant légèrement pour accélérer. Trop tard, ils ont tourné à gauche, vers l'est, trop loin pour nous. Une véritable partie d'échecs se livre, très haut, et les pions ne se voient même pas, orientés par renseignements radio. Les Allemands se refusent à engager le combat, qu'à leurs yeux ne justifie pas la seule incursion de chasseurs alliés. Ils se réservent. Le seul espoir est de les surprendre, de les y forcer, tâche malaisée. Le temps passe. Il faudra bientôt rentrer vers ces côtes anglaises que l'on voit loin au nord. Cap nord – nord-ouest.

Les Allemands proches nous ont échappé. Tant pis pour cette fois-ci. Nous traversons la côte française, le soleil matinal derrière nous. L'attention ne se relâchera pas jusqu'à la côte anglaise : encore dix minutes, un quart d'heure.

Non, points noirs derrière. Oui, points noirs derrière. Ils sont là, ayant gagné notre altitude et plus, ils piquent à notre poursuite. Vus. Tournons. Géométrie dans l'espace. Les sections s'entrecroisent. Mon groupe fait cent quatre-vingts degrés à droite. Les Focke Wulfe sont devant nous et dans trois secondes vont défiler devant les nez pointus de nos Spits. Nous sommes douze. Eux aussi.

Leur attaque a échoué. Tiens, d'autres points noirs. Nous attaquons au passage. Cette fois le dispositif doit être rompu. Il l'est. Plus de géométrie visible. Des cas particuliers. Des attaques par section. Des secondes qui font des kilomètres. Deux boches sont descendus. Un troisième probablement. Le groupe français se dégage. Onze pilotes rentrent en Angleterre.

Pas le douzième.

Il rentre en France, qu'il a quittée il y a des années. Dans le silence absolu, le calme et l'air pur, il se balance au bout de son parachute. Il fait beau. Il y a deux heures il a pris son breakfast, thé et bacon, dans un mess de la RAF. Ce monde d'Angleterre en guerre est fini, appartient au passé. Loin sous lui, les champs et les villages s'étendent à perte de vue. Est-il vrai que soit là "l'Occupation" qu'il n'a pas connue, les Allemands partout? On verra. Cela est l'avenir encore lointain. Pour l'instant, il se balance et dérive loin de tout dans cette lumière propre. Il y passe toute une

vie. Il s'installe dans cette nouvelle vie, immobile entre ciel et terre, très haut, pantelant, sans force, passif. Il se rappelle le temps où il volait dans un groupe de chasse...
En dépit des jours de mauvais temps, des heures d'ennui, des éternelles conversations de métier, des histoires mille fois répétées d'atterrissage train rentré ou d'accidents miraculeusement évités, des tonnes de bière insipide qu'il fallait quotidiennement avaler, à moins de la vider discrètement dans un vase à fleur, en tenant une conversation en mauvais anglais avec un Polonais et un Australien, en dépit des mesquineries, des bêtises, de l'exil, des questions auxquelles un pays muet ne pouvait répondre, en dépit de la longueur des nuits et des hivers, cette vie de guerre avait ses beautés, ses moments intenses, l'attachement de l'homme qui vole pour son élément, une amitié précieuse. Vue de loin, avec le recul du temps, cette ère finie avait du bon. De loin? Ce passé lointain, est-ce possible, s'est terminé ce matin même. Depuis, il est né à ce calme parfait, silence de l'air où il est en suspens.

Ainsi vont ses pensées, libres de tout attachement dans cette éternité provisoire de la descente, qui a fait de lui un spectateur de sa propre vie. Des souvenirs plus reculés coïncident avec les récents: il n'a plus d'âge et le temps n'est plus. Il songe, bercé par le rythme d'un léger balancement, emporté par l'air en mouvement vers l'intérieur des terres occupées du Nord.

Son déjeuner fut un croûton de pain brun et dur d'une saveur paysanne de son et de sel, et une bouteille de cidre, biens matériels par lesquels son corps identifiait le pays natal et que des mains amies et dévouées, les premières venues, lui avaient donnés: première réponse à ces mille questions qui tourmentaient son esprit. Enfin il allait voir lui-même, savoir.

Il vit. Beaucoup de ce qu'il vit était beau.»

Le 19 février, Olivier Massart[5], compagnon des premiers jours, notera dans son journal personnel:
«Notre escadrille est en deuil, son chef, le commandant Schlœsing aimé et estimé de tous, n'est pas rentré d'un sweep le 13 février. Trois jours auparavant le lieutenant de Beaumont, nouveau parmi nous, s'est fait abattre également. J'ai vengé Schlœsing en abattant mon premier Boche officiel lors de ce même combat. Fournier, Reilhac et Hubidos en ont endommagé un chacun.
Le poste de commandant du groupe «Île de France» a été repris par Reilhac à qui j'ai succédé comme commandant d'escadrille, ou moins pompeusement «chef de flight». J'espère que ce nouveau poste va me donner des chances plus nombreuses et fréquentes d'abattre du «Hun», expression britannique pour Boche. J'ai maintenant 64 missions offensives au-dessus de la France, Belgique, Hollande».

Notes
[1] Hauptmann: capitaine.
[2] Gruppenkommandeur: commandant de groupe, équivalent d'un *squadron* de la RAF.
[3] II/Jagdgeschwader 26: 2ème groupe de la 2ème escadre de chasse, équivalent d'un *wing* britannique.
[4] Liquide de refroidissement du moteur
[5] Olivier Massart ne quittera pas l'armée de l'air. Après les campagnes d'Indochine et d'Algérie, Colonel commandant la base aérienne de Djibouti, il se tuera aux commandes d'un Skyraider.

‹ Parachute siège de pilote de chasse de la RAF.
› Ce foulard, porté par le patron de l'"Île de France" le 13 février 1943, porte encore les marques de l'incendie qui ravagea le cockpit. Il est conservé au musée de l'ordre de la Libération, auquel il fut offert par les parents de Schlœsing.

Chapitre XIII

Retour en France

La terre de France s'étale donc là, à l'infini, sous ses pieds. Peu à peu son paysage familier se précise, les fermes grossissent, et l'on distingue même quelques paysans qui s'activent dans les champs, comme étrangers à l'agitation de la guerre. La colonne de fumée émise par le crash du *Spit* monte lentement, loin à l'horizon et un 190 – sans doute le *Hauptmann* Galland – tourne autour de Schlœsing, à distance, pour repérer son point de chute.

Il va falloir revenir à la vie, se faire une place parmi ces hommes aperçus au loin et qui ne l'attendent pas. Fuir les Allemands qui, sans doute, s'organisent déjà pour la capture...

10 h 30. Le vent semble avoir décidé de pousser le parachutiste vers une ferme, nichée en lisière d'une forêt que bordent quelques champs cultivés. Il n'y a visiblement pas d'Allemands à proximité. Le froid est moins vif maintenant, et la morsure des brûlures augmente peu à peu. Subitement, le film auquel Schlœsing assiste depuis son observatoire s'accélère. Le sol se rapproche plus vite. Il serre les jambes, rentre la tête dans les épaules et surveille sur sa droite la ligne d'arbres, haute et régulière, à quelques dizaines de mètres devant lui. Incapable de saisir de ses mains les élévateurs du parachute, il attend le contact avec la terre ferme.

L'arrivée est brutale, malgré le sol fraîchement labouré. À peine relevé, sûr de ne s'être rien cassé, il se déséquipe, car il lui faut se débarrasser au plus vite de ce parachute encombrant à la blancheur parfaite. Mais c'est toute une affaire avec ces mains qui le font souffrir dès qu'il les sollicite. La boucle de dégrafage rapide du harnais est enfin actionnée, qui le libère du parachute et du radeau de survie qui l'accompagne[1]. Il les abandonne à ses pieds, et rejoint aussitôt en courant la forêt, distante d'une cinquantaine de mètres.

Là, Schlœsing s'enfonce dans un épais taillis, enlève sa « mae west » et entreprend avec mille précautions, de retirer son serre-tête, dont le cuir carbonisé ne fait plus qu'un avec la peau du front. La douleur est telle qu'il préfère ne pas enlever ses gants de vol. Il se débarasse enfin de son battle dress bleu clair, de son pull de laine à col roulé blanc, si caractéristique de la RAF, et enfonce le tout profondément dans un tronc d'arbre creux, dans lequel il jette enfin son pistolet.

Concentré sur sa tâche, il ne remarque pas le jeune garçon qui agite les bras dans sa direction, en bordure du champ.

Lucien Deunet habite la petite ferme que le parachutiste a aperçu sous ses pieds, quelques minutes plus tôt. Il a assisté au combat, et a surtout vu arriver vers lui cet homme, suspendu à sa coupole blanche et un temps suivi par un chasseur allemand. Abandonnant sa charrue, il l'a suivi et s'est finalement précipité vers lui, arrivant quelques minutes après que Schlœsing eut rejoint la forêt. Là, Lucien prend une décision qui probablement évitera la capture au pilote : il rassemble le matériel abandonné au sol et court le dissimuler dans la lisière[2]. Apercevant alors la silhouette de l'aviateur, il tente de capter son attention en agitant les bras et en sifflotant. Schlœsing ignore d'abord ses appels, puis il lui demande d'un geste de s'éloigner, craignant que sa présence n'attire l'attention des Allemands qui, sans doute, vont arriver.

Surpris, le jeune paysan obtempère, déçu de ne pouvoir apporter son aide à cet ami que le vent a déposé dans son champ...

C'est en reprenant la direction de sa charrue qu'il entend distinctement le moteur d'une moto qui s'approche. Un side-car allemand s'arrête quelques instants plus tard à l'angle de la route qui mène à la lisière où Schlœsing a disparu ! Un grand gaillard casqué descend du side-car, pistolet mitrailleur en bandoulière et agite les bras vers

la charrue. Lucien Deunet a compris. Il descend calmement en direction de la route. En même temps qu'il tente de calmer les battements de son cœur affolé, il prépare sa réponse à l'inévitable question.

Dans un savoureux mélange de français, d'allemand et de mimiques plus ou moins explicites, le soldat demande à Lucien s'il a vu atterrir le parachutiste. La réponse ne se fait pas attendre :

– Oui, oui, bien sûr, il s'est posé il y a quelques minutes dans cette direction...

En parlant, Lucien fait un quart de tour à gauche et indique la direction opposée à celle d'où il vient. Visiblement satisfait de la réponse, l'Allemand lui fait signe de monter sur le side-car, derrière le pilote.

– *Mitt kommen... Vorwaerts!*[3]

Le jeune Français accompagne les deux Allemands à un carrefour de routes situé à près de deux kilomètres du point d'atterrissage de l'aviateur, et là sans une hésitation leur indique l'endroit où il aurait vu disparaitre le parachute dans les bois. Aussitôt ils le libèrent[4].

Schlœsing, qui ignore tout de ces entrefaites, commence à se déplacer vers l'est, espérant trouver rapidement une habitation ou demander des vêtements civils. Sortant de la forêt, il aperçoit deux paysans qui labourent un champ voisin, les rejoint et leur demande s'il peut sans risque aller solliciter de l'aide dans une

⌃ Miroir héliographe, qui fait partie des instruments du kit de survie emporté par chaque pilote. Il permet de se signaler par signaux optiques à un avion.

⌃ Sifflet de dotation de la RAF, souvent porté sur la «mae west».

⌃ Lucien Deunet, à l'endroit précis où il ramassa le parachute de Schlœsing avant d'aller le cacher dans le bois et de perdre les Allemands dans une mauvaise direction.

ferme. Les deux hommes lui en indiquent une, distante d'un kilomètre. Prudemment, Schlœsing décide d'attendre la nuit pour s'y rendre aussi discrètement que possible.

Il s'enfonce à nouveau dans la forêt, où une longue attente commence. Le capitaine de la France libre s'est métamorphosé en animal traqué, subitement lâché sur ses propres terres... S'il échappe encore à la mort, il sait que la capture est probable, qui signifierait au mieux le camp de prisonniers jusqu'à la fin de la guerre, peut-être une exécution sur le champ. Il n'y a de toute façon pas l'ombre d'un doute ni d'une hésitation dans son esprit : il est certes blessé, mais peut marcher et échapper à l'ennemi. Soigné, il pourra rejoindre l'Angleterre et reprendre le combat.

Dans l'immédiat, le silence et l'immobilité constituent le meilleur des camouflages et la nuit la meilleure alliée. Il n'est pas question d'entamer maintenant le déplacement qui l'éloignera de la zone du crash, et de la côte, où les Allemands sont en nombre. Schlœsing décide donc d'attendre 19 heures et l'obscurité pour partir.

D'ici là, il s'agit de mettre au point le plan qui lui permettra d'échapper à ses poursuivants et d'entrer en contact avec la Résistance. Les dernières nouvelles reçues de ses parents lui laissaient entendre qu'Andrée, sa sœur, était encore à Paris. C'est elle qui pourra l'aider à trouver dans la capitale le refuge dont il aura besoin pour se soigner. Il faut donc entrer en contact avec quelqu'un qui acceptera de lui servir de messager.

L'éventualité de la capture a été maintes fois abordée entre pilotes. L'éviter par tous les moyens et s'évader en cas d'échec constituent un devoir pour tout soldat, le règlement est sans ambiguïté sur ces questions. La RAF, qui pense à tout et surtout à récupérer au plus vite ses aviateurs abattus, a même édité de petits livrets donnant des consignes précises pour éviter la capture et contacter un réseau de résistance. Il y est clairement dit que les curés de village sont des alliés potentiels. Pour eux, la charité est un métier et le droit d'asile une tradition millénaire et sacrée. Souvent âgés, ils sont nombreux à avoir combattu en 1914-1918 et sont donc enclins à porter de l'intérêt aux soldats en difficulté. Confesseurs, ils savent beaucoup de choses et en disent très peu. Ils peuvent facilement guider un individu vers un réseau de résistance, ou à défaut signaler les mauvaises adresses.

Le plan établi pour cette nuit est donc simple : s'approcher d'une des fermes repérées pendant la descente, à l'heure du dîner, demander des affaires civiles et confirmer la position. Il sera alors temps d'entamer la marche vers le prochain village.

Au sol, les recherches sont en train de s'organiser. Renseignée par les aviateurs, la garnison allemande de Vron mobilise ses troupes pour ratisser les alentours et capturer le pilote. La gendarmerie française du village de Rue lui prête main-forte, comme le révèle la main courante de la brigade :

« Aussitôt informés, les gendarmes V... et B... se sont rendus sur les lieux et, de concert avec les soldats de l'armée d'occupation, ils ont procédé à de minutieuses recherches. Les bois ont été fouillés, les maisons isolées, hameaux et communes environnantes ont été visités, mais les recherches, continuées jusqu'au 16 février, n'ont pas permis de découvrir les parachutistes. »

Effectivement Schlœsing – qui est le seul à avoir sauté malgré ce qu'en croient les gendarmes – entend les patrouilles fouiller les environs. Il aperçoit même deux soldats qui viennent griller une cigarette à quelque deux cents mètres de sa position, visiblement peu motivés par leur tâche. Quelques allées et venues de camions animent la route qui borde sa forêt...

Le froid est redevenu vif mais n'atténue pas la douleur infligée par ses multiples brûlures. Il sent maintenant distinctement que les parties les plus touchées de son visage se déforment et enflent. Ses paupières à vif ont doublé de volume et il ne voit plus qu'à travers une mince fente qui semble se réduire progressivement. Avec d'infinies précautions, il a retiré ses gants, serrant les mâchoires pour ne pas hurler. Par plaques, la peau de ses mains s'est décollée, laissant les chairs à vif. Il n'ose imaginer le spectacle qu'il donne, mais comprend qu'il n'ira pas loin dans cet état.

Les heures s'écoulent lentement dans la souffrance, l'esprit comme suspendu dans une demi-conscience. Passé et avenir se mélangent parfois, sous l'effet de la fièvre qui monte par paliers. Schlœsing pense à Andrée, qui certainement le sauvera, et revit aux côtés de cette grande sœur des scènes du bonheur d'autrefois. Il chasse les images du combat qui vient de se dérouler, mais imagine ses hommes à Biggin Hill. Reilhac, sûrement, se prépare à lui succéder... Et c'est certainement Fournier qui s'est chargé de rassembler ses affaires personnelles, de serrer ses quelques petits trésors dans le sac bleu de la RAF prévu à cet effet. La mention que doit porter l'étiquette revient sans cesse à son esprit, obsédante : *« Squadron leader J.-H. Schlœsing. 340th FF Sq. Porté disparu le 13 février 1943. »*

Gagnée progressivement par la pénombre, la campagne environnante devient sinistre. Au loin, un chien aboie à intervalles réguliers. Une nuit sans lune tombe finalement, faiblement éclairée par quelques étoiles timides qui se disputent le ciel avec de lourds nuages.

19 heures. Il faut partir. Lentement et avec mille précautions, Schlœsing sort de son refuge. Il reconnaît très vite, à quelques centaines de mètres, la fermette qu'il souhaite atteindre, maintenant faiblement éclairée. C'est bien d'elle que lui parviennent distinctement les aboiements. Après avoir observé un temps la maison et ses environs pour s'assurer que personne ne rode autour, il se met en marche, évitant le chemin et décrivant un important détour pour aborder les bâtiments par l'arrière. Le chien continue d'aboyer, mais ne l'a pas encore senti. S'il n'est pas attaché, il faudra renoncer et aller vers une autre ferme.

De la fumée s'échappe de la cheminée. Il s'approche encore et aperçoit par la fenêtre éclairée trois silhouettes, attablées dans la pièce principale. Des parents, un enfant… Il est saisi par cette scène d'une vie paisible, qu'il ne connaît plus depuis des années et qui lui est interdite. C'est étrange, la guerre vient de passer dans le ciel, il en témoigne…, mais elle ne semble pas avoir laissé de trace, sinon sa présence.

Une haie, un fil barbelé et voici la cour. Le chien est là, surpris mais attaché. Il se met à aboyer de plus belle. Le paysan a compris et ouvre la porte. Il ne peut distinguer le pilote, tapis dans la pénombre. Schlœsing signale à voix basse : «Je suis l'aviateur qui a sauté de son avion ce matin!»

Aussitôt, l'homme le fait entrer. Quelques rapides explications suffisent, car le paysan est inquiet. Il voit bien que son interlocuteur est Français, aviateur et grièvement brûlé. Mais il sait aussi que si les Allemands le trouvent là, il risque tout simplement le poteau d'exécution.

Il lui indique rapidement qu'il est sur la commune de Régnière-Écluse, à la ferme de Campigneule. Les Allemands occupent Vron, cinq kilomètres plus au nord. Ils sont passés deux fois chez lui dans l'après-midi et semblent maintenant avoir quitté la commune.

Puis subitement, faisant demi-tour sans rien dire avant même que Schlœsing ait demandé quoi que ce soit, l'homme disparaît et revient avec une bouteille de cidre, une tranche de pain, un vieux bleu de travail et une casquette. Il donne tout cela et, gêné, demande à l'aviateur de partir. Les Allemands risquent en effet de revenir d'un instant à l'autre. S'ils le trouvent dans la ferme, sa femme et lui…

Schlœsing remercie et sort. Il n'est de toute façon pas question de rester si prêt de sa zone d'atterrissage. Il repart en direction de la forêt.

Après quelques centaines de mètres d'une progression difficile, il s'arrête au milieu d'une végétation dense. Le silence est total, il n'a pas été suivi, mais se rend compte que la progression en sous-bois est décidément trop bruyante. Mieux vaut longer cette forêt pour pouvoir s'y précipiter en cas de danger.

Le pain de son et le cidre sont avalés rapidement. Ils ne tromperont que temporairement la faim et la soif qui le tenaillent depuis le breakfast de Biggin Hill. Avant de repartir, il passe le bleu de travail. Ne trahissent son état de pilote que les bottes de vol et ses plaques d'identité militaires. En plus du sigle RAF, ces deux

▲ Reçu pour la réintégration du carnet de vol de Schlœsing, porté disparu en opération officiellement.

petits disques mentionnent seulement son nom, son matricule et son groupe sanguin. Ils lui permettront de se faire reconnaître comme aviateur aussi bien par les Français que par les Allemands, ce qui est toujours mieux dans un premier temps que l'état de « terroriste ». Il répartit le nécessaire d'évasion [5] dans ses poches, ne gardant en main que son bien le plus précieux : la minuscule boussole. Il reste maintenant à enterrer la combinaison de vol. Retournée du pied, la terre lourde et molle de la forêt accepte rapidement de faire disparaître l'encombrant vêtement.

20 h 15. La marche commence, direction plein est. Dans un premier temps, Schlœsing longe le bois de la Grande Venie, immédiatement au nord du village de Regnière-Écluse. À plusieurs reprises, il lui faut en traverser quelques langues boisées, qui descendent plein sud. Tant pis pour les branches qui cassent bruyamment sous ses pas. Pire que ce bruit, il y a la douleur infligée par celles qu'il ne voit pas et qui viennent parfois lui cingler le visage ou lui griffer des mains à vif. Mais il ne peut se permettre de quitter le cap que lui donne la boussole en entreprenant de trop longs détours. Il sait que dans son état il ne pourra marcher au mieux que quelques heures. C'est déjà beaucoup, avec le ventre vide, la fièvre qui monte, la fatigue accumulée et cette douleur terrible qui irradie le visage et les mains.

Vers 4 heures du matin, il devra chercher un refuge pour la journée, ce qui lui laissera encore un peu de temps avant l'aube.

Après deux heures de cette marche difficile, il atteint une partie plus aisée de son itinéraire, faite de champs ouverts. La terre grasse et lourde des labours ralentit sa marche, mais au moins l'absence d'obstacle épargne ses blessures. Régulièrement, il est contraint d'ouvrir ses paupières à l'aide de ses doigts. Un liquide collant s'en échappe, qui les solidarise et lui brouille la vue. Une fois qu'elles sont ouvertes, il contrôle la direction de marche sur la boussole, repère au loin un nouveau point à atteindre et repart. Puis il recommence, dix fois, cent fois. Une nouvelle forêt vient croiser son itinéraire. Il s'agit du bois de Saint-Saulve, à l'est de Vironchaux. Dieu merci, elle est orientée est–ouest, et peut donc être longée aisément par le sud.

23 h 30. Schlœsing s'est arrêté dans un taillis pour reprendre quelques forces. D'après ses calculs, il a dû parcourir environ dix kilomètres. Quelques minutes à peine de repos suffisent. Le froid l'envahit très vite, glaçant la transpiration qui coule le long de son dos. Toutes les blessures battent au rythme de son cœur emballé, avivant encore la douleur. Mieux vaut repartir. Il lui semble qu'un chemin serpente devant lui, à quelques centaines de mètres, mais n'est pas sûr de le distinguer. À peine a-t-il repris sa marche qu'il remarque un point rouge qui scintille au milieu du chemin de terre. Il s'arrête, tous les sens en éveil. Quelques secondes d'observation attentive lui permettent de reconnaître la silhouette d'un homme portant un fusil à l'épaule !
L'Allemand n'a rien vu, rien entendu. Il fume tranquillement sa cigarette, allant et venant sur le chemin. Schlœsing le laisse s'éloigner, puis il prend la direction opposée, en gardant le sentier à une centaine de mètres en main courante à gauche. Il ne peut s'empêcher de penser que si cette sentinelle avait fait correctement son travail, il serait maintenant peut-être prisonnier.
Sans le savoir, il est en train de contourner l'aérodrome de Ligescourt, où stationne une unité de chasse de la Luftwaffe. Dans son envie de le voir partir sans tarder, le paysan de Regnière-Écluse a sans doute omis de lui préciser ce détail…
Il est désormais minuit passé et Schlœsing n'a toujours pas trouvé ce village isolé où il pourra enfin demander l'aide d'un prêtre. Ligescourt aurait bien fait l'affaire, mais ce n'est plus la peine d'y penser. Il ne reste que quatre heures de marche avant de s'arrêter pour la journée. Chaque pas lui coûte un effort intense. Ses tempes bourdonnent sous l'effet de la fièvre et il sent bien que son niveau de conscience diminue d'heure en heure.
Dix kilomètres de plus sont parcourus. Il n'y a plus de forêt, sur cette seconde moitié de l'itinéraire, mais simplement des labours, à perte de vue, et quelques fermettes isolées, soigneusement évitées pour ne pas réveiller les chiens. Cinquante fois, il faut franchir les haies qui séparent les propriétés, ou pire, les contourner quand elles sont infranchissables.

3 h 30. Schlœsing repère enfin un clocher d'église, qui se distingue à peine dans l'obscurité. Une toute petite route, en bordure de la minuscule Authie, mène au village. Il se retient de la prendre, la longeant à distance, et trouve encore la force de choisir une maison isolée. Miracle, il n'y a pas de chien pour lui en interdire l'accès !
Il pousse la porte d'une grange, contiguë à la maison, et dans le coin le plus sombre, se laisse glisser sur la paille.
Toutes ses forces l'ont abandonné. Succombant à la fatigue pour la première fois depuis l'insupportable épreuve du matin, il s'en remet à la Providence et très vite, perd connaissance.

Notes
[1] Le radeau de survie, ou dinghy en anglais était plié et compressé dans un petit sac qui servait de siège au pilote, directement assujetti au parachute.
[2] Lucien ira chercher les équipements le lendemain et les ramènera chez lui. Ouvrant le sac du radeau de survie dans son grenier, il y mettra le feu en actionnant une des fusées de détresse qu'il contenait. Découvrant l'affaire, son père lui fera enterrer le tout au fond du jardin…
[3] Tu viens avec nous. En avant !
[4] Jamais Jacques-Henri Schlœsing n'aura connaissance de cet épisode, qui sans aucun doute lui évitera la capture. Il fut révélé à l'auteur en 2011, lors d'une visite sur les lieux, Lucien Deunet lui étant alors présenté par la fille du docteur Capelle, qui devait soigner clandestinement Schlœsing quelques jours plus tard. Émile ignorait alors toujours qui il avait sauvé ce jour-là.
[5] Chaque aviateur allié emportait sur lui un kit d'évasion constitué selon la zone survolée et comportant : un lexique, une carte de soie aisée à dissimuler dans la doublure d'un vêtement, une petite scie de dix centimètres de long, une boussole et quelques coupures de monnaie locale.

◁ La ferme de Campigneule où s'arrêta très probablement Schlœsing avant d'entreprendre sa première nuit d'évasion.
◁ Carte en soie du Nord de la France, boussole d'évasion, sac étanche et friandises vitaminées. Ces objets proviennent des affaires personnelles du commandant Schlœsing.

Chapitre XIV

Clandestinité

Dimanche 14 février 1943. 6 h 30.
Norbert Ponchel, vannier de son état, s'est couché hier soir en laissant la porte de la grange entrouverte. Son épagneul a disparu sans raison dans la journée, et il espère bien que cette nuit froide l'aura ramené au bercail.
C'est d'abord la colère qui le saisit quand il aperçoit la silhouette d'un homme couché à même le sol, là où devrait dormir son chien. Prudemment il empoigne une fourche et pousse du pied ce qu'il prend pour un vagabond. Pas de réaction. Cris et bourrades ne produisent pas davantage d'effet. S'agenouillant pour s'approcher du visage de l'inconnu, Norbert Ponchel est pris d'effroi. Il est tellement boursouflé et noirci que l'on n'y distingue plus vraiment ni les yeux, ni le nez. Seuls la bouche et le menton paraissent intacts, ainsi que la chevelure. Le paysan est perplexe. Il ne parvient toujours pas à ramener à la conscience cet homme dont il comprend seulement qu'il a dû perdre connaissance. Il se redresse pour aller chercher sa femme quand il aperçoit les bottes de vol mal dissimulées sous le bleu de travail.
Évidemment...! Presque tous les jours il assiste à ces combats aériens qui se déroulent le plus souvent très haut dans le ciel d'Abbeville. Celui-là a eu son compte et a dû sauter en parachute. Sa veine est maintenant de l'avoir sur les bras, et en plus dans cet état!
Abandonnant toute idée de réveiller cet Anglais qui de toute façon ne comprendra rien, il prévient sa femme. Celle-ci se rend aussitôt chez l'institutrice du village, qui lui conseille d'alerter l'abbé Papillon[1], l'aumônier de l'abbaye voisine qui dessert la paroisse. Il doit précisément arriver au presbytère d'une minute à l'autre.
Peu à peu, Schlœsing retrouve ses esprits, les tentatives du paysan pour le ramener à la conscience n'ayant pas été tout à fait vaines. Mais il est incapable d'ouvrir correctement les yeux.
Subitement le bruit d'une moto le fait bondir sur ses pieds. Enfonçant la porte de la grange, il court se cacher au fond du jardin, persuadé que les Allemands l'ont localisé. C'est là que l'abbé – arrivé sur son éternelle et bruyante motocyclette – vient le trouver, enfoncé dans un taillis. S'approchant du pilote, il lui demande dans un anglais approximatif ce qui lui est arrivé:

«– Mon père, je suis Français!

– Français? Vous voulez dire français de de Gaulle, demande l'abbé?

– Oui. J'ai été abattu hier au sud de Vron, mon avion en feu. J'ai marché toute cette nuit pour fuir les patrouilles allemandes. Je ne suis pas en état de repartir.

– Êtes-vous sûr de venir de si loin? Vous êtes ici à Le Boisle, c'est à vingt-cinq kilomètres de Vron!

Les mains de Schlœsing esquissent un mouvement vers une des poches du bleu de travail. La douleur lui arrache un gémissement :
– J'ai sur moi mes plaques d'identité de la RAF...
L'abbé coupe court.
– Ne cherchez pas, nous n'avons pas besoin de vos preuves. Nous allons vous aider. »

Schlœsing n'a d'autre choix que de s'en remettre à ces Français, dont il ne peut imaginer un instant qu'ils pourraient le livrer aux Allemands. Il sait bien, pourtant, qu'ils risquent leur vie pour lui. Il fait confiance à la Providence, à laquelle il s'est remis au petit matin... Elle ne peut que l'avoir confié à de bonnes mains.

Les heures qui viennent sont capitales. La discrétion de ses interlocuteurs conditionne leur avenir à tous.

Le blessé est transporté dans la seule chambre de la modeste maison. Il n'y a pas d'issue possible en cas d'arrivée des Allemands, ce qui interdit de rester là longtemps. D'autant que les enfants de la famille l'ont vu. Ils parlent picard entre eux et avec deux autres camarades, qu'ils invitent à venir voir cet étrange invité. Tout cela amuse Schlœsing mais ne le rassure guère sur la suite. Heureusement, l'abbé décide d'organiser un déménagement dès cette nuit pour trouver rapidement un gîte plus sûr. Tout le problème est de mettre la main sur le médecin qui acceptera de soigner ce malheureux clandestinement.

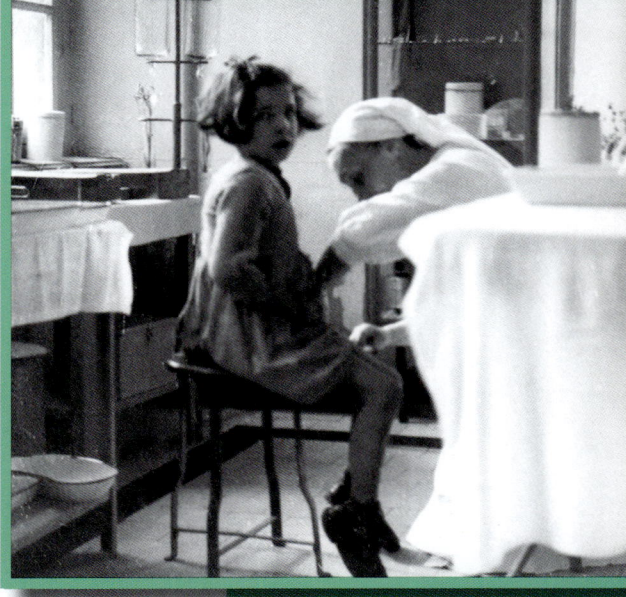

◁ L'abbé Papillon, pilote de l'aviation populaire avant guerre
▽ Madame Tellier, infirmière de profession

L'abbé Papillon sait pouvoir compter sur Madame Tellier, l'une de ses fidèles paroissiennes. Elle habite le «château» à Boufflers, distant de huit kilomètres. Cette vaste demeure bourgeoise constitue certainement une cache fiable, bien meilleure en tout cas que la fermette de Paul. En outre, Marguerite Tellier, âgée de cinquante ans, présente l'immense avantage d'être infirmière, veuve et sans enfant. Son mari, lieutenant d'infanterie, est mort pour la France en 1915, moins de deux ans après leur mariage. Elle est toute désignée pour accueillir, en discrétion et le temps qu'il faudra, ce grand gaillard mal en point.

La messe dominicale est précisément l'occasion de trouver cette brave dame à Le Boisle. Le prêtre l'aborde à la sortie de l'office et, se faisant accompagner vers la sacristie sous un prétexte quelconque, lui demande son aide, sans détour.

Avec la même spontanéité, Margueritte Tellier accepte d'héberger le pilote. Se pose aussitôt le problème du transport vers Boufflers. Le déplacement ne peut se faire que la nuit, compte tenu de l'état du blessé, et il est alors exclu d'utiliser une voiture sans attirer l'attention des Allemands. Seules quelques-unes roulent encore, avec une essence strictement rationnée, à n'utiliser que pour des raisons particulières, impossibles à invoquer en l'occurrence. Il faudra donc marcher. L'infirmière propose son aide pour le transfert. Avant de quitter l'abbé, elle lui glisse à l'oreille : «Il se trouve, mon père, que j'ai chez moi ma cousine... qui est médecin.»

Schlœsing passe la journée sans autre soin qu'un bon repas et quelques pansements à base de graisse de porc appliqués sur ses blessures les plus vives. Ses hôtes l'abreuvent continuellement de tisanes et d'aspirine, sans autre effet qu'un réconfort apprécié. La température est montée à quarante degrés et refuse de descendre.

L'abbé Papillon est de retour en fin d'après-midi. Il demande à Norbert Ponchel et à son épouse d'accompagner le blessé à Boufflers, dans la nuit. Départ à une heure du matin, le temps de marche étant évalué à trois heures compte tenu des circonstances. L'abbé les attendra chez Madame Tellier.

C'est ainsi que Schlœsing apprend qu'il va lui falloir entreprendre une nouvelle nuit de marche. Il s'en remet aux Ponchel et accepte volontiers une aide dont il ne peut évidemment se passer. Malgré son désir de la faire prévenir, il repousse encore l'idée d'alerter Andrée. Il est trop tôt. Inutile de l'inquiéter maintenant, tant qu'il n'en sait pas davantage sur son état et la suite des événements.

À minuit, Madame Ponchel apporte au blessé une dernière tisane, une tranche de lard et une autre de pain. Schlœsing avale le breuvage, qui une nouvelle fois calme une soif intense. Les violentes nausées suscitées par la fièvre le submergent par vagues successives et l'empêchent de manger. Les quelques soins apportés à ses blessures dans la journée n'ont pas calmé la douleur, ni atténué la tuméfaction du visage. Ouvrir les yeux lui est toujours aussi pénible. Seul il serait incapable de reprendre la route.

À ces Français que le hasard a mis sur son chemin, il confie sa liberté, sa vie peut-être, au risque de la leur.

La porte de la fermette s'ouvre sur une brise glaciale. Les trois compagnons quittent très vite le chemin de terre et entreprennent le contournement du village, à travers champs. Les huit kilomètres qui les séparent de Boufflers offrent un parcours apparemment aisé : de grands champs cultivés, en friche ou labourés, quelques chemins étroits à l'écart des habitations… Il faut en fait franchir une multitude de clôtures, se frayer un chemin au milieu des haies et trébucher encore mille fois dans des labours dont la terre grasse colle par énormes paquets aux semelles. Les Ponchel n'ont pas besoin de carte. Ils avancent plein est sans hésitation, se relayant auprès de leur aviateur. Norbert, le premier, n'a pas hésité et lui a pris le bras pour marcher, comme il l'aurait fait pour un enfant. Cette main ferme et chaude a d'abord surpris Schlœsing. Puis il s'est laissé aller au sentiment de sécurité qu'elle lui procurait, s'abandonnant peu à peu.

Trois heures passent ainsi, infinies et douloureuses.

Ils arrivent enfin au pied d'une meule qui se trouve en bordure du chemin des « Trous aux Renards », le long du bois de Boufflers. C'est le lieu de rendez-vous fixé par l'abbé. La consigne est simple : ne se montrer qu'à la personne qui arrivera en chantant « il est né le divin enfant »… Norbert Ponchel allonge Schlœsing dans la lisière du bois et part se cacher avec sa femme en avant de la meule. L'attente commence. Malheureusement l'heure du rendez-vous a été mal interprétée. Pour les uns, il s'agit de l'heure solaire, tandis que les autres se réfèrent à l'heure légale allemande ! Schlœsing attend ainsi une heure entière, seul, frigorifié, tremblant de fièvre, et persuadé qu'il a été abandonné là. Incapable de repartir tant il se sent vidé de toute force, il songe à s'enfoncer davantage dans le bois pour se cacher, quand enfin une voix arrive jusqu'à lui. Sortant de sa cachette et se redressant, il se retrouve nez à nez avec Madame Margueritte Tellier, finalement arrivée, qui lui lance :

– « Mon Dieu, ce que vous êtes grand !

Dans un souffle et avec un sourire de soulagement, Schlœsing lui répond aussitôt :

« – Vous croyez que j'en serai plus difficile à cacher ? »

Dans la nuit, rien ne signale le manoir de Gourlay, le « château » où demeure Madame Tellier. Pas un bruit, pas une lumière allumée, et pourtant une activité fébrile a régné dans ces murs une partie de la soirée. Un lit a été tendu de draps immaculés dans une des chambres du second étage, qui donne sur le verger. Une table, amenée là, est déjà tout encombrée de potions et de médicaments, attendant leur malade. Thérèse Potez, la cousine médecin, a même obtenu du pharmacien de Boufflers un peu de tulle gras, indispensable pour soigner les brûlures. Tout est prêt.

Silencieux, assis dans les confortables fauteuils du salon, l'abbé Papillon et Thérèse Potez, écoutent l'horloge égrener d'interminables minutes.

3 h 30. L'abbé est le premier tiré de sa somnolence par quelques pas entendus dans la cour. Il ouvre la porte sans bruit et, descendant les marches du perron, retrouve Schlœsing encadré par les Ponchel, qui déjà s'effacent dans l'obscurité sans qu'ils puissent les remercier. Mission accomplie. Sans autre formule de bienvenue, Madame Tellier conduit son protégé à sa chambre. La vue de ce lit entrouvert qui l'attend, dans cette chambre meublée avec goût, le saisit. Hier encore il volait quelques heures de sommeil sur la paille d'une mauvaise grange, incertain, doutant de trouver de l'aide. Le voilà aujourd'hui accueilli comme un ami annoncé...

Les deux femmes prodiguent aussitôt les soins dont le pilote blessé a besoin, pendant que l'abbé le débarrasse de ses vêtements. Schlœsing se laisse envahir par une douce sensation. Certes, il n'est pas encore sauvé, mais ces mains amicales font bien davantage que le secourir : elles le soignent comme le feraient celles d'une mère. Pour la première fois depuis plus de trente-six heures, la douleur semble s'atténuer, les nausées s'espacer. La fièvre est toujours forte, mais calmants et antalgiques produisent leur effet et un sommeil profond le libère bientôt.

Au réveil, Schlœsing ne cache pas sa satisfaction d'apprendre qu'il a pris ses quartiers dans la « chambre anglaise » du château. Celle-ci a en effet été occupée par des officiers de sa Majesté pendant la Première Guerre mondiale. Mieux encore, il se prélasse dans le lit qu'occupait quinze jours plus tôt le commandant de l'escadrille allemande du terrain de Plessiel, parti sans explication !

Une longue convalescence commence ainsi, marquée par le supplice matinal du renouvellement des pansements. Ce rite ne prendra fin que dans un an...

Pendant les soins, Schlœsing s'ouvre auprès de Marguerite Tellier du seul projet qui occupe son esprit : retourner à Londres. Il prononce pour la

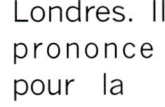

◁ Le manoir de Gourlay, sur la commune de Le Boisle. La lucarne du deuxième étage donne sur la chambre occupée par Schlœsing.

▲ La chambre « anglaise » où loge Schlœsing est visible au fond de la pièce. L'imposant meuble à droite de la porte servait à dissimuler cette dernière en cas de nécessité.

▷ Thérèse Potez, cousine de Madame Tellier et médecin.

première fois le nom de sa sœur Andrée, qu'il faut aller prévenir à Paris. Arrivé pour prendre des nouvelles de son nouveau protégé, l'abbé propose tout simplement d'envoyer sa propre sœur, religieuse, à Paris. Ce premier contact physique est indispensable. Il permettra de ramener des vêtements qui attendent depuis 1939 dans une chambre de l'appartement du boulevard Arago. Schlœsing dicte donc un message à l'attention d'Andrée, qu'elle saura décoder immédiatement. La visite de Mademoiselle Papillon y est programmée pour le 17. Le pneumatique part aussitôt. Une autre carte part vers ses parents, à Nîmes, qui annonce que « Le petit Jacquinot a fait une mauvaise chute, et qu'il est immobilisé pour quelques jours en Picardie… »

Le même jour, de l'autre côté de la Manche, un message d'un autre genre est reçu à l'« Île-de-France », venant de Londres. Il annonce que le capitaine Jacques-Henri Schlœsing est nommé commandant à titre exceptionnel et qu'une troisième citation lui est accordée. Le lieutenant Reilhac, promu capitaine, est officiellement confirmé comme son successeur. Nul ne sait encore que « le grand Chleu » est vivant…

À l'heure dite, le 17 février, Andrée accueille Mademoiselle Papillon dans l'appartement familial du boulevard Arago. Une valise est prête, qui contient des vêtements et quelques médicaments, dont le précieux tulle gras. Andrée prévient que si l'état de Jacques-Henri le permet, elle peut envisager un transfert sur Paris avant la fin du mois. Elle ne livre bien sûr aucun élément qui puisse laisser imaginer qu'elle est en contact avec un réseau de résistance. De longs mois d'activités comme agent de liaison lui ont enseigné la prudence…

Trois jours plus tard, elle reçoit la lettre suivante, rédigée de la main de Margueritte Tellier :

« Ma chère Andrée,
J'ai reçu de vos bonnes nouvelles et suis heureuse de venir vous parler du très gentil petit Jacques que vous nous aviez confié.
Il va aussi bien que possible. En ce moment il lit sagement dans son lit, mais il s'est levé plusieurs heures dans la journée et a retrouvé déjà la vivacité de ses mouvements et une partie de son entrain. Il a bon appétit et heureusement nous sommes à même de lui procurer tout ce dont il a besoin.
Son érysipèle est en bonne voie et ne le fait pas souffrir. La température, qui a oscillé pendant trois jours entre trente-huit et trente-neuf degrés est redevenue tout à fait normale. Les urines, encore un peu foncées, sont assez abondantes et n'ont pas présenté d'albumine. Les fonctions intestinales sont régulières. Le sommeil est bon, cependant je lui donne un peu de Gardénal le soir : c'est un calmant si bien supporté par les enfants. Comme c'est moi qui lui fais son pansement, il m'appelle son docteur, et il appelle Dédé son infirmière.
Il a été ravi des jouets que vous lui avez envoyés et qui sont tout à fait bien choisis. Je ne tarderai pas à vous envoyer encore de ses nouvelles ; on s'occupe de son placement à la campagne et je vous avertirai dès que je saurai quelque chose de nouveau à ce sujet. De votre côté, dites-nous quelles décisions vous pensez prendre : une nourrice sûre est nécessaire à cet enfant qui doit être entouré encore de soins très vigilants pendant un certain temps. Le contact avec d'autres enfants est à éviter et surtout le contact avec les domestiques, qui est toujours déplorable, et sur lesquels on ne peut jamais compter.
Petit Jacques a écrit hier une courte carte à sa maman pour lui montrer sa belle écriture ; mais un enfant ne sait évidemment rien dire ; nous pensons que de votre côté, vous lui donnerez des nouvelles.
Vous seriez très gentille d'envoyer par la poste du tulle gras Lumière à Mme Tellier à Boufflers par Auxi-le-Château, Pas-de-Calais. Adressez-lui aussi votre réponse. L'adresse de l'envoyeur sur les lettres et paquets est tout à fait inutile.
Je vous envoie les tendres baisers du petit Jacques, auquel je joins toutes mes amitiés.
Marguerite. »

Les jours passent, monotones, rythmés par des soins attentifs et efficaces. Le docteur Cappelle, de Crécy, vient prêter main-forte à Thérèse Potez.

◁ Mademoiselle Papillon, sœur de l'abbé.
△ Laissez passer du docteur Capelle, délivré à l'été 44 par la résistance.
◁ Ausweis de Madame Capelle, épouse du docteur, pour se rendre dans la zone côtière interdite. Avec le titre d'assistante du médecin, Madame Capelle était d'une aide précieuse pour les activités clandestines de ce dernier.

Il n'en est pas à son premier malade «tombé du ciel», et son aide est précieuse, notamment pour rassurer les deux femmes qui pensent un temps que le malade pourrait mourir.

Mais la fièvre finit par descendre et disparaît même complètement, sans emporter la douleur. Au sommeil presque comateux des premières nuits succède l'insomnie. Les nuits sont encore plus interminables que les journées, malgré la compagnie de ses garde-malades, qui le font parler et lui apprennent tout ce qu'il ignore de l'occupation des provinces françaises.

Le 22 février enfin, après une semaine de soins, Schlœsing reçoit une lettre. Quelques mots sibyllins accompagnent un morceau de carte Michelin sur lequel un carrefour est entouré au crayon : RDV le 24 à 8 heures. La lettre est signée d'Andrée, il n'y a donc pas à hésiter. L'abbé Papillon se charge d'organiser le transfert vers le lieu prescrit, à dix-huit kilomètres au sud d'Amiens.

Une ambulance du préventorium de Valloire, tenue précisément par sa sœur, fera l'affaire. André Larzet, employé du préventorium, est volontaire pour transporter Schlœsing. Le Français libre ne sera d'ailleurs pas le dernier...

La veille du départ est mise à profit pour les derniers soins et préparatifs. L'abbé fixe un rendez-vous à l'ambulance entre Boufflers et Le Boisle, à 6 heures du matin.

Il est 4 h 30 quand Schlœsing salue Marguerite Tellier et sa cousine. Émues et inquiètes à l'idée de le voir partir et courir de nouveaux risques, elles ont tenu à se lever et retiennent mal quelques larmes. Il reviendra leur donner des nouvelles, quand cette guerre sera finie.

L'abbé Papillon est déjà là, une sorte de poncho passé sur sa vieille soutane. Il jette une grande capeline sur les épaules de son protégé et tend un portefeuille contenant les papiers d'un homme, mort depuis quelques jours au préventorium. Les deux femmes les regardent disparaître, silhouettes rapidement absorbées par la nuit. Comment pourraient-elles imaginer une seconde que cet homme si cruellement blessé retournera un jour au combat?

L'itinéraire emprunté dix jours plus tôt est repris en sens inverse. Après deux heures de marche, ils sont arrêtés par les appels de phare d'une ambulance, stationnée sur le carrefour du lieu-dit «la Cavée de Gueschart». Schlœsing embarque et se couche sur le brancard. Il reste une heure trente pour atteindre le rendez-vous suivant, au sud d'Amiens. C'est peu... et long à la fois, dans cette région où les Allemands de la Feldgendarmerie[2] contrôlent souvent un trafic routier très restreint. Peu avant Amiens, ce sont en fait des policiers français qui les arrêtent. Contrôle des papiers. Les policiers n'insistent pas quand ils constatent que le blessé ne peut être formellement identifié, sous ses bandages. Les papiers, au moins, sont en règle.

«Qu'est-ce qu'il a, le malheureux?
– Explosion d'un gazogène et brûlures au troisième degré...
– Bon. Pas de marché noir?
– Non.
– Alors circulez. Bon courage...»

8 heures. Le jour se lève. Ils arrivent sur le lieu du rendez-vous en même temps qu'une petite voiture marquée du logo des usines Kuhlmann. L'automobile s'arrête sur le bas côté, suivie de l'ambulance. L'homme qui en descend est Jacques Bruston, un cousin germain de Schlœsing. Il échange quelques mots avec l'abbé Papillon et lance un rapide «Salut Jack!» à l'attention du passager interloqué.

Guidé par une main ferme qui coupe court à sa volonté d'embrasser son cousin, Schlœsing est poussé dans un coffre qui prend la place de la banquette arrière. Il échange un dernier regard avec l'abbé Papillon. «Je reviendrai, mon Père, quand tout cela sera fini. Prenez garde à vous. Je vous remercie. Pour tout.»

Le voyage vers la capitale commence, inconfortable et incertain, mais rythmé par le flot ininterrompu des paroles de Jacques Bruston. Employé des usines Kuhlmann, il bénéficie de cette voiture pour les grandes liaisons nécessaires à l'entreprise. Elle a été modifiée pour accueillir un réservoir supplémentaire à la place occupée aujourd'hui par le passager clandestin. Hier c'était un peu de ravitaillement récupéré çà et là au profit des employés, avant-hier un individu de passage... Les Allemands payent généreusement l'essence.

Schlœsing écoute et pose quand il peut les mille questions évoquées sans cesse en Angleterre : à quoi ressemble l'occupation de Paris, la vie quotidienne, ce que l'on dit de la France libre... Il peut enfin mesurer concrètement le temps écoulé depuis son départ et la profondeur de cet abîme qui le sépare désormais du pays quitté depuis si longtemps. Les restrictions, la collaboration, les Français fidèles au Maréchal et dubitatifs devant de Gaulle, l'occupant de plus en plus exigeant et la minorité toujours invisible de ceux qui résistent : ce monde inconnu, et qu'il refusait de connaître, s'impose maintenant à lui. Une immense curiosité l'envahit, mêlée de crainte. Il va revoir Paris, certes, mais l'idée d'y croiser des soldats allemands lui est difficilement supportable. Et puis comment goûter ce retour «à la maison» alors que ses camarades de «l'Île-de-France» continuent de risquer leur vie jour après jour?

Jacques Bruston le rassure sans même le savoir. Andrée a déjà pris des contacts avec un réseau qui pourrait lui permettre de gagner assez rapidement l'Espagne. Il n'en sait pas plus, mais plusieurs pilotes l'auraient déjà emprunté avec succès. En attendant, ce sont l'oncle et la tante Panier qui vont l'accueillir. Ils habitent rue des Saints Pères, dans le VIIe arrondissement, au siège de la société d'histoire du protestantisme.

Andrée sera là, venue du boulevard Arago, où elle habite toujours.

L'entrée dans Paris se fait par la porte de Saint-Ouen. Schlœsing a entrouvert le battant du coffre et regarde défiler le paysage familier de la capitale. Il est surpris du peu de voitures qu'ils croisent, étonné de constater que la plupart sont équipées d'énormes réservoirs sur le toit. Il ne trouve aucun charme à ces ridicules attelages tirés par des vélos affublés de pancartes «taxi». Ce spectacle l'attriste même un peu, et il songe avec mélancolie à l'activité ininterrompue de Londres, qui jamais ne s'est démentie, pas même aux pires moments du *blitz*. Paris lui apparaît comme endormi. Peut-être est-ce pour se protéger de ces hommes en vert-de-gris qu'il aperçoit furtivement dans leurs véhicules militaires, ou circulant à pieds par paquets de trois ou quatre, avenue de l'Opéra...

Les Allemands! Ils sont donc bien là, installés confortablement au cœur d'une capitale que nul n'avait violée de la sorte. Les drapeaux à croix gammée qui flottent un peu partout lui soulèvent le cœur.

À 11 h 30 la voiture arrive dans la rue des Saints-Pères et ralentit devant le porche de l'immeuble des Panier. Bruston débarque, vérifie que la rue est libre et fait un signe à Schlœsing qui s'extrait de sa cage de bois. Les deux hommes poussent la porte de l'immeuble et montent à l'étage. Andrée est là, derrière la porte de l'appartement. Elle attendait que la cloche sonne depuis maintenant près d'une heure et se croyait prête. Pourtant, au moment où elle tourne la poignée, elle ne peut maîtriser le léger tremblement que la joie et la crainte mêlées ont imposé à sa main. Elle craint de ne pouvoir retenir ses larmes. Entrebâillant la porte, elle fait signe aux deux hommes de rentrer et la referme aussitôt. Schlœsing ne lui laisse pas le temps de s'attarder devant son visage couvert de pansements. Il la prend dans ses bras et la serre contre lui, dans un mouvement auquel il ne s'était pas laissé aller depuis longtemps. Les yeux clos, il songe à la nuit du 13 février, quand, enfoncé dans un taillis il se raccrochait à l'image de cette grande sœur qui le sauverait. Elle a tenu sa promesse silencieuse.

La maison de l'histoire du protestantisme, rue des Saints-Pères à Paris, mitoyenne à l'institut d'études politiques. C'est ici que logent les Panier, oncle et tante de Schlœsing, qui l'accueillent le 24 février 1943.

Notes

[1] Ancien combattant de 14, motard, pilote d'avion, résistant... l'abbé Papillon était une véritable figure connue dans toute la région.

[2] Police militaire de la Wehrmacht.

Chapitre XV

Paris

Andrée a minutieusement préparé ce retour depuis plusieurs jours, comme elle l'aurait fait pour une mission confiée par son réseau. C'est elle qui a pris contact avec Jacques et Jeanne Panier pour cacher Jacques-Henri, au moins dans un premier temps. Ils n'ont bien sûr aucune expérience de l'hébergement d'un clandestin, mais leur appartement est bien situé et connaît une certaine activité du fait des fonctions occupées par le couple dans le monde protestant. Pour le reste, elle veillera elle-même aux soins, établira les contacts pour le prochain départ, préparera un changement de cache éventuel. Bruston a prévu de rester à Clichy où il habite. Elle sait pouvoir compter sur lui, et sur son auto, à toute heure du jour et de la nuit. L'essentiel, pour le moment, est de déterminer la durée de la convalescence et la nature exacte des soins à apporter au blessé. Seul un spécialiste peut se prononcer, et bien sûr Andrée en a trouvé un.

Orthopédiste de talent, le docteur Merle d'Aubigné, n'était pas naturellement désigné pour cette tâche délicate… Mais c'est un ami sûr de la famille, bien connu lui aussi dans la communauté protestante. Professeur renommé de la faculté de médecine, il côtoie plusieurs spécialistes du traitement des grands brûlés et sera de bon conseil. Mis dans la confidence, il rend visite à Schlœsing dès le lendemain de son arrivée et prescrit une convalescence minimum de deux mois. Ne se prononçant pas formellement sur la nécessité de greffes, il laisse néanmoins entendre que cela s'imposera certainement pour les paupières, particulièrement abimées. Leur état actuel ne permet pas de savoir si elles seront à nouveau aptes à fonctionner correctement. Selon lui, une opération sera délicate et requerra une hospitalisation longue, puis une nouvelle convalescence. Et il est surtout fort possible qu'une seule opération ne suffise pas. Pour ce qui est des mains, son pronostic est plus favorable. Les chairs ne sont pas brûlées trop profondément. La main gauche est plus particulièrement atteinte, notamment à hauteur du poignet. Mais elle ne semble pas nécessiter de greffe.

Le bilan est donc mitigé. Schlœsing espérait mieux. Il n'avait pas encore envisagé sérieusement devoir rester plusieurs mois à Paris. Cette perspective ne

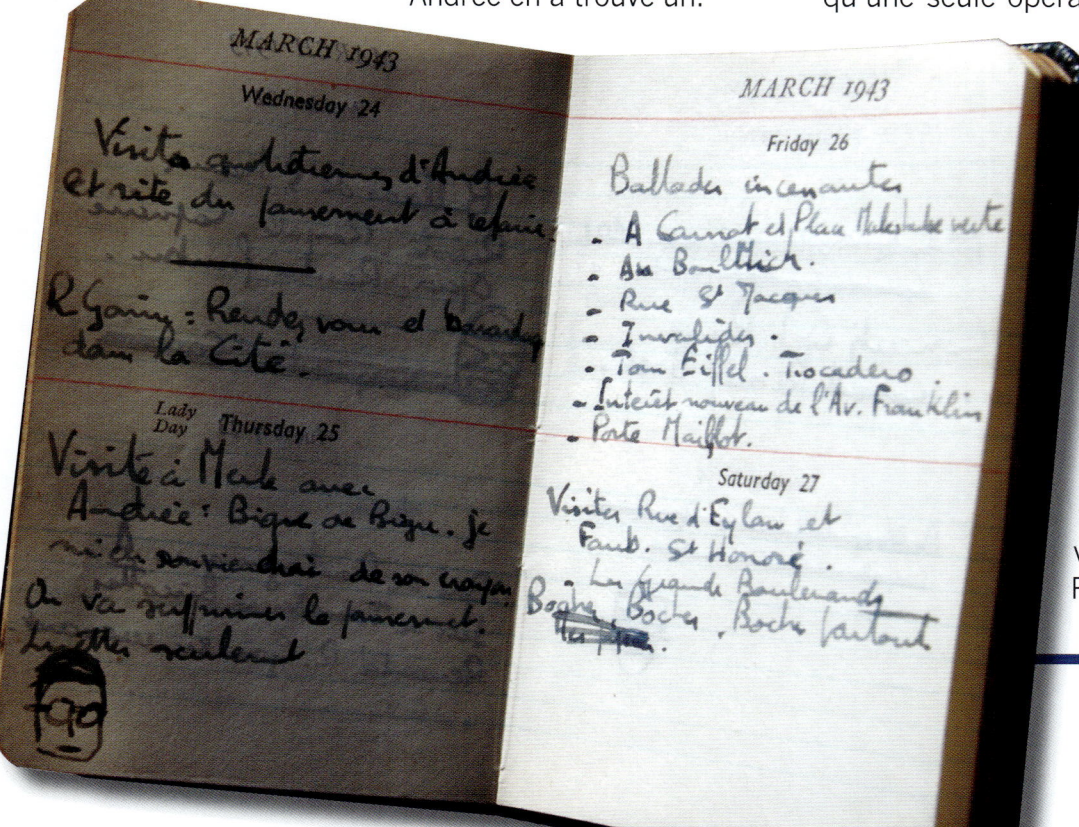

l'enchante pas du tout, bien qu'elle lui offre de retrouver une partie de la famille. Il y voit surtout l'inaction forcée, l'enfermement et le risque d'une arrestation idiote à la première maladresse. Rien de très réjouissant donc, alors qu'un groupe de chasse l'attend en Angleterre.

Il écarte d'emblée l'hypothèse d'une intervention réalisée en France : trop long, trop risqué. Il se remettra dès que possible entre les mains d'un chirurgien britannique. La médecine a réalisé là-bas des progrès rapides, comme toujours en temps de guerre. Tous les pilotes de la RAF ont entendu parler de cet hôpital de la banlieue de Londres spécialisé dans le traitement des grands brûlés. Bien sûr on évitait d'en parler, comme pour conjurer le sort, mais il se rappelle bien avoir croisé trois ou quatre de ces types défigurés qui tenaient leur place en escadrille… Il manquait un Français. Eh bien ce sera lui !

Reste à attendre, sagement, en se confiant aux soins quotidiens prodigués par Andrée, sous la houlette du professeur Merle d'Aubigné. Prochain objectif : retirer les pansements, dès que la cicatrisation des plaies le permettra.

Schlœsing est à peine arrivé à Paris, quand la nouvelle parcourt le 340, et au-delà, la communauté des Français libres : « le grand Chleu » s'en est sorti ! Par quel miracle le message parvient-t-il à Biggin Hill en moins de deux semaines ? Sans doute par l'effet des réseaux inextricables d'Andrée, qui a pu le faire transmettre par radio. La nouvelle est partagée dans la joie par le groupe, dont le patron avait su faire l'unanimité en quelques semaines. Fournier retrouve subitement un sourire qu'on croyait à jamais perdu… Reilhac est lui-même profondément soulagé. Promu capitaine le 16 février, il a pris le commandement de l'« Île-de-France » le lendemain. Trois jours de plus et le voilà promu commandant à titre temporaire. C'est Schlœsing qui l'avait appelé au groupe, alors qu'il était affecté au *squadron* 122 à Hornchurch. Il souhaitait le voir succéder à Chauvin, à la tête du *flight* A. C'était en octobre 1942, il y a quatre mois… ou

quatre siècles. Une amitié forte était née depuis entre les deux hommes.

Avec Reilhac, le 340 poursuit ses opérations. Le sergent-chef Hubidos va disparaître à son tour, le 8 mars, sans doute victime d'une panne d'oxygène en plein combat. Puis ce sera le tour du sous-lieutenant Renaud, qui s'écrase en mer au large de Berck la semaine suivante. Le lendemain, Reilhac commande une mission de chasse au-dessus d'Hardelot. Il est aperçu pour la dernière fois au ras du sol, pourchassant deux sections de chasseurs allemands. Il ne réapparaîtra plus.

Durement éprouvé par un an d'opérations ininterrompues, le groupe est alors envoyé au repos en Écosse. Fournier est désormais à sa tête. La RAF a imposé

◂ Rentré à Londres, Schlœsing consignera soigneusement sur son carnet ses activités durant son séjour en France.
▴ Le sergent-chef Paul Hubidos, méridionnal enjoué, ancien lutteur, qui trouve la mort au-dessus du Grand-Quevilly le 8 mars 1943.

que les *Spitfire* IX restent à Biggin Hill, où ils seront pris en compte par le groupe 341 «Alsace», fraîchement arrivé du Moyen-Orient.

Au moment où ils reviennent à Turnhouse, dix-huit pilotes français du 340 ont été tués. Trois commandants de groupe ont été abattus. Pour douze appareils engagés au combat.

« Problèmes de santé, venir d'urgence. »
Ce télégramme sibyllin atteint les parents Schlœsing à Nîmes le 24 février. Quarante-huit heures plus tard, Émile arrive par le train de nuit à Paris. Il a bien compris que Jacques-Henri est sans doute ici, lui aussi. Andrée l'attend au bout du quai, le sourire poli et malicieux.

Dans la voiture de Jacques Bruston, elle met le trajet à profit pour expliquer la situation à son père, le préparer à revoir son fils mal en point et le convaincre qu'il va néanmoins falloir l'aider à repartir dès que possible en Angleterre.

Les retrouvailles, chez les Panier, se font avec retenue, mais l'émotion des deux hommes est palpable. Le père comprend aussitôt par quels tourments son fils vient de passer. Le tout jeune homme qu'il a quitté début 1940 l'impressionne. Il le savait de nature calme et décidée. Mais il ne connaissait pas cette sorte de détermination qui semble maintenant émaner de lui. Émile Schlœsing considère à son tour comme une évidence que rien n'arrêtera son fils, tant que cette guerre durera.

Sur un ton qu'il veut enjoué et aussi léger que possible, Jacques-Henri demande très vite des nouvelles de la famille, comme il l'aurait fait autrefois, à l'occasion de retrouvailles. Il apprend ainsi que sa mère se porte bien. Son voyage en hydravion de Liverpool à Lisbonne s'est passé sans tracas. La suite fut moins simple, mais elle a quand même réussi à rallier Nîmes en mois d'un mois. Depuis, elle donne un coup de main à la mission protestante et veille sur son mari. Pierre est toujours marin. Mais pour lui les choses sont devenues compliquées. Après Dunkerque, il est retourné en Afrique du Nord. Il a échappé au drame du 3 juillet à Mers-el-Kébir, où beaucoup de ses camarades ont péri. Il n'a cependant pu être question de rejoindre la Grande-Bretagne après cette triste affaire. Résigné, il appartient donc à la marine de l'armée d'armistice. Du moins ce qu'il en reste, après que ses principales unités se sont sabordées en rade de Toulon[1] en novembre dernier. Pour couronner le tout, Pierre a contracté une mauvaise tuberculose. Il est soigné en sanatorium dans les Pyrénées depuis quelques mois. Il vit là-bas avec Anaïs, sa jeune femme rencontrée en Afrique du Nord.

Puis c'est au tour des «Anglais», dont on évoque le sort. François, après ses exploits contre un sous-marin allemand à bord de la *Roselys*, a absolument tenu à rejoindre lui aussi l'aviation. Il est en stage dans une école de l'aéronavale de l'US Navy, en Floride. Il y apprend le pilotage des gros hydravions et n'attend bien sûr qu'une chose, revenir en Europe pour reprendre la combat. Le jeune Olivier ronge un peu son frein. Le petit dernier a signé son engagement dans les FFL en juillet 1942, bac en poche comme promis, rejoignant la toute nouvelle école des cadets du général de Gaulle. Une sorte d'école de cadres militaires, qui forme quarante jeunes chefs de section comme elle peut, avec les moyens du bord. L'école se trouve dans le manoir anglais – typique et lugubre à souhait – de Ribbesford, dans le Worcestershire. Il doit en sortir au printemps et choisira alors une unité combattante, au Proche-Orient sans doute.

Naturellement la discussion revient sur l'état de santé de Jacques-Henri et le récit de son terrible sauvetage. Émile raconte les combats de juin 1940 et sa capture dans les Vosges, la détention et son retour en France. Sollicité à nouveau pour raconter l'Angleterre, la formation de pilote et son année de combat avec l'« Île-de-France », Schlœsing se montre évasif. Il pense bien à évoquer quelques anecdotes sur le mode humoristique, mais renonce à se lancer dans le récit de la vie du groupe depuis un an. Il ne l'avait guère pressenti, mais les mots ne viennent pas. Comment exprimer la confusion des sentiments qui caractérise leur vie « là-bas » ? L'envie de décoller chaque matin et la peur enfouie de ne pas revenir, la peine quand un ami meurt et la satisfaction éphémère et amère quand c'est un ennemi qu'on a tué. L'image de cette roulette infernale, qui tourne chaque jour en leur laissant, finalement, bien peu de chances... Comment dire tout cela ? Il n'en a pas le talent, ni l'envie. Ce monde là ne se raconte pas. On ne le quitte pas vraiment, on le transporte avec soi et on continue de lui appartenir. Lui échapper, c'est y retourner : reprendre sa place, retrouver les camarades, l'adrénaline du combat, les discussions sans fin ni intérêt autour d'un verre... Il se contente donc d'expliquer, très simplement, pourquoi il va repartir, reprendre sa place le plus vite possible, en tentant l'évasion par l'Espagne, grâce à Andrée.

Au lendemain du rembarquement de Dunkerque, en mai 1940, les premières filières d'évasion vers l'Espagne se sont organisées. L'objectif était naturellement d'éviter la capture et le camp de prisonniers à ceux qui n'avaient pu embarquer et souhaitaient rejoindre l'Angleterre ou l'Afrique du Nord, quelle que soit leur nationalité. Un réseau solide s'est ainsi constitué en Belgique, dont les ramifications se sont peu à peu étendues à tout le territoire français et en Espagne. Comète, c'est son nom, a vraiment pris son essor en 1942, au moment de l'affaire de Dieppe. Il a fallu alors faire face à un afflux important de pilotes abattus et autres commandos canadiens ayant échappé aux Allemands.

À Paris, en ce début 1942, le responsable du réseau se nomme Robert Ayle, alias « Baby ». Andrée a pu entrer en contact directement avec lui. Ce militaire d'active, réformé après une brillante guerre de 1914, est un homme au regard doux. Timide, il se dissimule derrière une épaisse moustache qui souligne un sourire chaleureux. Père de famille de quarante-trois ans, il risque sa vie tous les jours depuis 1940, continuant comme il peut le combat qu'il ne peut plus mener les armes à la main. Très vite il s'est proposé pour accueillir chez lui, rue de Babylone, les fuyards confiés par le réseau. Depuis quelques mois, il en est devenu le chef parisien, véritable bras droit pour la capitale de Frédéric De Jongh, le patron belge de Comète. Son travail est néanmoins de plus en plus ardu et risqué. D'abord parce que les services de contre-espionnage allemands sont mieux organisés. Ensuite parce que les Français leur offrent un soutien toujours plus actif, via les services officiels de Vichy, ou des dénonciations, chaque jour plus nombreuses. Enfin, l'activité aérienne au-dessus des pays occupés est en constante augmentation. Il s'agissait au départ de faire face à une demande régulière, mais limitée, de jeunes Anglais, Canadiens, Australiens ou Néo-Zélandais, abattus au-dessus de la France ou de la Belgique. Il y a maintenant de plus en plus d'Américains... Ceux-là ne sont pas les plus faciles à cacher ! Pas un n'est capable de prononcer deux mots en Français, et l'on ne sait trop pourquoi, ils se font plus facilement repérer que les autres. Ils sont un peu la hantise du réseau. Schlœsing sera le premier aviateur français pris en charge par Comète. Robert Ayle s'en réjouit et met un

◀ Eugène Reilhac, qui succède à Schlœsing, est très vite porté disparu au-dessus d'Hardelot au cours d'un combat opposant le groupe à plusieurs FW 190.
▲ Robert Ayle, alias « baby », qui dirige le réseau Comète à Paris.

point d'honneur à conduire cette mission dans les meilleurs délais. Au moins a-t-il cette fois la charge d'un individu capable de répondre à quelques questions après avoir décliné son identité...

Les deux hommes se rencontrent chez les Panier le 30 avril. Ayle trouve la famille charmante et dévouée pour son hôte, mais insuffisamment prudente pour prolonger trop le séjour. Il propose de prendre en compte Schlœsing dès le lendemain matin. Le docteur Tinel, autre membre du réseau, est d'ores et déjà prêt à l'accueillir à son domicile, boulevard Saint-Germain. Ce médecin est un homme fiable, dont la discrétion est éprouvée. Depuis près de deux ans maintenant, il héberge les aviateurs en transit confiés par Comète, aidé de sa fille aînée qui est un remarquable agent de liaison.

Schlœsing s'installe chez eux le lendemain midi, amené sur place par Jacques Bruston. Il passe là une semaine, ne recevant de visite que d'Andrée pour les pansements quotidiens. Elle lui apprend que ses parents envisagent de venir le voir la semaine suivante et propose de le ramener à la maison, boulevard Arago, pour l'occasion. Difficile de résister à la tentation... S'en remettant une nouvelle fois à Andrée, Schlœsing accepte.

Du 5 au 15 mars, il va ainsi reprendre une étrange vie de famille, entouré de ses parents et de sa sœur aînée, retrouvant sa chambre et des habitudes qu'il croyait disparues à jamais. Surprenant quotidien, hors du temps et irréel, dont il se contraint à goûter chaque instant, conscient qu'il s'agit d'un bonheur éphémère.

Malgré tout, les journées sont longues et cette vie de reclus ne lui plaît guère. Lui sont particulièrement désagréables les longs moments qu'il doit passer cloîtré dans sa chambre, quand ses parents reçoivent les nombreuses visites que leur valent ce séjour à Paris. Chaque matin il espère qu'Andrée lui annoncera que ses faux papiers sont enfin prêts. Ces documents sont naturellement indispensables pour partir vers l'Espagne, et même pour entreprendre une simple sortie dans Paris, que son état commence à lui laisser espérer. Il s'est maintenant fait à l'idée de croiser les Allemands et s'impatiente même de pouvoir dire à ses camarades à quoi ressemble Paris occupé.

Au terme de ces dix jours, Schlœsing réintègre l'appartement du docteur Tinel, ses parents restant boulevard Arago. Il y reçoit un jour la visite de Monsieur et Madame Raoul-Duval, un camarade du groupe « Alsace », qui viennent prendre des nouvelles de leur fils. Ce couple comptera parmi les rares personnes à rencontrer Schlœsing pendant son séjour parisien... avant qu'ils ne s'occupent eux-mêmes de Claude, leur fils, descendu un mois plus tard ! Il sera le second Français à transiter chez la famille Tinel.

Le dimanche 21 mars, Andrée arrive radieuse en brandissant de magnifiques faux papiers, des cartes de rationnement plus vraies que nature, une carte de transit interzones et un authentique certificat médical ordonnant un arrêt de travail pour brûlures graves, reçues lors d'un bombardement récent. Dans l'heure qui suit, elle et Jacques-Henri sont dehors. De grosses lunettes noires dissimulent une partie des pansements qui protègent encore les paupières inférieures.

Le boulevard Saint-Germain est calme à l'heure de la messe dominicale. La température encore basse de cette fin mars n'a pas encouragé les promeneurs et les rues sont désertes. Évitant le ministère de la Guerre, occupé par la Wehrmacht, les deux promeneurs s'engouffrent dans la rue du Bac et descendent vers le Pont Royal. Schlœsing sait parfaitement l'itinéraire qu'il veut emprunter, car il a eu plus de temps qu'il n'en faut pour y songer : jardin des Tuileries, place de la Concorde, Grand Palais, pont Alexandre III et hôtel des Invalides. Une bonne heure de marche lui permet de retrouver les lieux de son enfance et le cœur de Paris. Les Allemands sont aussi rares que les Parisiens. On pourrait même douter qu'ils soient là, n'étaient-ce ces immenses drapeaux à croix gammée qui défigurent tous les monuments publics.

Cette première sortie libère Schlœsing de son appréhension : déambuler dans Paris est possible, malgré l'occupant. Il n'est finalement qu'un passant parmi d'autres... Surtout, ce premier bol d'air depuis le 13 février le ramène encore un peu plus à la vie. Il en revient plein de force et de courage, empli du sentiment que son corps y a trouvé une nouvelle vigueur, salutaire pour sa guérison.

Les jours suivants sont ponctués de sorties de plus en plus longues, qui l'amènent au Trocadéro, boulevard Saint-Michel, porte Maillot. Rentrant un jour excédé du faubourg Saint-Honoré, il note sur son petit agenda de poche : *« Boches, boches, boches partout ! »* Le lendemain, un de ses éclaireurs scouts de la troupe Roquépine le reconnaît et l'aborde en pleine rue. Stupeur de part et d'autre. Schlœsing, prudent et évasif, répond à peine aux questions de Robert Gonin, son ami d'autrefois, aujourd'hui étudiant en médecine. Il lui demande de ne pas évoquer leur rencontre et l'invite le lendemain à venir dîner au restaurant ! Pas d'autre solution en effet que de le mettre dans la confidence en comptant sur sa discrétion, afin que la nouvelle de sa présence ne se répande pas parmi ses anciens camarades. Le repas, réunissant Andrée, une amie cheftaine, Gonin et Schlœsing, aura lieu au Rendez-vous des mariniers, un petit restaurant de l'île Saint-Louis. Ayant écouté le récit de son ami, Gonin lui demande de l'emmener avec lui en Angleterre. Il comprend vite que son souhait ne sera pas réalisé et se laisse convaincre par Schlœsing que la présence en France d'un homme qui résiste à l'ennemi peut être au moins aussi utile que celle d'un combattant en Grande-Bretagne.

Chacun tiendra son serment et ne dira mot de ces retrouvailles particulières, dans une salle comble, fréquentée par de nombreux officiers allemands. Schlœsing ne pourra néanmoins s'empêcher de laisser une trace de son passage : au moment de quitter les lieux, il demande qu'on lui apporte le livre d'or de l'établissement. Il y inscrit, avant de disparaître : *« Hüsse Schwob. »* Et il signe : Sqdr Ldr 340[2] !

Le 25 mars, nouvelle consultation auprès du professeur Merle d'Aubigné, cette fois à domicile. Le médecin est satisfait. Il prescrit la fin des pansements et recommande deux semaines de cicatrisation supplémentaires avant d'envisager le départ. C'est certes long, mais mieux vaut mettre toutes les chances du bon côté. Ce délai supplémentaire va permettre à Andrée et à Robert Ayle de planifier calmement la suite des opérations.

C'est ainsi que le 1er avril, Schlœsing apprend de sa sœur qu'il a rendez-vous en fin d'après-midi avec un inconnu, sur les Champs-Élysées. Andrée sait seulement de ce dernier qu'il sera son compagnon d'évasion, et donne à son frère un signe de reconnaissance, accompagné d'un mot de passe.

À l'heure dite, les deux hommes se retrouvent à l'angle de l'avenue de Marigny, seuls. Il leur faut peu de temps pour se reconnaître comme membres de la même confrérie : celle des pilotes de la RAF. Franck J. Evans est un *flight sergeant*[3] canadien, affecté au *squadron* 543. Il a été abattu le 10 février aux commandes de son *Spitfire*, en Hollande, non loin de la frontière belge. Dès l'atterrissage, des habitants l'ont spontanément caché. Sans tarder il a pris la direction de... l'Espagne, marchant la nuit de ferme en ferme et pratiquant même l'auto-stop pour franchir les Ardennes. La chance lui sourit aux environs de Sens, où il est finalement pris en charge par un homme en contact avec Comète. Robert Ayle va lui-même chercher le courageux sous-officier dans l'Yonne. Il se charge ensuite de le faire loger à Paris et décide de l'exfiltrer vers l'Espagne en même temps que Schlœsing.

À voix basse, déambulant sur les Champs-Élysées, les deux hommes échangent des nouvelles de camarades communs, savourant le plaisir de cette conversation en plein Paris occupé. Anglophone, Franck parle correctement le français... mais avec un terrible accent reconnaissable entre mille ! L'un comme l'autre sont heureux de tenter ensemble ce retour vers la Grande-Bretagne, qui, s'il n'était pas aussi risqué pour eux et surtout pour leurs passeurs, pourrait finalement prendre l'allure d'un grand jeu !

Quand ils se quittent, sans savoir rien de leur prochaine rencontre, Schlœsing

éprouve subitement la solitude qui est la sienne depuis plus d'un mois. Il a retrouvé dans cet homme comme un frère, dont il s'est d'emblée senti proche sans qu'il soit besoin de faire le moindre effort de civilité. Ils étaient deux inconnus, certes, mais de la même famille... et qui semblaient s'être quittés la veille!

Les dix jours qui séparent Schlœsing de son prochain départ vers l'Espagne vont maintenant s'écouler très rapidement, rythmés par les longues promenades quotidiennes et marqués par deux événements singuliers.

Le dimanche 4 avril, les usines Renault de Billancourt sont l'objet d'un violent bombardement allié. Dès le lendemain, il se promène aux abords de l'objectif pour en apprécier les dégâts et en rendre compte ultérieurement à Londres. L'ampleur des ravages causés par les «*Superfortress*» américaines est impressionnante. L'usine – qui travaille presque exclusivement au profit de l'effort militaire allemand – est pratiquement détruite. Mais les quartiers alentour sont également touchés sérieusement, et les morts sont nombreux. Qu'en penser? Jusqu'à quel point la destruction d'objectifs militaires justifie-t-elle ces pertes parmi la population française occupée? À plusieurs reprises cette question s'était déjà posée au retour des missions d'escortes de bombardiers, sur Rouen notamment. De nombreux pilotes de l'«Île-de-France» s'étaient offusqués de voir l'apparente insouciance des aviateurs anglais et américains déversant leurs tonnes de bombes explosives et incendiaires sur ce port enchâssé dans la ville. Ce que Schlœsing constate ce jour-là, témoin privilégié à Billancourt, se reproduira des centaines de fois dans toute la France. Dans le Nord-Ouest en particulier, des milliers de civils français seront écrasés sous les bombes durant les trois mois qui précéderont et suivront le débarquement, victimes de la décision prise par les Alliés de détruire coûte que coûte les voies de communications menant à la future tête de pont normande. Le prix à payer pour la libération sera finalement bien élevé, pour un pays qui pensait se mettre à l'abri des tourments de la guerre...

Ce sujet - et bien d'autres relatifs à la place de la France dans le conflit- sera abordé dans les jours qui suivent avec Pierre et Anaïs, qui ont réussi à venir jusqu'à Paris depuis les Pyrénées.

Rencontre étonnante entre les deux frères que le destin a conduits sur des trajectoires opposées. Un Français libre et un pétainiste? Ce qui semble si simple pour le premier ne l'est pas tout autant pour le second, et la situation des deux hommes résume en elle-même les contradictions vécues alors par nombre de soldats.

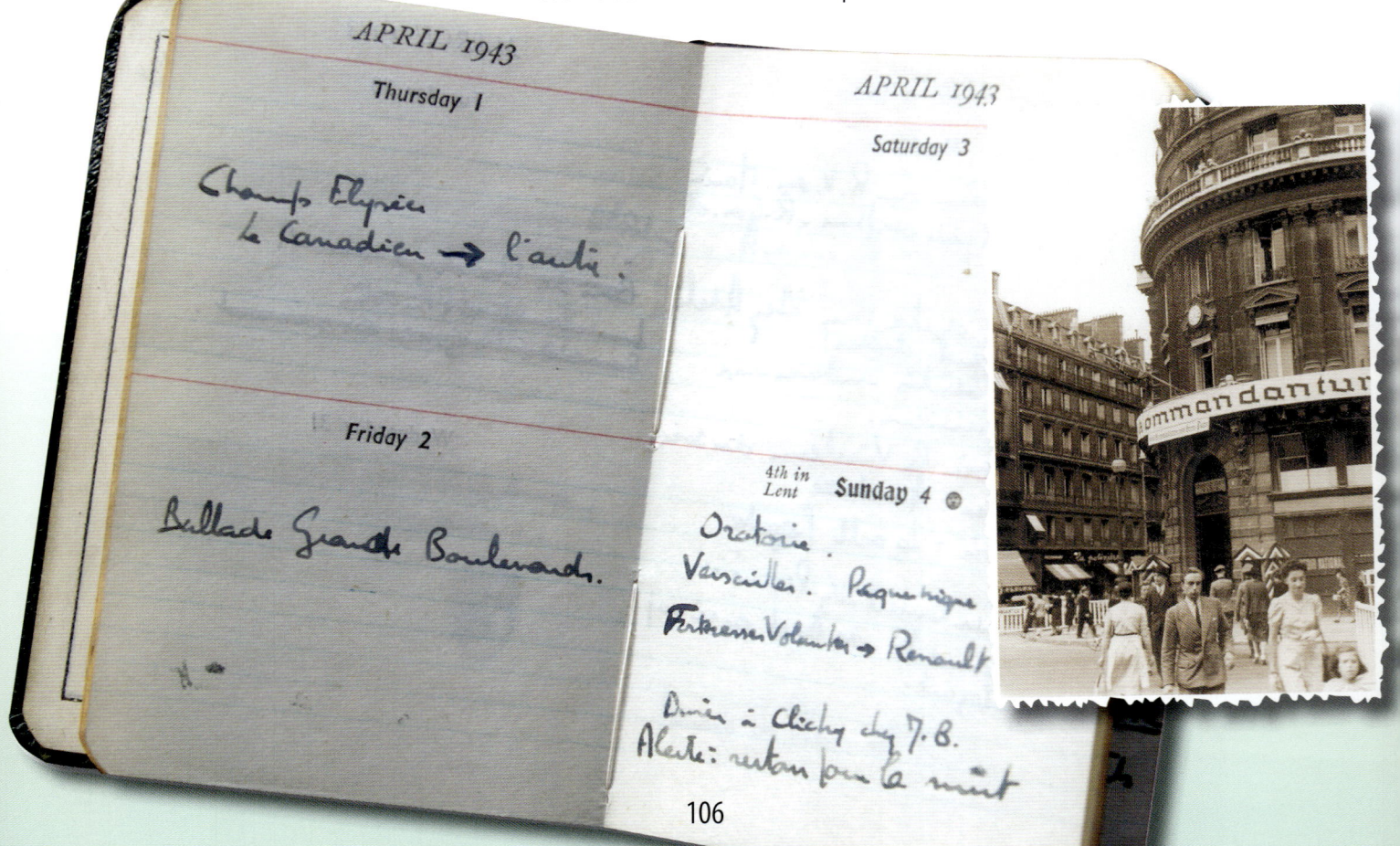

Engagé pour la durée de la guerre, Jacques-Henri n'est pas un militaire de carrière. Il est étudiant, en rien destiné au métier des armes et ne devient officier que le temps du conflit, affranchi de toute contrainte professionnelle, de carrière, ou corporatiste. Peut-être n'en est-t-il pas tout à fait de même pour Pierre, officier d'active, issu des rangs de la prestigieuse École navale. Lui est membre d'une caste qui possède une histoire, des traditions et une hiérarchie. Il est moralement et intellectuellement lié, et n'a donc pas tout à fait la même liberté de choix. Sans doute est-il aussi profondément convaincu, par sa formation même, que le métier des armes est par excellence celui de la discipline, ce mot qui, associé à «honneur», orne la passerelle de tous les bateaux de la Royale. N'a-t-elle d'ailleurs pas un sens tout particulier dans la marine, où la mutinerie n'est jamais très loin de la désobéissance? La discipline est la vertu première de qui peut légitimement infliger la mort. C'est ainsi, et c'est heureux pour la Nation, à qui il a fallu des siècles pour transformer ses guerriers en soldats obéissants et fidèles! Voilà sans doute pourquoi, comme Pierre, beaucoup de militaires d'active n'ont pas spontanément désobéi à leurs chefs et à un pouvoir politique confié à un soldat prestigieux, pour rejoindre un homme qui n'était encore qu'un obscur général en exil. Il est parfois plus simple de faire son devoir que de comprendre où il se trouve…

À cette différence d'état entre les deux hommes, vient s'ajouter la pression qu'exercent alors les événements. L'attaque de Mers-el-Kébir a été vécue par la Marine nationale comme une véritable trahison de la part des Britanniques. Il n'en fallait pas davantage pour faire resurgir les siècles de haine qu'ont entretenus les marines des deux pays, et dissuader les marins français de rejoindre Londres.

Pierre et Jacques-Henri sont donc à l'image de beaucoup de Français d'alors, divisés par des choix que les circonstances et leur propre parcours expliquent, s'ils ne les justifient pas toujours. Leur amour du pays n'est pas en cause. Ils éprouvent la même aversion pour l'occupant et l'un comme l'autre sont prêts à payer de leur vie la libération du pays. Mais l'histoire condamnera le premier, avec les opportunistes et les attentistes. En glorifiant le second, elle transformera en geste nationale l'aventure d'une poignée d'hommes audacieux et clairvoyants.

Il n'empêche que Pierre ne cache pas son admiration pour ce jeune frère courageux. Il le quitte avec peine, repartant avec Anaïs vers son sanatorium, pour tenter encore de se défaire d'une maladie qui le minera jusqu'à la Libération.

Notes

[1] Le 27 novembre 1942, la marine de guerre française connaît son second drame après Mers-el-Kébir. Refusant de tomber intacte dans les mains allemandes, au moment où la Wehrmacht envahit la zone libre, elle ne décide pas pour autant de rejoindre les Alliés. À de rares exceptions près, tous les navires sont détruits volontairement.

[2] Hüsse Schwob : expression argotique alsacienne signifiant «les Prussiens dehors!», d'après une réplique d'un album de Hansi. Sqdr Ldr 340 : *Squadron leader* 340, appellation anglaise du commandant du groupe 340 FAFL.

[3] Sergent pilote.

◁ La société des missions, boulevard Arago, le domicile d'avant guerre, où Schlœsing retrouvera sa chambre. C'est ici qu'aura lieu la rencontre entre les deux frères.

Chapitre XVI

Seconde Évasion

Dimanche 11 avril 1943. Boulevard Arago.
« *Ils vont tous à l'église. Je reste seul. Je reçois Jacques qui m'annonce mon départ pour demain.* »
Ces deux lignes d'agenda marquent la fin de la parenthèse familiale et parisienne, le retour vers la guerre.
Prêt à affronter les risques d'un voyage long et incertain, Schlœsing s'est longuement préparé à répondre à un interrogatoire et à raconter avec conviction son existence fictive de représentant de commerce. Il le sait, son appréhension ne se transformera pas en peur. Sa seule véritable crainte est la dénonciation, aussi imparable que lâche, et contre laquelle fausse identité et fausse vie ne tiendraient pas longtemps. Mais il ne la craint pas tant pour lui que pour ses parents, sa sœur et tous ceux qui l'ont aidé, qui pourraient tous le payer de leur vie.

Le lendemain, matin, il reçoit Jean-François Nothomb, alias Franco, qui sera son guide jusqu'en Espagne. Membre de Comète, Franco a en charge l'organisation des passages de frontière, qu'il règle minutieusement avec le consulat britannique de Bilbao. Il voyagera aux côtés de Franck, dont le *convoyage* est bien sûr plus délicat. Schlœsing sera seul dans un autre compartiment.

Il embrasse ses parents à 19h30 et quitte le boulevard Arago, accompagné d'Andrée. La peine infligée par ces adieux est atténuée par le soulagement que procure la perspective de l'action. Après tout cette nouvelle séparation, bien sûr douloureuse, n'était pas au programme. Il ne peut que se réjouir qu'elle ait lieu, rester fidèle au serment de juin 1940... et rendre grâce pour le bonheur de ces quelques jours volés au destin, en plein Paris occupé. À quoi bon se demander s'il y aura encore un retour, après cette guerre? Que Dieu, simplement, leur épargne les tourments que pourrait susciter sa capture...

À 20 heures, Jacques Bruston est au rendez-vous, métro Sèvres-Babylone. Dernier regard sur Paris. Les deux hommes et Andrée s'engouffrent dans le tunnel, direction la gare d'Austerlitz. Le train ne doit partir qu'à 21 h 30, mais les contrôles et la fouille des passagers sont de plus en plus longs et méticuleux, ils n'auront pas trop d'une heure trente pour embarquer.

À peine Schlœsing entre-t-il dans le hall de la gare qu'il aperçoit Franck, coiffé comme lui d'un splendide béret basque, valise à la main. Franco est à ses côtés. Comment donc l'a-t-il repéré aussi vite dans cette foule qui se presse vers les quais? Il est bien incapable de le dire et doit constater que son camarade tourne également la tête vers lui... Les deux hommes échangent un sourire furtif. L'inquiétude se lit sur le visage du Canadien.

Ultime embrassade avec Andrée, et Jacques, puis les deux cousins le laissent partir et suivent du regard celui qui depuis plus de deux mois a occupé toutes leurs pensées. Il entre dans la file qui mène au quai, livré à lui-même le temps de ce voyage vers Biarritz.

Portes grandes ouvertes, le train est là, à quelques mètres. Mais pour l'atteindre, il faut franchir un contrôle de la *Feldgendarmerie*, tenu conjointement par les policiers français. Sous le regard d'un berger allemand visiblement moins belliqueux que son maître armé d'un pistolet mitrailleur, Schlœsing tend ses papiers au policier français. Oui, Il voyage seul et descend à Saint-Jean-de-Luz pour affaires. Non, il

△ Jean-François Nothomb, dit "Franco". Il fut le second chef du réseau "Comète" à partir de janvier 1943. Il traversa inlassablement les Pyrénées en guidant jusqu'en Espagne aviateurs et autres clandestins, jusqu'à son arrestation le 19 janvier 1944.

ne transporte rien d'interdit. Le policier l'observe avec insistance, visiblement intrigué par ce visage abîmé, ces lunettes qui cachent mal de terribles cicatrices autour des yeux. Il semble hésiter un instant et, d'un signe de la tête, autorise le passage, sans s'attarder sur les papiers, ni même demander à voir le contenu de la valise.
Impassible, Schlœsing franchit le barrage. Il sait qu'Andrée et Jacques attendent sans doute un dernier regard, mais se retient de se retourner pour les saluer. Un voyageur de commerce est rarement accompagné à la gare par ses proches...
En montant dans son wagon, il aperçoit Franck, qui passe le contrôle à son tour et se dirige maintenant vers le train. C'est un policier allemand qui vient de vérifier ses papiers et de fouiller sa valise, sans percevoir son accent étrange. Son visage semble s'être détendu...

Lorsque le train démarre enfin, les deux hommes éprouvent le même soulagement, chacun dans son compartiment. Ils ont échappé au seul contrôle de police auquel leur évasion les exposera, si du moins elle se déroule conformément à sa planification. Mais la satisfaction est de courte durée.
Quelques minutes seulement après le départ, le train s'arrête en pleine voie, dans une zone de triage. Les issues de chaque wagon sont bloquées par des Allemands en armes, et de nouveaux policiers montent à bord du train. Cette fois, il s'agit de la *Gestapo*[1]. Un second contrôle des papiers est ordonné. Chaque policier allemand est encore flanqué d'un collaborateur français, chargé de questionner les voyageurs.

Pour Schlœsing les choses sont sans ambiguïté : s'il s'agit d'une dénonciation, il sera immanquablement arrêté. Il n'y a certainement pas deux hommes portant les mêmes cicatrices que lui dans ce train. Dans le cas contraire, il peut s'en tirer, ses faux papiers étant irréprochables. En revanche, pour Franck, l'affaire se présente très mal dans un cas comme dans l'autre...
De longues minutes se passent avant que deux policiers ouvrent la porte du compartiment. L'Allemand dévisage chacun des passagers sans dire un mot. Son regard est celui de l'individu conscient de détenir le pouvoir absolu. Il suffira d'un geste de sa part pour qu'une vie bascule. Avec un fort accent, il demande finalement que chacun sorte ses papiers d'identité, et tend la main vers le passager le plus proche. Alors seulement le Français qui l'accompagne entre en jeu. Jeune, de taille moyenne et d'allure gauche, il dévisage l'homme et lui demande sur un ton qu'il veut ferme et sans appel : « *Où allez vous, pour quelle raison, et quelle sera la durée de votre séjour ?* »
Chacun répond à l'interrogatoire, tour à tour. Dès l'apparition des deux policiers dans le compartiment, Schlœsing a compris qu'il n'était pas dénoncé. Quand il lève le nez de *Paris Soir*, ses lunettes attirent le regard et ses cicatrices sont aussitôt remarquées, mais ne suscitent aucune réaction. Le reste n'est qu'un jeu d'enfant : maîtriser son émotion pour n'être que celui que les papiers révèlent à ses interlocuteurs, répondre avec calme, sans aucun signe de malaise ni assurance excessive...

Les policiers quittent le compartiment et poursuivent leur besogne dans le reste du wagon. Il faut près d'une heure pour que le train soit entièrement contrôlé. Finalement un long coup de sifflet de la locomotive annonce le départ. C'est à ce moment que Schlœsing voit passer un homme menotté, encadré par deux sentinelles armées. Le halo d'un des lampadaires de la zone de triage éclaire furtivement les visages.
Franck Evans, les mains menottées dans le dos regarde fixement devant lui[2].

Le 13 avril dans la soirée, deux mois jour pour jour après avoir été abattu, Schlœsing arrive à Biarritz. Le temps d'avaler une bière au café de la gare et il attrape la correspondance pour Saint-Jean-de-Luz, suivi de prêt par Franco. Là il est accueilli par un membre du réseau, qui reconnaît Franco dans la foule. La prochaine étape est fixée au 15, cette fois encore pour une longue marche à pied !
Ce soir-là, Franco et Schlœsing sont rejoints par un guide basque espagnol qui se fait appeler Florentino, et un résistant belge lui aussi en route vers l'Angleterre : Jean de Trazegnies. Les quatre hommes quittent leur refuge de Saint-Jean-de-Luz à 21 heures et entament la traversée des Pyrénées vers San-Sebastian. Il leur faudra une nuit et une journée complètes de marche pour atteindre le contact suivant, en Espagne. L'ascension est pénible, par un froid très vif. Ce n'est que peu avant l'aube qu'ils atteignent la frontière sans encombre. S'arrêtant dans une petite cabane de berger à demi dissimulée par la neige, ils reprennent quelques forces et se congratulent : les voilà enfin hors de danger, car il sera bien plus facile d'échapper à la *Guardia civil* qu'aux patrouilles allemandes.

Avec l'aube, Florentino ordonne le départ pour la seconde étape, longue descente qui les amène en soirée à San-Sebastian où ils sont à nouveau hébergés par un partisan. C'est là que le travail de Franco s'arrête et que les quatre hommes se séparent : Franco et Florentino repartent, vers Paris pour le premier, Saint-Jean-de-Luz pour le second. Jean de Trazegnies est pris en charge par des amis belges.

Schlœsing est quant à lui attendu au consulat britannique le lendemain. Son transit vers Londres constitue une priorité préparée de longue date, et tout est déjà prêt pour le faciliter. Il lui faut néanmoins patienter cinq jours et subir quelques interrogatoires de contrôle avant qu'une voiture puisse l'amener à Madrid, où il est cette fois reçu à l'ambassade britannique. Une nouvelle et interminable semaine d'attente lui est imposée sur place, et le 30 avril il est enfin mis dans un train pour Gibraltar. Après de nouveaux interrogatoires de la part de services britanniques toujours aussi méfiants, il embarque enfin dans un hydravion le 7 mai au soir.

Il amerrit le lendemain matin à Portseilh, sur la côte Sud de l'Angleterre. Un avion l'attend, qui le pose sur le terrain de Londres Hendon à 13 heures. Le revenant est aussitôt accompagné à l'état-major des FAFL, où son arrivée a été annoncée par message. Salutations, comptes rendus, et coups de téléphone… Olivier est en manœuvre avec les Cadets. Schlœsing le fait prévenir. Puis il appelle le 341 «Alsace» à Biggin Hill et Fournier, à l'entraînement à Turnhouse avec le 340. Moment d'intense émotion, dans une intimité très vite troublée par les cris de joie et les sifflets qui raisonnent dans le téléphone à l'annonce du retour du «grand Chleu»! Rendez-vous est pris pour la semaine suivante. Un autre rendez-vous urgent est fixé pour le début de la semaine prochaine, à l'hôpital celui-là. En attendant, c'est au restaurant que Schlœsing fête sa première nuit en Angleterre, entouré de quelques amis en charge des scouts français de Grande-Bretagne. Le petit agenda de 1943 se rappelle du millésime de la bouteille de champagne : Veuve Clicquot 1929…

Ce soir-là, à l'attention de ses parents, un message personnel de la BBC annonce sur les ondes françaises l'arrivée à bon port du petit Jacquinot.

Schlœsing ne connaîtra jamais rien du destin de ses compagnons de clandestinité et d'évasion, dont beaucoup payeront de leur vie un patriotisme et un dévouement exemplaires.

Entrée en résistance dès 1942, Madame Marguerite Tellier hébergera bien d'autres aviateurs après Schlœsing, utilisant sa couverture d'infirmière de la Croix-Rouge pour parcourir à vélo la côte de haute Normandie, infatigable agent de liaison et de renseignement. Elle ne sera jamais inquiétée et mourra tranquillement à quatre-vingts ans, en 1973.

L'abbé Papillon et sa sœur continueront d'aider sans relâche les aviateurs alliés abattus dans la région, sans jamais être inquiétés.

Jacques Bruston, le cousin des usines Kuhlmann sans lequel rien n'aurait été possible, est arrêté en 1944. Il mourra en déportation.

Après son arrestation, le *flight sergeant* Franck J. Evans est transféré au *Stalag Luft 6*[3], en Allemagne, où il terminera la guerre et sera libéré par les Alliés. Il fait partie des cent vingt aviateurs pris en charge par Comète qui furent arrêtés pendant leur évasion. Près de huit cents autres atteindront l'Espagne sans encombre.

Arrêté le 7 juin 1943, Robert Ayle, patron parisien de Comète sera fusillé un mois et demi plus tard au Mont-Valérien. Déportée, son épouse rentre vivante en 1945.

Robert Tinel et sa fille, hôtes parisiens de nombreux aviateurs, sont également arrêtés en 1944 et déportés en Allemagne, où ils mourront.

Jean-François Nothomb, alias Franco, est arrêté par la Gestapo le 6 février 1944. Emprisonné et interrogé dans une caserne occupée par les troupes allemandes, il meurt au cours d'un bombardement allié le 9 septembre. Comme Robert Ayle et les Tinel, il compte parmi les deux cents agents de Comète, Belges, Espagnols et Français qui ont sacrifié leur vie pour que d'autres puissent reprendre le combat.

Goikoetxea Beobide, passeur espagnol qui se faisait appeler Florentino, poursuivra son activité jusqu'au 30 juin 1944. Ce jour-là, il est intercepté par une patrouille allemande, alors qu'il rentre d'Espagne. Blessé de trois balles aux jambes et d'une quatrième dans le dos, il est arrêté et interné à l'hôpital de Bayonne. Le réseau organise son évasion au cours d'une action rocambolesque où un faux officier allemand vient exiger son transfert, dans une ambulance volée.

Notes

[1] Gestapo : Geheime Stadt Polizei, police secrète d'État de l'Allemagne nazie.
[2] Une terrible méprise lui a valu l'attribution des mêmes faux papiers qu'un aviateur américain arrêté dans cette gare une semaine plus tôt, déguisé en prêtre. Cette seconde arrestation en quelques jours fera peser une menace sérieuse sur toute une partie du réseau Comète, qui sera en partie démantelé.
[3] Camp de prisonniers pour aviateurs.

◁ Florentino Goicoechea : passeur le plus renommé du réseau Comète, républicain réfugié à Ciboure depuis 1936, et contrebandier. Il accompagne les groupes qui lui sont confiés de la ferme "Bidegain Berri" à Urrugne jusqu'à Oiartzun aux portes de San Sebastiân. Florentino passa ainsi 227 aviateurs alliés.
◁ Le compte rendu de l'Air Ministry annonçant que Schlœsing vient de rejoindre Gibraltar, début mai 43.
▽ Un retour qui méritait bien une bonne bouteille de champagne...

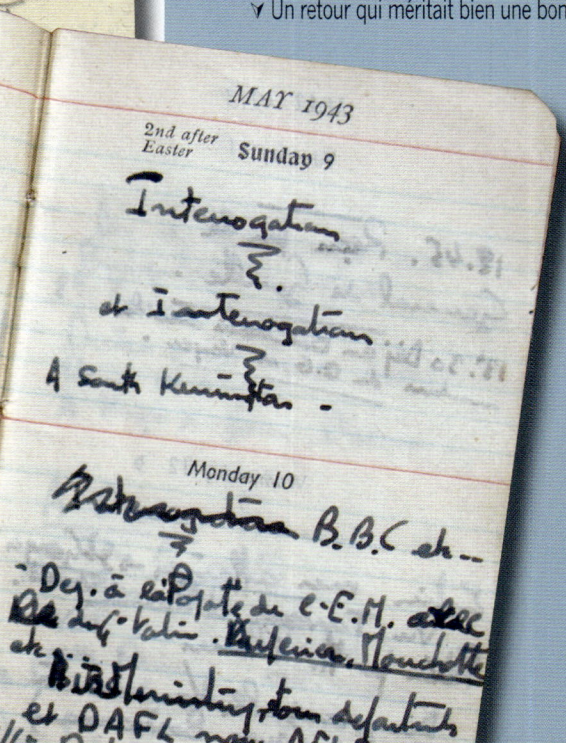

Chapitre XVII

Retour à Londres

L'agenda de la première semaine de Jacques-Henri Schlœsing en Angleterre est donc chargé. Outre les retrouvailles avec les camarades de Biggin Hill et de Turnhouse, les convocations à l'état-major FAFL, à l'*Air Ministry* britannique et à l'hôpital, il faut sacrifier une nouvelle fois aux exigences des services de renseignement anglais, qui se sont réservé la journée de dimanche.

Tôt le matin, Schlœsing arrive à South Kensington, quartier général de l'état-major de la RAF, où il subit près de huit heures d'interrogatoires. Tout est passé en revue, analysé, décortiqué, noté et recoupé à plusieurs reprises : l'itinéraire d'évasion, les caches, les contacts, les rendez-vous, les adresses… les moindres détails deviennent subitement dignes du plus grand intérêt. Avec une minutie impressionnante, ses interlocuteurs notent chacun de ses faits et gestes durant plus de deux mois. Ils montrent bien sûr un intérêt particulier pour tout ce qui a trait à Comète, et notent avec le plus grand soin les éléments que Schlœsing rapporte de son passage à Billancourt, après le bombardement des usines Renault.

Lentement et patiemment, avec une minutie et une méthode toutes britanniques, les agents du MI9[1] reconstituent le puzzle d'une évasion réussie, confirment les organigrammes des réseaux français, enrichissent leurs carnets d'adresses. L'arrestation du *Flight Sergeant* Evans les ennuie, comme les a inquiétés celle de son prédécesseur américain déguisé en prêtre, une semaine plus tôt. Ils comprennent que Comète est en situation délicate et risque d'être démantelé, ce qui serait catastrophique pour les Alliés. L'arrestation de Robert Ayle moins d'un mois plus tard leur donnera raison… mais son silence sous la torture sauvera une partie du réseau.

Le lendemain, c'est aux états-majors français et britannique qu'il faut rendre compte. Schlœsing en profite pour régulariser sa situation. Parti capitaine à la tête du groupe «Île-de-France», il revient commandant, certes, et titulaire d'une nouvelle citation à l'ordre de la France libre, mais ne commande plus rien. Pour une durée indéterminée, il est placé en congé de convalescence, et reste rattaché administrativement au 340. Au terme de ces formalités, le général Valin, commandant des FAFL, le reçoit et lui apprend que le général de Gaulle a souhaité avoir un entretien *«avec ce jeune Schlœsing»* dont il a gardé le souvenir. Rendez-vous est donc pris pour le lendemain.

En attendant, Valin a aimablement fait préparer un déjeuner à sa popote, auquel Dupérier et Mouchotte ont été conviés. Les trois hommes se retrouvent comme s'ils s'étaient quittés la veille. Dupérier est rentré du Canada et se morfond à l'état-major. Après quelques mois à la tête du *squadron* 65 de la RAF, Mouchotte a pris début janvier la tête du groupe 341 «Alsace» à Biggin Hill. Cette seconde unité de chasse des FAFL connaît aujourd'hui la même tourmente que le 340 trois mois plus tôt. Les engagements sont quotidiens et durs. Mouchotte n'en manque pas un. Il ne parvient pas à «abandonner» ses hommes, même pour quelques jours. Sous son impulsion, l'«Alsace» se taillera vite une réputation exceptionnelle au sein de la RAF. Dans trois semaines, le patron du 341 s'offrira même le luxe de remporter la millième victoire de l'escadre de Biggin Hill, en collaboration avec le *squadron* néo-zélandais 611...

De Gaulle, demain à 10 heures. Voilà qui n'était pas prévu... et qui nécessite de se préparer! Schlœsing entend bien mettre à profit l'honneur qui lui est fait pour évoquer les sujets qui lui tiennent à cœur. Mais il sait déjà que l'on ne s'adresse pas au «Grand Charles» comme à n'importe quel autre général. L'homme est tout imprégné de sa charge. Il ne se contente pas de parler au nom de la France, il l'incarne, personnellement, en majesté. Il s'agit donc de choisir soigneusement les sujets dignes de son intérêt, d'aller rapidement à l'essentiel en pesant ses arguments. Il n'aura guère plus de cinq minutes à lui consacrer.

L'essentiel, aux yeux d'un homme qui rentre de deux mois passés en France dans la peau d'un observateur privilégié, est d'abord de lui faire ressentir la façon dont la France libre est perçue, notamment via le seul media officiel qui atteigne les foyers de France occupée : la radio. C'est ensuite de lui renvoyer l'écho de l'affaire politique qui occupe tous les esprits en ce printemps 1943 : l'antagonisme Giraud – de Gaulle. Depuis le débarquement américain en Afrique du Nord, début novembre 1942, de Gaulle tente de rallier à sa cause cette partie de l'Empire restée jusqu'alors fidèle à Pétain. Mais Roosevelt refuse de voir en de Gaulle un interlocuteur digne de représenter la France. Au contraire, il lui est présenté comme un usurpateur, sinon un dictateur potentiel. Il préfère donc entamer les pourparlers avec l'amiral Darlan, dauphin de Pétain, de passage en Afrique du Nord. Mais celui-ci est rapidement et opportunément assassiné. Le général Giraud prend le relais, tout juste évadé d'Allemagne. Il s'est mis à disposition des Alliés au lendemain du débarquement et se verrait bien nommé commandant en chef des armées françaises. Après tout, il porte cinq étoiles de longue date... ce qui est beaucoup comparé aux deux étoiles «à titre temporaire» du «Grand Charles»!

Depuis plus de six mois, cette situation confuse perdure et empêche la France libre d'étendre son territoire à l'Algérie et au Maroc, pourtant de facto ralliés. Pire, elle nuit au crédit du général de Gaulle et accentue encore la division d'une nation française écartelée entre Londres, Vichy, et maintenant Alger. Dans son dernier discours officiel, de Gaulle a donc cherché à reprendre la main, en imposant son autorité politique.

Préparant son entretien, Schlœsing griffonne quelques lignes sur un morceau de papier :

«*I. La France combattante (FC) a derrière elle le grand nombre, à Paris, à cause de juin 1940 et depuis. Mais elle est très mal connue et représentée. On en fait un mouvement à tendances politiques. Certains y voient un nouveau Front populaire en puissance. D'autres une organisation montée par les Anglais et manœuvrée par eux. On ignore votre vraie personnalité. Ces erreurs sont surtout dues à la seule source d'information.*

II. La radio. On croit que toutes les émissions en français émanent de la France combattante. Le porte-parole qui seul la représente a des amateurs fervents, mais aussi des critiques. Une partie du public ne l'aime pas, regrette de n'entendre toujours que lui[2], le trouve énervant. Pour ceux-là, et en particulier les milieux cultivés, la faculté, l'Église, la FC perd à n'être représentée que par un seul porte-parole. La FC est trop large et son auditoire trop varié pour que l'un parle à l'autre par le canal étroit d'un seul individu, si bien choisi soit-il. Les injures contre Laval[3] ne touchent guère. Il faut construire plutôt qu'attaquer les mauvais Français dont chacun sait fort bien quoi penser en France. Votre discours de mars a été très apprécié.

III. L'union de tous les Français de l'extérieur en guerre est impatiemment attendue. On en surveille de près les moindres tractations. Déjà, en février, on trouvait que cela avait trop duré. Chaque délai est une cause de regrets, de commentaires sévères. On ne comprend pas qu'il y ait des différences suffisantes pour faire obstacle. On se demande si ce sont des questions de personnes. Pour beaucoup, ceux qui ne vont pas au fond des choses, Giraud et de Gaulle sont symboles d'une même chose : la guerre contre l'envahisseur. On voit en l'un le chef de la France en guerre et dans l'autre le commandant en chef de ses armées. Toute séparation prolongée paraîtrait un signe de déchéance.»

Impeccable dans son uniforme, un quatrième galon fraîchement cousu sur les manches, il se présente au numéro un, *Carlton Gardens*. Le général le reçoit sans le faire attendre. L'accueil est chaleureux. Comment en serait-il autrement, face à ce grand gaillard défiguré, l'un des premiers à avoir répondu à l'appel du 18 Juin, qui revient se mettre à la disposition de son chef trois mois après avoir été abattu en flammes au-dessus de la France occupée? De Gaulle est un soldat, qui sait apprécier à sa juste valeur l'épopée que lui décrit trop modestement Schlœsing.

L'entretien dépasse largement les cinq minutes qui lui étaient réservées, et le général écoute avec bienveillance un discours incisif et parfois impertinent, qui n'entame en rien, au contraire, l'élan de sympathie profonde qu'il ressent pour ce jeune combattant. Cette quatrième rencontre sera la dernière entre les deux hommes. Mais de Gaulle n'oubliera pas Schlœsing, l'un de ses plus proches «compagnons»[4].

Après les services de renseignement et les chefs, les camarades! Cinq jours après son arrivée, Schlœsing embarque dans un train pour Drem. Le 340, derrière Fournier, est en ordre de bataille, prêt à fêter comme il se doit le retour de son ancien patron. Son extraordinaire aventure est maintenant connue de tous et marque d'une empreinte particulière l'épopée que ces aviateurs sont en train d'écrire jour après jour. Mieux, c'est un peu comme si le courage, la ténacité et l'humilité dont le «le grand Chleu» a fait preuve étaient aussi les leurs. Il n'est plus leur chef, mais il a tracé la route exigeante qu'ils continuent de suivre et il reste l'exemple dont ils s'inspirent. Ils sont tout simplement très fiers de pouvoir dire : celui-là est l'un des nôtres.

La fête qu'ils lui réservent est digne de l'événement que constitue son retour, et c'est avec une véritable joie que Schlœsing retrouve le goût de l'insipide bière de la RAF, au milieu des rires et des éclats de voix d'un comptoir enfumé. Rien n'a changé, sinon bien sûr quelques visages. Les nouveaux ont déjà pris des airs d'anciens, même s'ils n'ont pas plus de vingt ans. Et ceux qui ne sont plus là ont néanmoins gardé leur place, ombres discrètes et silencieuses, dans l'esprit des plus anciens. Pour Schlœsing et quelques autres, il y a finalement bien plus de vingt pilotes dans ce bar… En comptant ceux qui manquent, ils sont au moins quarante.

Pomiès arrive et se joint timidement à la fête. Le mécano, qui demandera bientôt à Schlœsing d'être le parrain de son premier enfant, retient difficilement ses larmes, tant son émotion est profonde de retrouver enfin «son Chleu». Il l'a attendu des heures durant, sur la piste de Biggin, le 13 février dernier. Il a même fallu aller le chercher pour lui faire admettre que le commandant ne rentrerait pas. Incapable d'exprimer ses sentiments devant son patron, il prend la plume une semaine plus tard :

« Commandant,

Je prends la liberté de vous écrire ces quelques lignes pour vous exprimer toute la joie que j'ai éprouvée de vous revoir. J'avais eu tant de peine lorsque je ne vous vis pas revenir le 13 février dernier. J'essayais partout d'obtenir des renseignements mais hélas pas un ne vous a vu disparaître... Je vous prie de croire que ce fut une grande joie lorsque le commandant Fournier me fit en grand secret part de votre message disant que vous étiez sauf... Je me repris dès lors anxieusement à espérer, à l'affût de la moindre nouvelle concernant votre retour... Ma joie fut indicible lorsque le 14 au matin en arrivant au flight un pilote m'appela et me dit "le Schloe est au mess"....
Je ne sais vraiment comment vous exprimer mon admiration pour tout le courage dont vous avez dû faire preuve. Ma femme se joint à moi pour vous exprimer tous nos vœux les plus sincères ainsi qu'un prompt rétablissement... Enfin j'espère avoir très bientôt le plaisir de vous voir reprendre place sur le "P"[5]*.*
Veuillez agréer Commandant l'expression de mes sentiments respectueux.

Pomiès. »

Avant de quitter Drem, et pour le temps d'un vol, Schlœsing a repris sa place sur le «P». Pomiès l'a préparé avec une attention toute particulière. Il lui fallait remonter dans la carlingue d'un *Spit*, reprendre contact avec l'étroite cabine du chasseur qui avait failli l'entraîner dans la mort. S'agissait-il de vaincre une appréhension, de retrouver le plaisir du vol ou de marquer symboliquement la volonté de reprendre sa place? Sans doute un peu tout cela à la fois. Si Schlœsing se contente d'inscrire brièvement dans son carnet : *« Vol sur le P. OK. Mais entraînement nécessaire »*, c'est bien qu'il n'y a pas de place pour le doute dans son esprit. Le retour en escadrille, après les soins, est le prochain objectif.

Lundi, le professeur Mac Indoe le recevra à 10 heures dans son hôpital du Sud de Londres.

Notes
[1] Military Intelligence 9 : section des services secrets britanniques en charge d'interroger tous les individus en provenance de territoires occupés par les Allemands.
[2] Il s'agit de Maurice Schumann, futur ministre et académicien.
[3] Chef du gouvernement de Pétain depuis le 18 avril 1942.
[4] Les «compagnons» sont les membres de l'ordre de la Libération. Voir annexe III.
[5] Lettre code qui identifiait le Spitfire de Schlœsing. Il s'agit ici de son premier Spit mkII, le mk IX de Biggin Hill ayant naturellement été détruit le 13 février.

Chapitre XVIII

Queen Victoria Hospital

Archibald Mac Indoe est né avec le siècle, en Nouvelle-Zélande. Après des études de médecine classiques à l'université d'Otago, il poursuit sa formation de chirurgien aux États-Unis et arrive à Londres en 1930. Tout en exerçant dans un hôpital londonien, il devient en 1938 consultant en chirurgie plastique auprès du service de santé de la RAF. La guerre l'amène naturellement à consacrer l'essentiel de son activité aux blessés, à l'hôpital *Queen Victoria* d'East Grinstead, dans le Sussex. Avec la bataille d'Angleterre de plus en plus de pilotes grièvement brûlés lui arrivent, qu'il traite comme il peut, selon les méthodes encore primitives de l'époque.

En cette année 1940, l'évolution technologique des aéronefs a rendu les avions particulièrement rapides et donc gourmands en carburant. L'essence utilisée possède des taux d'octane très élevés, qui en font un liquide extrêmement dangereux. Les quantités nécessaires imposent des réservoirs de plus en plus importants, souvent placés entre le moteur et le cockpit, les ailes recevant l'armement et les munitions. Les avions de chasse deviennent ainsi de véritables bombes volantes qui, si elles n'explosent pas aux premiers impacts d'une mitrailleuse ennemie, s'enflamment très vite, laissant peu de chances de survie aux pilotes. Ceux qui s'en tirent sont souvent terriblement brûlés, les mains et le visage étant généralement les plus abîmés, car les plus exposés.

Rapidement, une unité de grands brûlés est donc ouverte à East Grinstead sous la coupe du docteur Mac Indoe, qui se spécialise dans le traitement de ces malheureux. Son service développe nombre de techniques nouvelles pour améliorer les soins apportés aux blessés,

réalisant notamment pour la première fois des greffes de peau. Très vite l'ingénieux médecin réussit à améliorer spectaculairement le traitement de ses patients, limitant les handicaps, reconstruisant des mains, des nez, des bouches, rendant aux plus défigurés des visages qui leur évitaient le port du masque de cuir.

Ces patients – dont beaucoup passaient plusieurs années dans son service, subissant parfois jusqu'à trente opérations – se surnommaient entre eux les cobayes. Ils ne tardèrent pas à créer un club du même nom, le très britannique *Guinea pigs' club*[1], qui devint célèbre dans toute la RAF. Mac Indoe, qu'ils appelaient affectueusement *the boss*[2], ou *the maestro*[3], s'occupait de «ses garçons» avec une affection particulière, allant bien au-delà du seul traitement de leurs blessures. Grâce à lui, tout était fait pour qu'ils puissent retrouver aussi vite que possible une vie sociale normale. Le médecin tenait à ce que ses blessés soient revêtus de leur uniforme dès qu'ils le pouvaient. Le port du pyjama ou de la robe de chambre réglementaires étaient donc interdits dans son service, où des pompes à bière remplaçaient les distributeurs d'eau dans les couloirs…

Il lui arrivait fréquemment d'animer les nombreuses soirées du club au piano. Mesurant le terrible impact psychologique que ces épreuves imposaient à ces tout jeunes hommes, il entreprit de les aider à sortir dès que possible de l'hôpital pendant les périodes de convalescence. Il impliqua donc la municipalité d'East Grinstead pour que des familles acceptent de loger les patients. Ce ne fut pas aisé, malgré l'admiration que la population britannique vouait aux héros de la RAF, portés au pinacle par Churchill lui-même[4]. Beaucoup étaient affreusement laids, au point qu'il était difficile de les regarder, et il fallut plusieurs mois pour que les habitants de la petite ville se laissent peu à peu convaincre d'ouvrir leur maison à ces «gueules cassées».

Un blessé en particulier fit beaucoup pour la renommée du professeur et du club. Il s'appelait Richard Hillary et précéda Schlœsing de deux ans à Victoria Hospital. Ils ne se rencontrèrent pas, bien que le destin en ait fait des frères.

Issu de la meilleure société britannique, Hillary appartenait à la réserve de la RAF depuis le *Trinity College* d'Oxford[5]. Très vite engagé dans la bataille d'Angleterre, il fut abattu en flammes aux commandes de son *Spitfire*. Grièvement brûlé, les marins de la Navy le repêchèrent en mer dans son canot de sauvetage, inconscient, après de terribles heures d'agonies. Mac Indoe redessinera tant bien que mal un visage au jeune dandy, habitué des plus belles conquêtes. L'écriture l'aidera à reprendre sa place dans le monde. Il racontera sa courte vie et cette terrible épreuve dans un livre émouvant[6] qu'Antoine de Saint-Exupéry, rencontré à New-York, l'incitera à publier.

Schlœsing le dévorera d'un trait durant sa convalescence, retrouvant là une description exacte et poignante de ses propres tourments. Obtenant enfin le droit de voler à nouveau, Hillary mourra accidentellement aux commandes de son avion en janvier 1943, au bout de ses forces physiques.

Schlœsing n'eut jamais officiellement la carte du très sélectif *Guinea Pigs' Club*, car il fallait pas moins de dix opérations chirurgicales pour y entrer… Mais ses membres lui réservèrent un accueil extrêmement chaleureux et devinrent pour un an ses compagnons intimes. Compte tenu de son état à l'arrivée à Victoria Hospital, il n'y avait guère de raisons qu'ils ne le reconnaissent pas comme l'un des leurs, et il sera régulièrement leur invité…

Quand Schlœsing pénètre pour la première fois dans son bureau, le docteur Archibald Mac Indoe se lève pour accueillir son patient et lui tendre une main chaleureuse. Bien portant, les cheveux grisonnants mais encore abondants, le regard vif et bienveillant derrière de fines lunettes, le médecin a tout du bon père de famille. Il l'est. Mais s'il rentre presque chaque soir

◄ East Grinstead Hospital n'a guère changé depuis 1943…

▲ Rarissime insigne britannique non officiel du Guinea pig's club, qui non sans humour remplace l'aigle de la RAF par un cochon d'inde…

▲ Mac Indoe et l'un de ses patients. Le médecin ne se contentait pas d'opérer… une bonne part de son énergie était aussi consacrée à donner un semblant de vie normale à ses blessés.

chez lui pour retrouver sa femme et ses enfants, il fait néanmoins la guerre à sa façon : admirablement, en donnant le meilleur de lui-même pour rendre la vie à ces fantômes sans visage, croisés dans les couloirs.

Prenant le temps d'écouter le récit de son nouveau patient, il ne perd cependant pas une seconde pour étudier le cas qui se présente à lui. Le malheureux garçon est dans un sale état, et le tableau clinique apparaît sérieux, sinon préoccupant.

L'auscultation ne tarde pas à confirmer les pressentiments du médecin. Mac Indoe note sur la fiche de consultation : *« Visage brûlé avec cicatrices chéloïdes[7] sur les proéminences malaires[8], les quatre paupières, la région interoculaire jusqu'au front. Les cicatrices génèrent des ectropions[9] aux yeux, et les bords des paupières ne peuvent se fermer qu'aux trois-quarts »*.

Le constat est classique, conforme à quelques dizaines d'autres que le chirurgien a déjà vu passer dans son service. Il révèle une exposition prolongée aux flammes de la partie du visage comprise entre le serre-tête et le masque à oxygène, caractéristique d'un garçon qui n'a pas mis ses lunettes de vol avant le combat. La reconstruction se limitera donc aux paupières, ou ce qu'il en reste, dont il va falloir pratiquer l'ablation et le remplacement. Pour le reste, il faut gommer ces cicatrices bourgeonnantes, remplacer un peu de peau deci delà, arranger le nez et le front. Pour les mains, il n'y a rien à faire. Elles fonctionnent et la greffe ne s'impose pas. Tout cela représente quelques opérations, cinq au moins, peut être plus selon le résultat des greffes, qui peuvent toujours être rejétées.

« Combien de temps ? » demande Schlœsing.

Volontairement optimiste, Mac Indoe répond que six à huit mois pourraient suffire.

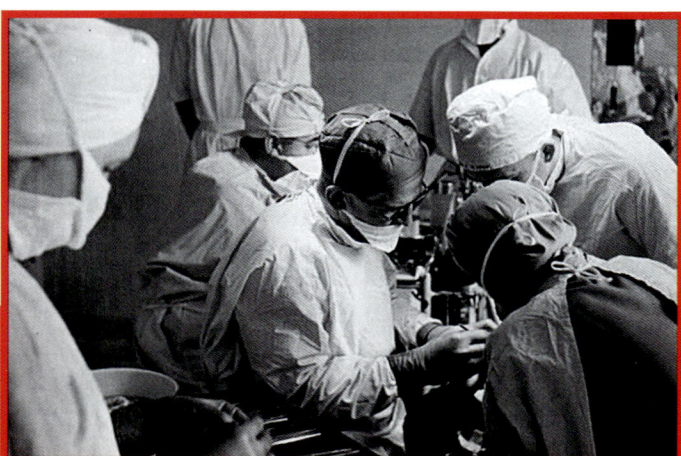

Schlœsing ressort de l'hôpital avec un rendez-vous pour la semaine suivante. La première intervention consistera en une greffe des deux paupières supérieures.

Huit mois… Pourquoi pas mille ans ?

L'opération a eu lieu. Combien de temps a-t-elle duré ? Schlœsing n'en a pas la moindre idée. Il se rappelle être parti vers le bloc en fin de matinée, le ventre vide. Quelques oiseaux chantaient à tue-tête sous les fenêtres. Après, plus rien ; si ce n'est depuis quelques instants ce trou noir, aussi vaste que profond, qui n'offre aucune prise, et dont il lui semble impossible de s'extraire… De toute façon, sous cet énorme pansement qui lui enserre maintenant le visage, c'est la nuit. Et la nuit devrait durer quelques jours, comme l'a dit Mac Indoe avec son inimitable humour britannique. Alors autant rester au fond de ce trou, sans notion du temps, sans douleur…

Ce qui ressemble à une nuit passe. Au matin, le corps reprend peu à peu consistance, paisiblement. Seul un picotement désagréable autour des yeux témoigne de l'opération. Les oiseaux sont revenus et semblent rythmer leur chant sur la respiration difficile d'un voisin endormi.

Le voilà donc à nouveau dans cette chambre à deux lits, où il a emménagé la veille au côté d'Andy, son silencieux voisin australien. Navigateur sur bombardier *Lancaster*, le jeune officier a eu la moitié du visage emporée par un éclat d'obus lors de sa seconde mission sur l'Allemagne. Mac Indoe se charge de lui fabriquer une nouvelle mâchoire inférieure. Il n'est donc forcément pas très bavard, le pauvre Andy… et ce sera bientôt à Schlœsing de lui faire la conversation.

Les cinq jours de *« black out »*[10] imposés par l'opération ne s'annoncent décidément pas très gais : un voisin muet, pas de lecture possible, et bien sûr l'ordre formel de ne pas sortir du lit pour donner aux greffons toutes leur chance de prendre dans les meilleures conditions. Il s'agit en quelques sortes d'hiberner sagement…

Schlœsing en est à peu près là de ses réflexions, alors qu'il achève un petit déjeuner copieux qui le

◁ Première opération, sous le scalpel de Mac Indoe qui tente la greffe de deux paupières.

▷ Un courrier pour le Ward III, où Schlœsing passa plusieurs mois.

▷ Feuille de température datant de la seconde opération de Schlœsing, aujourd'hui encore conservée dans son dossier militaire.

tire définitivement de sa torpeur. L'infirmière qui l'a aimablement aidé à s'y retrouver dans le plateau posé sur son lit est repartie vaquer à ses occupations, quand il sent une nouvelle présence auprès de son lit. En Français, avec un charmant accent anglais, une voix féminine lui demande s'il souhaite qu'on lui fasse la lecture du courrier qui vient d'être posé sur la table de nuit…

Elle commence par une lettre de son frère François, postée de Floride, où il suit son entraînement de pilote de l'aéronavale.

Rosemary Kerr vient d'entrer, sur la pointe des pieds, dans la vie de Jacques-Henri Schlœsing. Elle n'est d'abord qu'une voix, douce et pleine de promesses, qui viendra faire la lecture au blessé sans visage pendant une semaine.

Le cinquième jour, quand les pansements de Schlœsing seront retirés, ils se révèleront simultanément l'un à l'autre, portant chacun les stigmates de la guerre.

En effet, Rosemary est arrivée deux ans plus tôt à Victoria Hospital, sur un brancard. Jeune secouriste volontaire, elle arpentait les rues de Londres sous les bombes pour porter secours aux blessés, quand elle fut elle-même victime d'un terrible accident de voiture. Grièvement touchée au visage, elle fut opérée à plusieurs reprises par le professeur Mac Indoe. Après quelques mois passés à *Victoria Hospital*, elle décida de proposer ses services sur place, comme modeste fille de salle. Le désir qu'elle éprouvait de se rendre utile dans l'épreuve imposée à son pays trouvait son accomplissement auprès des blessés qu'elle côtoyait quotidiennement. Pour beaucoup d'entre eux, la présence d'une femme valait bien des remèdes. Confrontés dès l'aube de leur vie à de terribles handicaps et, bien souvent, à une laideur repoussante, ces hommes ressentaient naturellement un immense réconfort auprès d'une jeune femme qui n'était pas infirmière. Avec cœur et simplicité, en plus d'une chaleur maternelle précieuse, elle leur tendait un miroir qui les aidait à accepter peu à peu leur état et à risquer d'autres regards.

Fille d'un amiral de la Navy qui fut ambassadeur du roi à Athènes, Rosemary avait été une jolie femme. Son visage et tout son être en gardaient le souvenir, grâce au remarquable travail de Mac Indoe. Elle possédait les manières et l'éducation que son appartenance à la bonne société britannique lui avait apprises. De sa personne émanait surtout une grandeur d'âme

et une élégance, physique et morale qui touchèrent la sensibilité de Schlœsing.

Lui qui, à vingt-trois ans, avait appris à commander des hommes au combat, à dominer la peur, à côtoyer la mort et à endurer les pires souffrances, n'avait jamais vraiment eu le temps d'approcher une femme.

Cette première opération est une réussite. L'équipe médicale se réunit le 4 juin pour constater que les greffons ont pris et que les nouvelles paupières supérieures pourront rapidement remplir leur fonction, dès lors qu'elles se seront un peu assouplies. Schlœsing est donc envoyé en convalescence pour quinze jours, avant une seconde opération programmée le 19. Il quitte l'hôpital avec un pansement qui lui protège le haut du visage.

Il s'agit maintenant d'organiser la nouvelle vie qui l'attend entre deux opérations chirurgicales.

Dans un premier temps, le convalescent va s'installer chez Mademoiselle Itey, qui fut la dernière hôte de Madame Schlœsing avant son retour en France. Charmante vieille fille de nationalité française, Mademoiselle Itey habite la jolie petite ville d'Haslemere, au sud de Londres, depuis l'époque où elle y était jeune préceptrice. Elle va se montrer d'une immense sollicitude pour son jeune blessé, qui partagera désormais son temps entre ce nouveau domicile et Londres. Car c'est naturellement à Londres que Schlœsing va désormais passer le plus clair de son temps, en cherchant à donner un sens à son inactivité forcée.

Les FAFL ne veulent pas de lui tant qu'il est en congé de convalescence. Pas même à l'état-major, où ses absences répétées empêchent qu'il y assume une responsabilité. Le microcosme des Français libres ne tardera donc pas à lui faire comprendre à demi-mot que son avenir est ailleurs. Il faut songer à préparer l'après-guerre. L'issue ne fait en effet plus de doute, en ce printemps 1943. Stalingrad est tombé, les Allemands reculent partout en Afrique du Nord. Les alliés l'emporteront tôt ou tard, ce n'est qu'une question de mois, peut-être d'années. La France aura alors besoin de renaître de ses cendres, et les gaullistes capables d'assumer des responsabilités ne seront pas si nombreux. Schlœsing compte parmi ceux-là : sa hauteur de vue et ses qualités de chef n'ont échappé à personne, son courage non plus. Son comportement dans l'épreuve lui confère une légitimité précieuse et indiscutable, et il possède les qualités humaines et intellectuelles requises pour prendre part au renouveau de la France libérée, derrière le Général. C'est donc maintenant qu'il faut se préparer à ce grand dessein qui l'attend.

Sans doute... Mais Schlœsing ne l'entend pas ainsi. Pour lui, la guerre et son destin personnel n'ont pas grand-chose à voir. Quelles que soient sa légitimité et les innombrables qualités qu'on lui prête, son devoir est de se battre tant qu'il en a la force et que les Allemands occupent son pays. Il a pris cet engagement vis-à-vis de lui-même en juin 1940, et nul autre que lui-même ne peut l'en délier. Quoi qu'il arrive, tant que Fournier, Massart, Mouchotte et tous les autres

◁ Rosemary Kerr.
◁ Après la première opération.
▲ La 1000ème victoire de Biggin Hill. Mouchotte et le *squadron leader* Charles du *squadron* 611 fêtent l'évènement.
▽ Mouchotte et Charles.

se battront, l'idée de ne pas les accompagner lui sera proprement insupportable. Il continue donc d'appartenir à ses chefs, à ses subordonnés, et à ses camarades. Il sera bien temps de considérer après la victoire, quelle autre forme le devoir pourra bien prendre.

C'est donc tout naturellement que Schlœsing se tourne à nouveau vers ses compagnons d'armes, dès sa sortie de l'hôpital. Une occasion particulière lui permet d'ailleurs de retrouver un grand nombre de ses camarades de l'«Alsace» et de l'«Île-de-France», au cours d'une soirée qui restera gravée dans la mémoire des FAFL.

Ce 9 juin 1943, le ban et l'arrière-ban de la RAF et des Français libres ont été rassemblés au *Grosvenor House*, l'un des plus luxueux hôtels londoniens, pour y fêter très officiellement le *«1000 hun's aircraft shot down by Biggin Hill sector»*[11].

L'«Alsace» est là au complet, derrière le commandant Mouchotte, qui partage personnellement ce succès avec le *squadron leader* Charles, un sympathique Canadien patron des «kiwis» du *squadron* 611. Tout a été fait pour que, malgré les restrictions, le champagne, la bière et le

whisky coulent à flot. Les plus belles femmes de Londres ont naturellement été invitées, auxiliaires féminines en uniforme ou jeunes filles de la bonne société, réunies dans une même admiration pour ces aviateurs français et britanniques.

Schlœsing arrive à 23 heures accompagné d'Olivier, qui pour l'occasion a pu quitter l'école des Cadets de Ribbesford. La présence du «grand Chleu» rehausse encore l'événement, en donnant à tous une raison de plus de se réjouir. Accueilli comme un revenant, le jeune commandant – *« pas mal à vingt-trois ans ! »* lâche-t-il à Olivier dans l'ascenseur – compte parmi les héros de la soirée, passant de table en table pour recueillir l'hommage de ses camarades. Olivier, lui, danse, jusqu'à l'épuisement, se laissant aller à la magie d'une de ses dernières soirées londoniennes. Sa scolarité à Ribbesford touche en effet à sa fin, et il choisira dans quelques jours l'un des régiments de tirailleurs de la prestigieuse 1re division française libre[12], qu'il rejoindra au Caire.

Quand la soirée s'achève, vers 2 heures, les deux frères quittent le *Grosvenor* sans se joindre aux attardés du 341, rassemblés autour d'un dernier verre. Schlœsing choisit de rentrer. Non pas qu'il dédaigne de suivre ses camarades. Il les aurait, hier, volontiers accompagnés. Mais quel besoin a-t-il, lui, de s'étourdir encore un peu, alors qu'il ne les retrouvera pas, demain au *dispersal*, et ne reprendra pas sa place dans le cirque infernal ?

Certes, ce fut une belle fête, réussie en tout point, marquée de plus par le plaisir de la camaraderie retrouvée. Mais quelque chose a imperceptiblement changé, qui n'a rien à voir avec la destruction de ce millième «Hun», et dont il vient de prendre vraiment conscience au cours de la soirée.

Lui, Schlœsing, malgré ses médailles, ses galons, et son auréole de gloire, n'en est plus. Il ne compte plus tout à fait parmi la confrérie, tout simplement parce que demain matin, il ne se battra pas. Il se lèvera, sans crainte ni défi à relever, sûr de retrouver son lit le soir. Personne ne lui dira, naturellement, mais il est hors jeu, voilà tout. Et encore…? Est-ce seulement cela? Que penser de ces attitudes un peu gênées, ou carrément fuyantes, décelées chez certains? Il n'y a qu'un pas entre l'admiration et la compassion, que presque tous ont manifestée. Et la pitié n'est pas loin derrière…

Il lui importe peu qu'on l'admire ou pas, l'orgueil est un sentiment qui lui est assez étranger. Mais il ne veut en aucun cas de cette pitié qui le rabaisserait! Oui, il a vu la mort de très près. Elle lui a pris son regard, laissant sur son visage une emprunte hideuse qui ne le quittera plus. Mais qu'on ne le range pas définitivement dans la catégorie des «victimes» de cette guerre. Il reprendra sa place. Non par défi, mais simplement parce qu'il est encore là, capable de voir, de marcher, de courir et surtout capable de piloter.

Il se battra donc encore.

◀ La prestigieuse *distinguished flying cross* est attribuée à Schlœsing le 4 août 1943. Cette DFC est conservée à la salle d'honneur de l'école de l'air à Salon de Provence, avec ses autres décorations.
◢ Casquette de commandant des FAFL de fabrication britanique.
◢ Promu commandant, entre deux opérations.

Notes
[1] Club des cobayes.
[2] Le patron. Malgré son statut d'officier médecin de la RAF pendant la guerre, Mac Indoe n'enfilait jamais un uniforme.
[3] Le maître.
[4] «Never in the field of human conflicts was so much owed by so many to so few» : «Jamais dans l'histoire des conflits autant d'hommes ne durent leur salut à si peu». Cette petite phrase du Premier ministre britannique, à l'attention des chasseurs de la bataille d'Angleterre, est à jamais restée l'emblème de leur sacrifice.
[5] Université renommée, concurrente de Cambridge.
[6] Richard Hillary, *Le dernier ennemi*, Éditions France Empire. 1966.
[7] Cicatrices épaisses et bourgeonnantes.
[8] Os inférieur de la cavité oculaire.
[9] Tumeur enflammée.
[10] Noir absolu. Expression militaire qui fait référence à la nécessité de calfeutrer toutes les lumières pour éviter qu'elles ne soient décelées lors des bombardements aériens.
[11] Le millième avion «hun» abattu par le secteur de Biggin Hill. Le qualificatif de «hun» équivaut pour les britanniques à celui de «boche» en France.
[12] La 1re DFL est une unité des FFL, créée en mai 1941.

Chapitre XIX

Un An de Patience

Le docteur Mac Indoe était effectivement optimiste. Il ne faudra pas moins de huit interventions pour venir à bout des ravages causés par le feu... En juin, des paupières inférieures sont greffées à leur tour. Nouveau succès. En septembre, paupières supérieures et inférieures doivent être redécoupées finement pour améliorer leurs mouvements. Les cicatrices du front et de la joue droite nécessitent également d'être excisées et imposent une autre greffe.
Peu de temps avant l'hospitalisation, Schlœsing apprend que Rosemary doit quitter le service où il doit être admis à nouveau. Il lui écrit alors :

*« Ma très chère,
Je trouve votre lettre en rentrant d'un séjour impromptu de vingt-quatre heures à Haslemere, entrepris hier à la hâte, à la suite de ma décision de passer le week-end à EG[1]. En effet, je suis ainsi débarrassé de cette visite nécessaire et aurai toute la semaine prochaine libre devant moi. J'envisage toujours d'aller passer deux jours à Drem avec le 340 sqdn (Fournier), mais ne sais pas trop quand y aller, car je dois être à Londres mercredi, et jeudi vous y viendrez. Venez-vous pour deux jours ?...*

Mais trêve de projets embêtants et "factual"[2]. Votre lettre me fait un plaisir démesuré, à part la nouvelle de votre déplacement derrière les portes battantes du ward[3]. C'est dommage. Je me réjouissais d'avance du comique de la situation : nous aurions été si sérieux dans l'exercice de nos fonctions officielles de nurse et de patient, et si amusés intérieurement. Cela vaut peut-être mieux, car je ne sais pas si j'aurais été capable de vous demander même un verre d'eau sans éclater d'un rire bruyant et déplacé.
Il faut se résigner à cette nouvelle situation, et malgré nos exigences, je crois que je serai forcé d'accepter quelques bouchées de nourriture d'une autre main, à moins que vous ne soyez prête à renoncer à moi pour toujours, et à me laisser mourir de faim.
Je suis sûr que Mac I[4] ne serait pas d'accord. Il vous restera au moins la ressource de venir passer le lunch time break[5] dans le Rec[6], et là, d'écouter d'une oreille bienveillante la musique que vous jouera un officier français de passage à l'hôpital [...]. »

Un stratagème subtil sera inventé pour la circonstance : avant d'entrer à l'hôpital, Schlœsing s'envoie de faux courriers par la poste, en français, dont Rosemary, seule nurse parlant cette langue, sera amenée à venir lui faire la lecture... Mais cette troisième opération tourne mal : le patient revient de réanimation victime d'un choc septique. Son état devient très rapidement critique. Une phlébite se déclare, suivie d'une inflammation des tissus sous-cutanés. Schlœsing passe plusieurs jours en réanimation, entre la vie et la mort. Fin septembre, il est tiré d'affaire in extremis. Par miracle, les nouvelles greffes sont malgré tout un succès, mais il faudra de longues semaines pour qu'il retrouve ses forces et sa combativité.

En octobre, Mac Indoe décide de compléter les paupières supérieures, suite à leur rétraction. Les greffes ne prennent pas. Une cinquième intervention a donc lieu en novembre, dont les résultats sont, cette fois, jugés satisfaisants.
Fin janvier 1944, les paupières inférieures sont à leur tour complétées par une nouvelle greffe, suite à la rétraction de la première.
En mars, une avant-dernière opération a lieu pour redessiner aussi finement que possible le contour des quatre nouvelles paupières, faciliter leurs mouvements, s'assurer d'une fermeture complète. Le résultat est plus que correct. Les paupières remplissent leurs fonctions à cent pour cent.

Une huitième et dernière opération, début avril, permet l'ablation des sutures sous-cutanées.
Une année passe ainsi, au rythme d'une intervention tous les deux ou trois mois. L'obstination du patient et la bonne volonté du chirurgien permettent de restreindre au minimum les délais imposés par la sagesse. Il n'en reste pas moins que cette période constitue une suite d'épreuves interminable, physiques et morales.

Pourtant, jamais Schlœsing ne perd l'espoir de retrouver son aptitude à reprendre le combat, même si souvent il lui faut reculer l'échéance tant attendue.
Sa nouvelle vie s'organise donc selon le calendrier des opérations.
Mac Indoe en est le grand ordonnateur. De lui tout dépend : le nombre et la réussite des greffes, la durée de convalescences interminables qu'il doit imposer à chaque étape... et le résultat final, qui déterminera l'apparence d'un homme encore terriblement défiguré, et son aptitude à piloter.
Dans cette période pénible, Rosemary devient très vite son soutien principal et Schlœsing lui consacre bientôt l'essentiel de son temps. Elle lui permet de fuir les couloirs de la maison de convalescence de Saint-Hill[7], où il prend ses habitudes, et de s'extraire temporairement de l'environnement des blessés du *Guinea Pig's Club*, salutaire et pesant à la fois.
Elle lui évite également de se tourner trop souvent vers les camarades des FAFL, dont la fréquentation le renvoie à sa solitude et à son infirmité. Schlœsing garde néanmoins des contacts étroits avec Fournier, toujours patron de l'«Île-de-France», dont l'épouse devient l'amie intime de Rosemary, et avec Dupérier,

➤ Le *Guinea pig's club*, où Schlœsing passe beaucoup de temps.
➤ Après les dernières opérations, sous l'œil bienveillant du photographe.
➤ Ruban des décorations de Schlœsing en 1944.

qui prend bientôt le commandement de l'«Alsace». René Mouchotte vient en effet de disparaître. Le 26 août 1943, il notait dans son carnet :

« Ces jours-ci j'ai bien essayé de m'arrêter, envisageant avec effroi la dure période de combats qui s'annonce et pour laquelle il me faudra toutes mes forces et toute ma santé. J'ai donc enrayé toute activité offensive, me bornant à n'aller qu'au bureau… Mais ce relâchement de trois jours m'a amolli les nerfs et la volonté. Je suis toujours aussi éreinté. Demain matin, je repars… »

Il meurt le jour-même, sans doute victime d'une perte de connaissance durant un combat au-dessus de la Manche.

Seul, bien loin du combat et de la vie intense de l'escadrille, Schlœsing apprend à patienter, peuplant son univers quotidien de lectures et de musique. Il lit, où plutôt il dévore, en français et en anglais, tout ce que les bonnes librairies de Londres et ses goûts éclectiques lui mettent sous la main : de Baudelaire à Saint-Exupéry, en passant par Huxley et Aragon. Il passe aussi, et peut-être surtout, des heures entières à écouter sur un mauvais gramophone les plus grands compositeurs classiques. Plusieurs fois par mois, il réussit à assister aux quelques concerts qui se donnent encore à Londres, à l'*Albert Hall* ou ailleurs, malgré la multiplication des attaques par V1[8], qui n'entament guère la volonté des Anglais de continuer à vivre normalement.

La musique, qu'il appréciait déjà avant-guerre, devient peu à peu un élément indispensable à son équilibre. Plus que toute autre activité, elle l'aide dans une quête d'absolu que l'enchaînement des événements récents a rendue très présente. En ces jours d'épreuves, le pouvoir qu'exercent sur lui ses compositions préférées finit même par l'amener à s'interroger sur des convictions intimes, y compris les plus profondément établies, comme la foi.

Une correspondance à Rosemary, datée d'août 1943, résume bien l'état d'esprit et la confusion des sentiments qui caractérisent ces six premiers mois de convalescence :

« Très chère,

[...] Hier, ma situation financière s'étant rétablie, j'ai acheté plusieurs livres, bien que je sois loin d'avoir fini les autres (et Grey Eminence [9], en particulier, que j'aime énormément). Il faudra que je vous passe le Crève-coeur d'Aragon, écrit depuis la guerre et très bon. En attendant, relisez de ma part, dans votre Beaudelaire, "L'invitation au voyage" (LIII) 78. "Mon enfant, ma sœur Songe à la douceur..." [10] Etc. À part l'allusion aux "traîtres yeux" à laquelle je ne souscris qu'à moitié, je m'y retrouve tout à fait, ainsi que ce pays indéfini où se passent les voyages d'après-guerre. Embéricos [11], lundi, m'a promis que dès que son pays sera libéré, il pourra me fournir le bateau nécessaire. Depuis, à défaut de l'avoir vraiment jamais, je parcours la Méditerranée en tous sens et trouve ma croisière magnifique. J'ai quelques difficultés avec le gramophone du bord, et il faudra bientôt que je me fasse envoyer de nouveaux disques et livres.

La guerre est finie depuis longtemps et j'en suis encore à l'ère esthétique. Je n'arrive pas à m'en détacher et n'y arriverai jamais. Pas le moindre éclair mystique, ne serait-ce que pour m'encourager. Je suis enchaîné et aveugle : quel feu viendra me libérer et m'éclairer ? No future [12] dans le bateau, la musique, la poésie : c'est du bel attachement, un présent toujours renouvelé et riche, combien élevé si vous regardez plus bas ; mais, me dit-on, encore rampant si je lève les yeux. Je sais que je n'ai pas la force et que j'aime la musique au point de la prendre pour le sommet. Je pense bien, d'après ce qu'ils disent, que je dois me tromper, mais ne veux pas le croire. J'y vois une différence de nature, non de degré. Ne sommes nous pas la vie nous aussi ? Il n'y a pas de hiérarchie, mais différents moyens d'expression. Tous luttent pour libérer et faire vivre l'esprit.

L'artiste parle de la lutte, le mystique aussi, mais va jusqu'à parler de bonheur et d'adoration. Quelle confiance ! L'autre n'oserait jamais !

[...] Ma chère Rosemary, je crois que j'ai bien du toupet de me laisser aller à divaguer ainsi à haute voix, sous prétexte de vous écrire une lettre [...]. Quand je manque d'inspiration pour vous écrire une tentative de vraie lettre, je pars sur mes grands chevaux en sonnant de la trompe. Je sais que vous n'êtes pas dupe, ce qui m'excuse à moitié... »

Interrogations existentielles – mais l'autodérision n'est jamais loin quand le sujet est important –, besoin de fuir le quotidien et de se projeter dans un avenir sans guerre, avec Rosemary... on est bien loin, désormais, des préoccupations du combat et de la vie quotidienne dans la RAF, ou même de l'intermède d'une existence clandestine palpitante. L'heure est à l'inaction, et donc à l'incertitude et au doute : pourra-t-il revoler un jour, et à quelle échéance ? Vaut-il mieux abandonner cette idée et chercher un autre moyen, plus rapide, de se rendre utile ? Jamais cette seconde hypothèse ne prendra le pas sur la première.

Sollicité par ses amis français de la communauté protestante de Londres, Schlœsing finit néanmoins par accepter de prendre des responsabilités dans le milieu du scoutisme. Un ancien gouverneur général de France à Madagascar, le médecin général Sicé, assume la présidence du mouvement français en Grande-Bretagne. Il le convainc d'entrer temporairement au comité directeur du mouvement. Pareille activité en temps de guerre pourrait sembler futile, sinon anachronique, mais les Français de Grande-Bretagne, souvent établis là bien avant le conflit, comptent plusieurs dizaines de milliers d'enfants, dont il faut encore s'occuper... Nombre de ces mêmes enfants sont aussi devenus de jeunes hommes, désormais en uniforme. Ils conservent le lien avec le mouvement grâce à une maison située dans la banlieue de Londres qui les accueille pendant les permissions, voire, pour quelques-uns, dans l'intervalle qui sépare deux missions clandestines auprès de la résistance française ! Schlœsing s'engage donc pour eux, travaillant au renouveau du mouvement après-guerre. Les contacts qu'il prend l'amènent à côtoyer quelques membres du cabinet de Gaulle, qui ne tardent pas à le solliciter de nouveau. Il accepte une mission d'étude sur l'avenir de la jeunesse française après la libération :

« Je m'occupe comme je puis et j'ai, enfin, quelque chose à faire. C'est assez vague pour me laisser toute liberté de programme et d'action, mais peut me prendre du temps si je le fais sérieusement, je vous expliquerai, écrit-il à Rosemary. En gros, il s'agit de rencontrer des gens des différents gouvernements alliés pour savoir ce

◄ Mariage de Jean Fournier en Grande-Bretagne.

qu'ils font pour la jeunesse, prétexte évidemment à faire des visites peut-être amusantes. On verra. Ceci pour le compte de M. Duprat (Hill Street) et A. Phillip (?) (Alger), qui s'occupent de "post war reconstruction"[13]*. De le dire de cette façon sonne pompeux et grotesque, mais je me rends compte de la proportion de ces choses et de l'importance (nulle) de tout cela. Comme vous le voyez, l'enthousiasme, dès le début, me soulève et m'étouffe. Ce n'est pas une raison, loin de là, pour ne pas essayer de faire ce qu'ils entendent faire [...]. »*

Ce travail l'occupera quelques mois, fin 1943, début 1944.

Pendant ce temps, la guerre semble s'accélérer. Sur tous les fronts l'Axe a entamé une longue retraite qui ne s'arrêtera plus. Dans le Pacifique, le général Mac Arthur reprend un à un les atolls tombés aux mains des Japonais, au prix de lourdes pertes. En Russie, la *Wehrmacht* a reculé au sud de Smolensk de près de cinq cents kilomètres en un an. En janvier 1944, les combats commencent à se livrer sur le sol polonais. La ligne de front s'étale de Leningrad à la Crimée, imposant aux Allemands une dispersion qui les condamne. L'Afrique du Nord est maintenant tombée aux mains des Alliés, qui ne tardent pas à prendre pied en Sicile. La Corse, libérée par des troupes françaises, accueille de Gaulle le 6 octobre 1943.

Dans le même temps, Mussolini est chassé du pouvoir, et l'Italie change de camp. La reconquête de la péninsule débute fin 1943, avec la participation d'un corps expéditionnaire français levé en Afrique du Nord et confié au général Juin. Les généraux Montgomery et Eisenhower quittent le front de méditerranée et s'installent en Grande-Bretagne début 1944. Nommé commandant suprême des forces alliées en Europe, Eisenhower s'attèle alors à la préparation de la plus grande opération de tous les temps : *Overlord*[14].

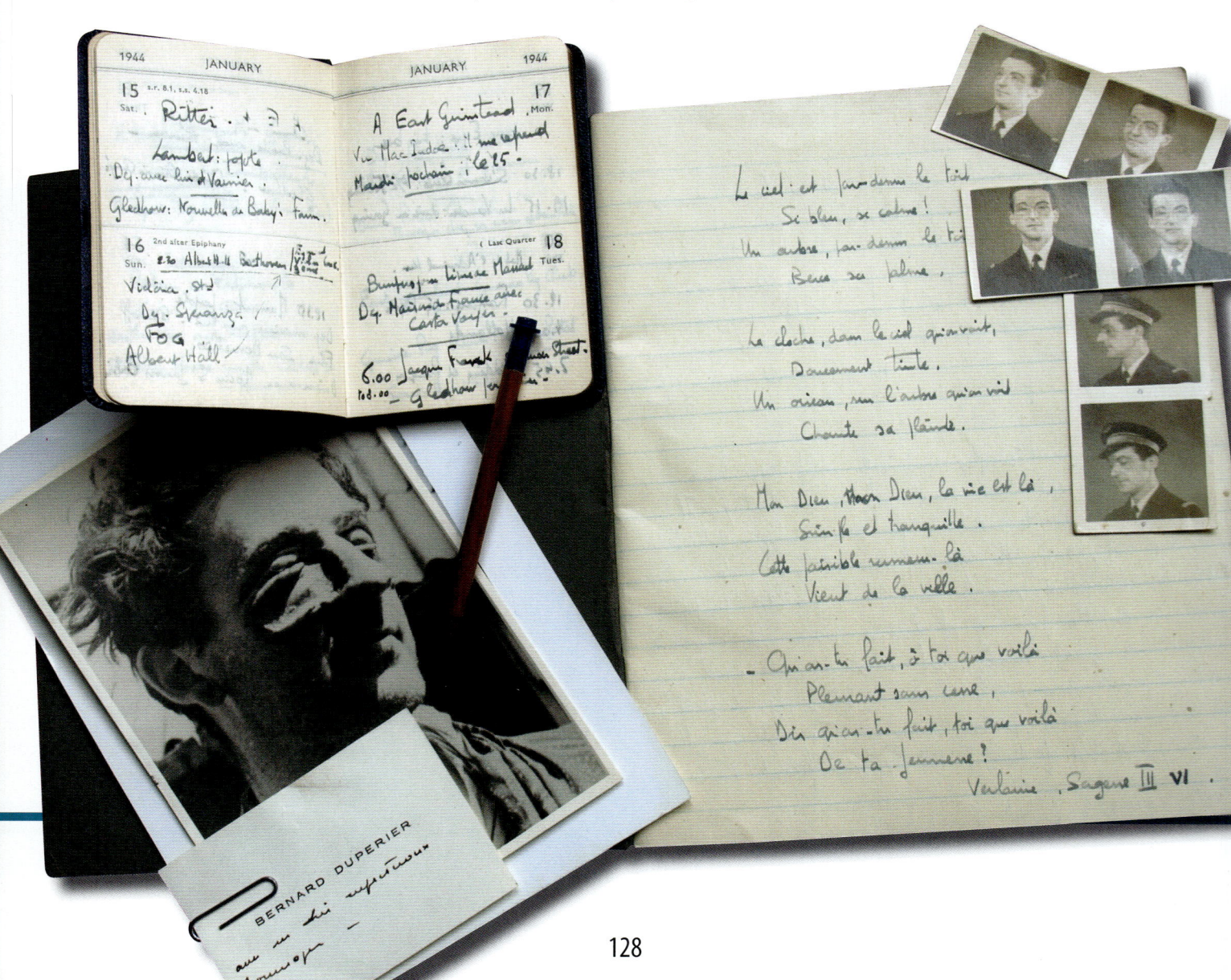

Les Alliés ont en effet décidé l'ouverture d'un nouveau front en Europe, lors de la conférence de Casablanca qui s'est tenue en janvier 1943. Ce second front est indispensable pour hâter le coup final qui devra être porté au cœur de l'Allemagne. La France sera le théâtre de cette bataille que les planificateurs prévoient pour le printemps 1944 et qui débutera naturellement par un débarquement. De nouvelles troupes affluent sans cesse des États-Unis en vue de cet ultime assaut. Des centaines de milliers d'hommes s'entassent partout en Grande-Bretagne, avec leurs canons, leurs chars, leurs avions. Près de dix mille bombardiers américains stationnent, en cette fin 1943, sur le sol anglais. Aux côtés des Britanniques, ces avions déversent quotidiennement des milliers de tonnes de bombes sur les villes et les industries allemandes. Début 1944, l'Allemagne atteint néanmoins le pic de sa production industrielle, dans un incroyable effort de guerre consenti par une population martyrisée et des millions d'esclaves déportés au cœur du *Reich*. Las! Cet effort insensé reste cinq fois inférieur à celui des Alliés, entraînés par la puissance américaine.

Peu à peu, toute l'Angleterre se prépare à l'imminence d'un événement dont l'ampleur est telle qu'il ne peut être question d'en dissimuler les préparatifs. Tout le monde comprend que ce qu'on appelle de ce côté de la Manche «l'invasion» aura lieu bientôt. Ce n'est qu'une affaire de mois... et de lieu. Avec une ingéniosité digne des plus grandes ruses de l'histoire des conflits, les alliés réussissent à persuader Hitler en personne que le débarquement aura lieu dans le Pas-de-Calais...

Témoin de ces préparatifs, attentif à chaque évolution du conflit, Schlœsing en voit arriver le tournant et supporte de moins en moins sa situation. L'engagement d'Olivier au sein de la 1re DFL, qui se bat maintenant en Italie, ne fait qu'accroître son impatience.

À force de le relancer, il obtient de Mac Indoe qu'une commission médicale se réunisse aussitôt après la dernière opération. Il n'y a guère d'espoir de retrouver l'aptitude au vol opérationnel maintenant. Mais il veut croire qu'on l'autorisera au moins à reprendre l'entraînement. Convoqué *devant le medical board*[15] *le 25 avril 1944*, Schlœsing est effectivement déclaré apte à la reprise des vols d'entraînement pour quatre mois. C'est bien sûr une bonne nouvelle. Il ressort de l'hôpital avec un document qui lui permet de reprendre sa place de pilote... Mais ce même morceau de papier lui interdit aussi le retour en unité opérationnelle avant quatre longs mois...

Notes
[1] East Grinstead.
[2] Factuels.
[3] Couloir. Rosemary change de service et ne pourra donc plus venir s'occuper de son patient.
[4] Le professeur Mac Indoe.
[5] Pause de midi.
[6] Salle de détente.
[7] Maison de convalescence rattachée au service du professeur Mac Indoe.
[8] Le V1 était une bombe volante, l'une des fameuses «armes secrètes» d'Hitler. Lancé depuis les côtes nord de l'Europe vers les grandes villes du Sud de l'Angleterre, il bénéficiait d'un système de guidage très sommaire. Arme de terreur, le V1 avait un effet tactique limité, mais entretenait la peur parmi la population britannique.
[9] Aldous Huxley, *A study in religion and politics*, Chatto and Windus, Londres, 1941.
[10] Il s'agit en fait de «*L'invitation au voyage*».
[11] Armateur grec vivant à Londres. Cet ami de la famille Kerr, dont Schlœsing devint proche, l'aida à échafauder le projet d'un voyage en Méditerranée dès la fin de la guerre.
[12] Pas d'avenir.
[13] Reconstruction et préparation de l'après-guerre.
[14] Seigneur suprême.
[15] Commission d'aptitude médicale.

◁ Cahier de notes personnel, 1944.
▷ Le général de Gaulle et le médecin général Sicé, visitant les scouts français de Grande-Bretagne.

Chapitre XX

À L'Entraînement

L'« Île-de-France », stationné maintenant à Merston, accueille donc son ancien patron pour lui faire reprendre l'entraînement. N'assumant aucune responsabilité de commandement, Schlœsing vole chaque jour. Mais il ne partage pas la vie opérationnelle du groupe, qui, emmené par Fournier, se bat presque quotidiennement au-dessus de la France.

Cette situation inconfortable prend rapidement fin. Au milieu du mois de mai, il est désigné pour aller suivre un stage de tir à la *Central Air Gunnery School*[1] de Catfoss, dans le Yorkshire. Durant quatre semaines d'une instruction très dense, la CAGS de Catfoss offre l'opportunité d'une réadaptation complète aux techniques de tir et de combat qui n'ont pas manqué d'évoluer depuis février 1943.

Le 19, il rend compte de son arrivée à Rosemary :

« *Officers mess. Brandesburton Hall. RAF Catfoss. Yorkshire.*

Dearest très chère,
Je suis vraiment très gâté, bien que jamais rassasié […]. Vos lettres sont charmantes et drôles et je ne me sens jamais à la hauteur pour y répondre. Comme vous me demandez un tas de choses sur ma vie ici, voilà : J'ai le "privilège" (comme sqd/ldr !) d'habiter Brandesburton Hall, qui est le mess – ancienne maison que la RAF a réquisitionnée – et y partage ma chambre avec quatre autres énergumènes : deux Américains et deux RAF – drinking-beer-types[2]. *[…] Ces deux premiers jours se sont passés en une série de cours, "lectures"*[3] *de toutes sortes. C'est un peu abrutissant et ma luette s'en donne à cœur joie. Je ne lui cache rien, et elle connaît déjà par cœur (bien mieux que moi) la mitrailleuse .50*[4], *la cinecameragun*[5], *les diagrammes de tir, les figures géométriques de toutes sortes : trajectoires, harmonisation, etc… Moi, personnellement, je n'y comprends rien du tout. Tant pis. Par-dessus le marché, je fais de la bicyclette : le mess est à un mile et demi du terrain et on pédale d'une occupation à l'autre. Ca fait descendre la salade et les radis. Je ne sais pas de quoi sont faites les routes, mais en deux jours j'ai déjà eu deux crevaisons […]. Je ne suis pas un bon fakir (ou est-ce yoga ?) apparemment.*
Demain, entre les trajets à bicyclette, nous commençons à faire du Spitfire, et même beaucoup si je comprends bien […]. »

Les vols d'entraînement sont quasi quotidiens et les semaines

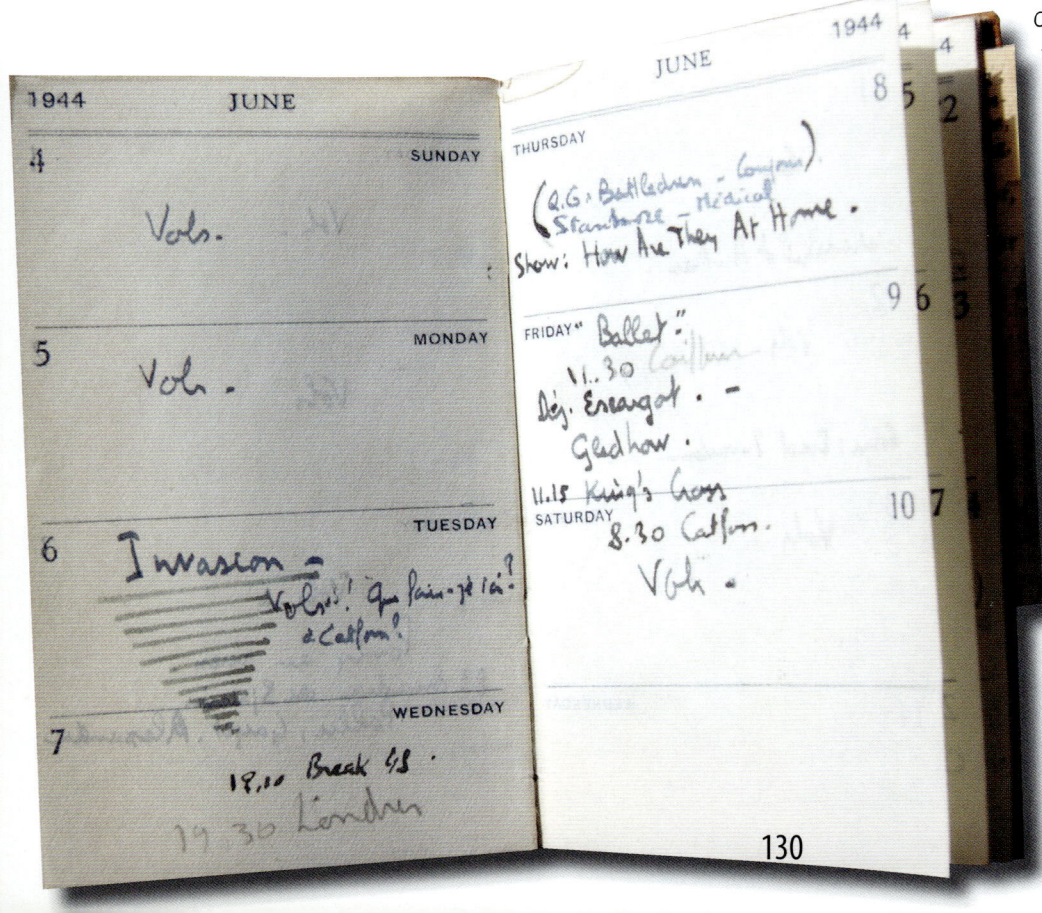

s'enchaînent, interrompues par des week-ends savamment organisés pour retrouver Rosemary à Londres, souvent grâce à un aller-retour en *Spitfire*.

Le mardi 6 juin est un jour comme les autres, consacré aux vols et aux cours théoriques. Pourtant une page d'histoire s'écrit en Normandie. Plus de vingt mille parachutistes y ont sauté dans la nuit. Depuis l'aube, des combats terribles se livrent sur les plages du Calvados et du Cotentin.
Sans Schlœsing...!
Son agenda résume en deux lignes la terrible déception qui est la sienne :
« *INVASION... Vols. Que fais-je ici à Catfoss?* »
Après quatre années d'exil, la guerre semble subitement changer de nature. On se bat maintenant sur le sol de France. Chaque jour, les noms des villages puis des villes peu à peu libérés sont annoncés dans les communiqués. Il n'est plus question, comme à Dieppe il y a deux ans, de lâcher le moindre pouce d'un terrain chèrement conquis. Dans la première journée du Débarquement, les alliés perdent près de cinq mille hommes, dont environ deux mille sur les quelques kilomètres de sable de la plage d'Omaha. Si au soir du 6 juin la question peut encore se poser du succès de l'opération, dès le lendemain il apparaît évident que ni les Anglais, ni les Américains ne seront rejetés à la mer. Une brèche est ouverte dans le mur de l'Atlantique, qui ne demande qu'à être élargie.

Schlœsing, comme tous les camarades qui ne participent pas à cette opération, n'a qu'une idée : aller au combat, rejoindre un groupe, au plus vite. Tant d'efforts depuis deux ans pour prendre part à la libération ne peuvent se solder par une place de spectateur! C'est ce qu'il écrit à Olivier, trois jours après le Débarquement, alors que son jeune frère est lui-même engagé depuis le 11 mai dans de durs combats en Italie :

« *9 juin 1944*
Mon cher Ol,
C'est de Londres (en permission de 48) que je t'écris, en ce quatrième jour de l'invasion. C'est incroyable, maintenant que c'est arrivé, on ne réalise pas... Et c'est de Catfoss, Yorkshire, que je continue, le 13 juin, huitième jour de l'invasion. Je suis en train de terminer un cours de tir, et j'en ai encore pour une semaine. Je ronge mon frein et enrage d'être ici. J'espère pouvoir être envoyé ailleurs d'ici quinze jours. Vos exploits, si brillants, sont injustement éclipsés par les événements de Normandie[6]. Si nous avons couru, et pédalé, en juin 1940, il apparaît enfin que l'inverse ait commencé[7]. Je songe à tous : par quoi passent-ils? Ce doit être fou. Salut cher vieux frère et ex-disciple émancipé.
Jacques-Henri. »

Le mercredi 21 juin, le stage s'achève enfin, très honorablement réussi. Schlœsing quitte Catfoss aussitôt après avoir obtenu un rendez-vous auprès du commandant de la base, auquel

◁ L'immense frustration du 6 juin 1944.
△ Le capitaine F Hardy, à la fin de la guerre, alors qu'il commande l'escadrille Paris. En juin 1944 il écrit à ses parents :
« *6 juin – A l'aube, nous mettons nos moteurs en marche, et environ trente minutes après nous sommes au-dessus de ce qu'on appelle encore les 'assault areas' et qu'on doit appeler demain 'têtes de pont'... Il m'est difficile de décrire ce qui s'offre à nos yeux, d'autant plus qu'en l'absence d'avions de chasse ennemis (chose inouïe et à laquelle nul ne s'attendait), et vu les centaines d'avions alliés patrouillant la région à toutes les altitudes, nous avons, si l'on peut dire, des fauteuils de balcon pour assister au plus impressionnant des spectacles... Sur les plages, les troupes débarquent et foncent sur l'ennemi, pendant que les grosses batteries des cuirassés et des croiseurs canonnent sans répit les blockhaus allemands et les positions ennemies sur la côte et en arrière de celle-ci... 10 juin – Au cours du premier "show", je reçois, à l'est de l'Orne, pas loin de Caen, un 25mm explosif au bout de l'aile gauche... Il devient très dur de maintenir l'avion en position de vol... (je) franchis le bon bout d'eau qui me sépare de mon terrain, où je me pose enfin, sans casse. Quelques centimètres plus à droite, ce coup direct aurait porté en plein dans mes munitions, ce qui aurait peut-être fait un gros 'boum'!*
...13 juin – Journée historique pour nous, on se pose en France, à Crepon, près du petit village de Ste Croix. Inutile de dire notre émotion à tous!... Descendus d'avion, nos pilotes se roulent par terre dans la poussière et embrassent le sol de la Mère-Patrie. On jubile!... »

il demande une lettre de sa main notifiant son aptitude à reprendre sans délai les vols opérationnels.

Le lendemain matin, à la première heure, il est devant la porte du docteur Mac Indoe, à East Grinstead. Le chirurgien comprend d'emblée quel est l'objet de cette entrevue impromptue. Il n'est pas surpris de cet acharnement manifesté par son patient français, qu'il connaît bien... Il accepte d'appuyer sa demande pour qu'un nouveau *medical board* soit convoqué avec deux mois d'avance. À son tour il prend sa plume et rédige la lettre que Schlœsing lui demande avec insistance. Reste à s'armer de patience, car l'administration britannique, aussi performante soit elle, est tatillonne. Elle avance à son rythme, quel que soit celui des opérations en cours.

Où aller, en attendant la convocation au medical board et la prochaine affectation, sinon à l'«Île-de-France»? Schlœsing se retrouve au milieu de ses camarades dès le dimanche qui suit la sortie de Catfoss. Le 25 juin à 8 h 30, il assiste ainsi au briefing qui précède la mission du jour, prévue au-dessus de la Normandie... et à laquelle il prendra part.

Immense et belle preuve d'amitié de la part de Fournier! Car son ami n'appartient plus au 340. L'affectation qui doit suivre après l'école de tir n'a pas encore été prononcée. De surcroît, il n'a aucunement le droit de s'envoler pour une mission de guerre.

Ce dimanche du printemps 1944, les commandants Fournier et Schlœsing jouent donc leurs galons...

Ils seront treize à décoller à 9 h 15. *Leader* de l'opération, le capitaine Massart explique qu'elle consiste en une patrouille sur la tête de pont, au côté du *squadron* 329. Les vingt-quatre appareils prendront leur tour, pour une heure, dans la mission de couverture aérienne permanente de la flotte massée aux abords des plages et ports artificiels d'Arromanches et d'Omaha. Pas un avion de la *Luftwaffe*, chasseur ou bombardier, ne doit approcher de la côte, dont le contrôle est naturellement vital pour approvisionner en hommes et en matériel les opérations en cours. Le groupe volera en trois sections de quatre, aux ordres de Massart lui-même (rouge), du lieutenant Porchon (jaune) et du capitaine Kennard (bleu).

À l'heure dite, Massart décolle, suivi des douze autres *Spitfire*. Schlœsing a pris sa place dans le dispositif, comme simple ailier. Très vite, la Manche est traversée, au ras des vagues et en formation serrée... Pas un nuage, le temps est splendide. Quand les *Spits* prennent de l'altitude à l'approche du continent, la côte de France apparaît d'un seul coup devant le nez des avions, imposante et magnifique. Schlœsing raconte la suite :

« D'un coup d'oeil, les pilotes embrassent le Calvados, le Cotentin, le Pays de Caux. Leur regard en remonte les rivières sinueuses et se perd dans les lointains vers Paris, la Loire et la Bretagne. Ils patrouillent cette Normandie où les Alliés ont pris pied. Des millions d'hommes s'affrontent, étalent leur puissance, leur énorme matériel, leurs navires innombrables. Mais la terre est grande, la mer est grande, et le ciel sans limites. Les éléments absorbent tout ce déploiement comme une futile agitation de fourmis, et leur beauté à peine atteinte se rit de la petitesse humaine. Tel apparaît aux pilotes ce front dont seuls quelques petits points de fumée leur révèlent, vus de deux à trois mille mètres d'altitude, la position.

Deux groupes de chasse ont décollé ce matin du Sud de l'Angleterre pour la patrouille habituelle : routine de relais continuels d'avions de chasse, dont la richesse alliée se permet les frais. On monte la garde, mais l'assaillant est rare et ne se montre guère par beau temps. La patrouille se passe sans incidents, et se prolonge au delà de la durée prévue.

Au lieu de rentrer à leur base anglaise, les Spitfire se posent en France, sur un de ces terrains de campagne aménagés rapidement depuis l'arrivée des Alliés. Sept pilotes se retrouvent sur une de ces pistes. L'émotion et l'excitation sont grandes. Les plus démonstratifs courent ou se

couchent pour embrasser cette terre qu'ils n'ont pas foulée depuis des années. D'autres, simplement, essaient de posséder du regard, de se fondre dans le paysage. Ils contemplent sans un mot. Le paysage normand est là, mais l'empreinte de la guerre le recouvre partout. Cette empreinte, si vague vue du ciel, éclate aux yeux du rampant, parfois seule visible. Des avions de toutes sortes couvrent ce qui n'était naguère que des champs de blé ou d'avoine. Les tentes et le matériel de toutes sortes encombrent les prairies avoisinantes. Camions et jeeps s'agitent dans un désordre apparent. D'une petite route normande, venant de la mer, déferle un double flux de « Ducks »[8] camions-bateaux, les uns encore ruisselant de mer, d'autres courant s'y replonger.

Impatients, les sept pilotes vont "au village". Le village les accueille, ces Français, d'une manière inoubliable. "Les Français sont là !" On les attendait. On avait attendu les Alliés, longtemps. Puis les Alliés étaient venus et on était heureux de les avoir chez soi. Ainsi, Anglais, Écossais, Canadiens avaient passé par le village. Dix-huit personnes du village avaient été tuées dans "le bombardement".

– Que voulez-vous, il faut bien payer le prix. Beaucoup de maisons sont en ruines.

– Tant qu'on est vivant l'dommage est réparable.

– Nous v'là des romanichels sur les routes.

Les sept pilotes escortés dans la rue du village sont emmenés au café du coin "centre de résistance". Le nombre des parents augmente toutes les minutes : poignées de mains, embrassades multiples, les enfants un peu timides. Les bébés sont amenés. Les vieux, silencieux, ont des yeux qui brillent. Comme une famille qui reçoit ses fils, ces Normands, dont la chaleur signifie plus que ne feraient des démonstrations méridionales, accueillent sept pilotes français, les font asseoir à leur table et trinquer à la libération. Des bouteilles apparaissent, des réserves soigneusement conservées pour l'occasion, qu'accompagne, bien suprême, un authentique camembert. De là, il faudrait aller partout. Les sept aviateurs, débordés, sont déjà les amis personnels de

◁ Rosa, Oury, Lepage, Leplang, Massart. À Merston, peu de temps avant « l'invasion ».

△ Ces deux photos de l'album de Claude Rosa illustrent une autre « virée » à Bernières-sur-Mer, puisqu'on y trouve des pilotes de l' « Île de France » et de l'« Alsace ». De gauche à droite, Fournier, Porchon, Coatalen, Rosa, Guinamard, Lagarde....

tout le monde. On leur présente M. Guillaume "un vrai Français, lui aussi". Car deux ou trois membres de la communauté ne sont pas là, n'étant plus des "vrais Français".

Les sept aviateurs retournent à leurs avions : ils s'arrachent à ce village où ils ont déjà pris racine, chargés de fleurs, de roses normandes. Sept Spitfire passent en vol de groupe au-dessus du clocher percé de deux trous d'obus. Toutes les têtes sont levées car on les attendait.

Trente minutes plus tard, sur un terrain en Angleterre, sept exaltés, couverts de fleurs, les poches pleines d'objets disparates – boîtes de camembert, bouteilles de cidre, beurre normand – sautent de leurs avions et parlent tous à la fois, commencent des récits intarissables. Ils sont allés chez eux, en France. Les Anglais présents sont amusés et comprennent.

Ce village est juste un village. Mais il porte en lui tous les villages qui attendent ; il les a représentés. Comme eux, il a une église au clocher de pierre et des rues étroites et pittoresques. Il est mon village et le vôtre. Il a adopté sept pilotes français. Son accueil, qui pour l'œil étranger aurait paru comique, fut beau et digne, car il eut la sincérité et la simplicité des accueils familiaux. »

Cette extraordinaire escapade n'était pas vraiment au programme des opérations alliées. Rien ne prévoyait en effet ce poser en France, sous le prétexte d'un indispensable recomplètement des pleins de carburant… L'événement est exceptionnel. Mais il n'a laissé qu'une trace bien anodine dans les archives officielles du *squadron* 340. Schlœsing n'est même pas mentionné dans le compte rendu, bien qu'il y ait ce jour là un inhabituel treizième pilote noté en *spare*[9].

Il est bien écrit en revanche « *qu'en raison d'un retard de l'escadron chargé de la relève sur zone, six Spitfire*[10] *ont dû se poser pour refaire le plein de carburant* ». Mais les

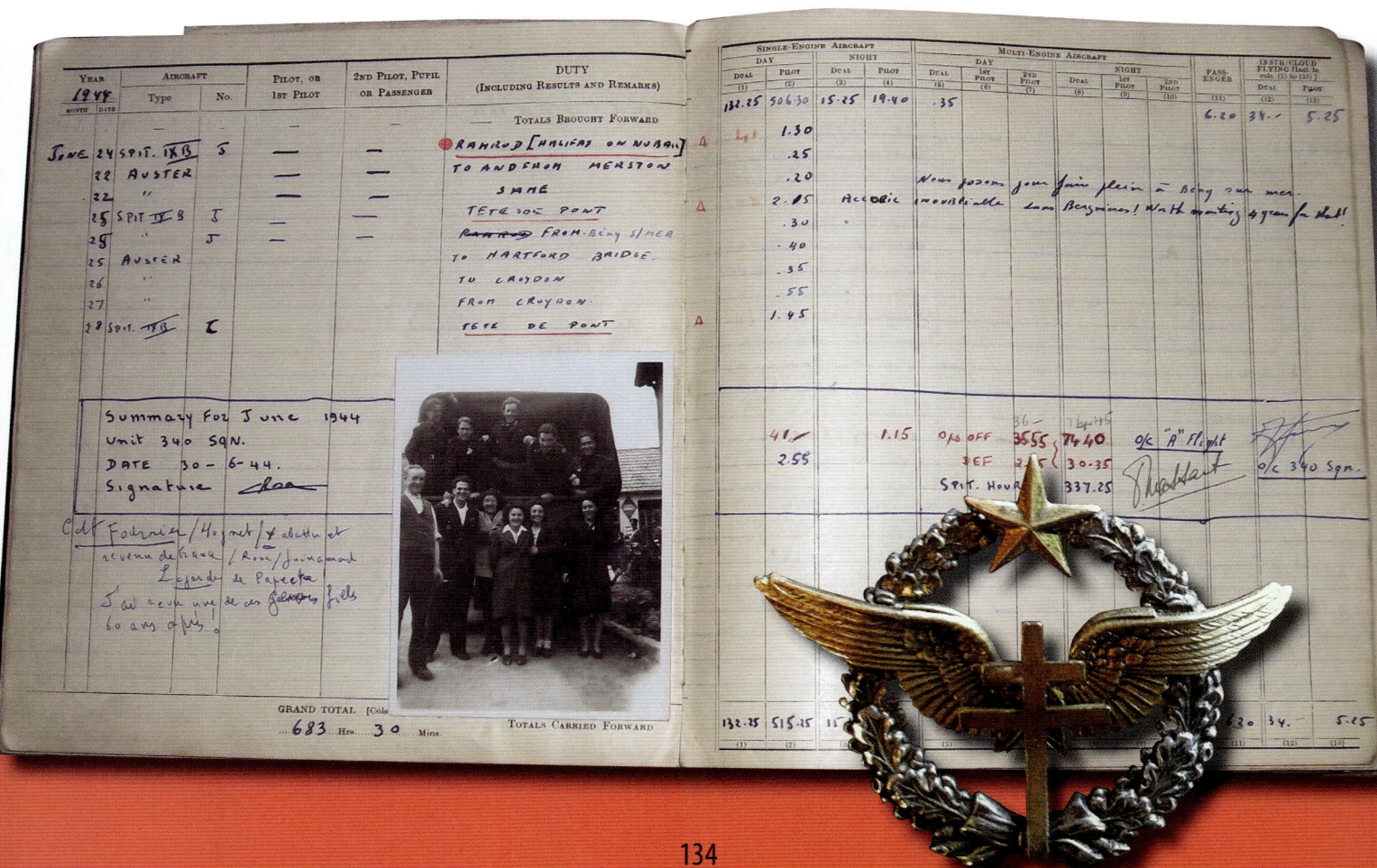

horaires de poser en Angleterre figurant sur le document laissent entendre que ces pleins n'ont pas excédé les quinze minutes normalement requises… alors qu'ils ont duré plus de trois heures.

Confusion, dissimulation ou approximations?

Il n'est pas exclu que le déroulement de la mission de ce 25 juin ait été opportunément adapté aux circonstances, en saisissant une occasion que tous attendaient pour poser enfin les roues en France. Et le fait que Schlœsing fut de la partie ne pouvait que donner un peu plus de valeur à l'évènement!

Immense était en effet l'impatience des Français libres, on s'en doute, de retrouver enfin le sol natal. Seuls quelques-uns avaient eu l'honneur de s'y battre depuis le 6 juin : les paras du 2e régiment de chasseurs parachutistes du colonel Bourgoin, largués dans le Morbihan dès la nuit du 5, et les cent soixante-dix-sept marins du commandant Kieffer, débarqués à l'aube du 6 devant Ouistreham. Des milliers d'autres attendaient en Angleterre, notamment au sein de la 2e division blindée de Leclerc, arrivée en janvier d'Afrique. Les aviateurs, eux, comme les marins de seize bâtiments FNFL, avaient pris part aux opérations dès le premier jour, mais se contentaient encore de voir la France d'en haut, ou du large. Au sein des FAFL, tous guettaient la première occasion d'un rapide poser sur un terrain avancé de Normandie, espérant presque la panne…

Quelques pilotes de l'«Île-de-France» et de l'«Alsace» avaient eu cet honneur le 13 juin. Deux semaines plus tard, une «séance de rattrapage» est offerte à l'ancien patron…

Quelques jours après cette aventure inoubliable, la commission médicale tant espérée se réunit, avec près de deux mois d'avance sur la date prévue. Les demandes réitérées du patient et l'appui du professeur Mac Indoe ont produit leur effet.

Schoesing se présente devant les médecins et officiers de la RAF. Deux lettres passent de mains en mains. La première est du professeur :

« Le squadron leader Schlœsing se présente à nous avec un temps d'avance sur la date prévue (23 août 1944). Depuis la dernière commission, qui lui a accordé la reprise des vols d'entraînement, il a fait près de cinquante heures de vol sur Spitfire. Il réclame maintenant avec force de reprendre son classement "apte opérationnel". Pour ce qui est de l'état de ses paupières, je ne vois pas de raison de m'y opposer. Leur fonctionnement est absolument irréprochable. »

La seconde est signée du commandant de l'école centrale de Catfoss :

« Le commandant Schlœsing m'a demandé de vous écrire, à propos de son aptitude au pilotage. Cet officier a volé plus de quarante-cinq heures sur Spitfire pendant son stage de tir. Il a obtenu des résultats au-dessus de la moyenne pendant les exercices pratiques et j'estime que du point de vue du pilotage, il mérite d'être classé "apte opérationnel". »

L'entrevue ne dure que quelques minutes. La Grande-Bretagne est en guerre depuis quatre ans. Elle a pris depuis longtemps l'habitude de refaire voler des cul-de-jatte et des manchots. Après tout, ce Français entêté possède toujours, outre une farouche volonté de se battre, deux yeux et tous ses membres. Le président tranche, sans état d'âme, et inscrit sur le dossier médical : *« Apte opérationnel. Retour en unité. »* Sans chercher à cacher l'admiration qui perce dans son regard, il congédie Schlœsing en lui souhaitant bonne chance.

Notes

[1] École de tir aérien.
[2] Du type buveurs de bière.
[3] Cours magistral.
[4] Mitrailleuse américaine de calibre 12,7 mm, qui équipe une version tardive du *Spit* IX
[5] Cinémitrailleuse : caméra couplée aux mitrailleuses de bord, qui permet de visionner après coup une séquence de combat, à des fins de renseignement. Ces films de combat permettaient aussi, dans bien de cas, de confirmer les victoires aériennes.
[6] Le 6 juin 1944, les Alliés défilent dans Rome libérée.
[7] Schlœsing pense naturellement aux Allemands, qui entament leur retraite sur le sol de France.
[8] Camions amphibies américains.
[9] Réserve.
[10] Le rapport de mission mentionne 6 avions atterrissant à B4 (Beny sur mer), 6 à B3 (…) et 1 à B8 (Sommervieu), alors que Schlœsing en note 7 à B4 : il n'apparait décidément nulle part ce jour-là.
[11] Corps expéditionnaire de la RAF, constitué en vue du débarquement de Normandie.

◂ Schlœsing ramène en Angleterre deux cartes postales de son pays… et note : «accueil fou! Camembert».
◂ Le carnet de vol du sergent Claude Rosa, qui fut de l'équipée de Bernières le 25 juin 1944. Rosa écrit en anglais : «Ça valait le coup d'attendre 4 ans pour ça!»
◂ Brevet de pilote de Claude Rosa, modèle de fabrication anglaise, numérotée GB 218, auquel le jeune Français libre fit ajouter une magnifique croix de Lorraine.

CHAPITRE XXI

DERNIERS COMBATS

Le 12 juillet 1944, quelques jours à peine après avoir retrouvé son aptitude, Schlœsing est affecté au *squadron* 340, sous les ordres de Fournier. Il est «surnuméraire», comme l'indique le livre de marche du groupe, et cette affectation ne peut être que temporaire. Il s'agit pour l'état-major de remettre «dans le bain» cet officier qui n'a pas combattu depuis dix-sept mois, en attendant de lui confier un nouveau commandement, soit au sein des FAFL, soit éventuellement dans la RAF.

La modeste réception organisée le surlendemain de son arrivée, pour la fête nationale, est l'occasion de rencontrer les membres du groupe. Tous sont rassemblés dans un des hangars de la nouvelle base de Selsey, où ils logent sous tente, dans des conditions très rustiques que l'été rend presque agréables. Beaucoup de visages ont changé depuis février 1943. Les marins sont presque tous partis, appelés à constituer des unités de l'aéronavale formées aux États-Unis. La grande majorité des mécaniciens français ont été remplacés par des Britanniques. Quant aux pilotes, ceux du début 1943 sont maintenant peu nombreux. Il ne reste au côté de Fournier, que Massart, qui commande le *flight* A, Reveilhac leader du *flight* B et Leplang. La grande majorité des autres ont été abattus, quelques-uns mutés. Le groupe, qui a retrouvé des *Spitfire* IX en février 1944, constitue maintenant avec le 341 «Alsace» et le 329 «Cigognes», le 145e *wing* de l'*Allied Expeditionnary Air Force*[1]. Entièrement français, il appartient à la *Tactical Air Force*[2], chargée des missions d'appui feu au profit des troupes au sol. Ces missions consistent prioritairement en escortes de bombardiers et en attaques directes d'objectifs terrestres.

L'ambiance, elle, n'a guère évolué, marquée d'une grande fraternité d'armes, d'une rigueur dans le travail qui n'exclut en rien la chaleur, ni la décontraction. Les pilotes de la France Libre cultivent toujours avec malice un goût marqué pour tout ce qui les fera apparaître nonchalants. Laisser-aller vestimentaire, libertés prises avec les règlements de toutes sortes, sens aigu de la dérision, tout est bon pour rappeler que, finalement, beaucoup ne sont là que pour un temps, celui de la guerre. Le nombre des militaires de carrière, réduit aux débuts, croît maintenant très vite grâce à l'arrivée des cadres ralliés en Afrique du Nord. L'antagonisme Giraud-de Gaulle a enfin trouvé sa solution, Giraud étant évincé. Mais l'amalgame entre les Français libres et les anciens de l'armée d'armistice – qui prêtèrent serment au Maréchal – n'est pas simple. Le sujet anime beaucoup les discussions de popote, notamment là où l'on ne se bat pas encore. Car le combat se charge de ramener à leur juste mesure ces luttes fratricides entre ceux auxquels l'histoire donne raison, et les autres. De Gaulle a

d'ailleurs décidé de hâter le processus, vital pour la cohésion de l'armée. Il a ainsi officiellement dissous les Forces françaises libres, désormais remplacées par une France combattante plus œcuménique (on ne dit plus *Free French squadron*, mais *Fighting French squadron*!). Cette décision a bien sûr fait fleurir les croix de Lorraine sur les uniformes des anciens Français libres, d'autant plus soucieux de marquer leur origine... Schlœsing n'a pas échappé à cette coquetterie.

Pour l'heure, un sujet occupe tous les esprits : la bataille de Normandie. Les Alliés piétinent, ou du moins progressent moins vite que prévu. Les Allemands, malgré un rapport de force très inférieur sur tous les plans, se battent avec un acharnement exceptionnel et un sens tactique remarquable. Proportionnellement, ils infligent beaucoup plus de pertes aux Alliés qu'ils n'en accusent. Pourtant l'issue de cette gigantesque bataille ne fait aucun doute. La *Werhmacht* résiste, contient et freine une avance qu'elle est incapable d'arrêter, ni surtout de refouler. Paris sera libéré avant l'hiver, les Alliés n'en doutent pas. Mais chaque jour de combat, livré dans un bocage où la moindre haie devient une ligne de défense, leur vaut des centaines de morts. Toujours bloqués devant Caen, qui devait être prise le 6 juin, ils déclenchent le 18 juillet une offensive qui doit permettre au maréchal Montgomery de faire sauter ce verrou. La prise de la ville est indispensable pour compléter le mouvement d'encerclement des divisions allemandes dans la région de Falaise. Eisenhower entend naturellement les détruire en Normandie, plutôt que de les pousser devant lui jusqu'à Berlin...

Après une première opération à Dreux le 17 juillet, Schlœsing prend part le 18 à la mission de couverture de deux mille cinq cents bombardiers alliés engagés en prélude à l'offensive finale sur Caen. Jamais il n'a vu autant d'avions en l'air. Par blocs compacts de plusieurs centaines d'appareils, les forteresses volantes de l'Air Force, les *Lancaster* et *Halifax* de la RAF se succèdent au-dessus de la banlieue caennaise, en un convoi de plusieurs kilomètres de long. Deux cents chasseurs britanniques et américains les accompagnent.

Il n'y a pas d'Allemands pour s'attaquer à cette armada. La *Luftwaffe* a totalement et définitivement perdu la suprématie dans le ciel de France. Ses chasseurs n'apparaissent que subrepticement, lorsque les conditions météo sont favorables. Ils attaquent avec le bénéfice de la surprise, là où ils peuvent rapidement établir un rapport de force favorable, pour disparaître aussitôt après l'engagement. En revanche, jamais leur *Flak*[3] n'a été aussi puissante. Des milliers de canons et de mitrailleuses sont camouflés dans le bocage, les agglomérations, les hameaux. Les objectifs tactiques, militaires ou d'infrastructure, sont défendus par des concentrations importantes de ces armes, et notamment de redoutables quadritubes de 20 m/m. Caen et ses abords en sont truffés.

Fournier vole en tête du groupe. Schlœsing, légèrement au-dessus et en arrière de son ami, commande la section jaune. Massart, numéro trois pour la circonstance, le suit de près. Kennard ferme

◂ Massart, Fournier et Schlœsing, en haut, Kennard (alias Pierre Laureys). Quatre anciens, quatre survivants.
▴ Printemps 44 ; « l'Île de France » quelques jours avant de rejoindre la Normandie. Schlœsing y est « surnuméraire », en attendant qu'une escadrille française se libère. De gauche à droite, de l'arrière vers l'avant : Lagarde, Trouillet, Osmanville, Sanlys, de Reynal, Huin, Butel, Porchon, Guilloux, Réveilhac, Leplang, Lepage, Demas, Royer, Boudry, d'Istria, Massart, Fournier, Schlœsing, Laureys, Guignard.
▴ Hardy, Reveilhac, Royer, trois jeunes lieutenants engagés dans la bataille de Normandie.

la marche avec les bleus. Comme prévu, la *Flak* est au rendez-vous. Un véritable mur d'acier attend les bombardiers au nord de Caen. Beaucoup sont touchés. Les *Spits* du 340, moins vulnérables, ne constituent pas la cible prioritaire des artilleurs allemands. Mais la concentration des explosions autour des *boxes*[4] de bombardiers n'en est pas moins impressionnante. Touché, Massart se pose sur un terrain de secours.

À l'arrivée sur l'objectif, aux abords est de la ville, les bombardiers ouvrent leurs soutes, déversant leur cargaison avec précision sur les lignes allemandes. Le spectacle est terrifiant. Les chapelets de bombes explosent en déroulant un impressionnant tapis de feu. L'onde de choc provoquée par chaque éclatement marque l'espace quelques instants, puis disparaît, aussitôt effacée par la suivante avant d'être absorbée dans un immense nuage de fumée.

À quelques milliers de mètres sous les ailes des avions, les Allemands sont écrasés dans leurs positions défensives.

À leurs côtés, dans les villages et dans la banlieue de la ville de Caen, des centaines de français meurent également. Les Alliés n'ignoraient pas qu'ils prenaient le risque de tuer un nombre élevé de civils. Les cibles ont donc été choisies avec le plus grand soin, et les bombardiers ont reçu des ordres stricts pour ne pas lâcher inconsidérément leur cargaison… Mais des villages entiers sont transformés en amas de ruines. Au terme de cette journée, près de six mille tonnes de bombes ont été larguées entre Caen et Troarn. Les Alliés ont progressé de moins de sept kilomètres, au prix de mille cinq cents tués dans leurs rangs et de plusieurs centaines parmi les civils. Eisenhower s'emporte : « *Qui peut imaginer que nous atteindrons un jour Berlin au rythme de mille tonnes de bombes au kilomètre…!* »

Quand il se pose, Schlœsing comprend mieux à quel point la guerre s'est transformée depuis un mois. Il y avait longtemps que les civils allemands mouraient sous les bombes à Berlin, Hambourg, Hanovre… L'idée qu'ils soient délibérément choisis pour cible était déjà difficilement supportable. Leur allégeance à un fou, qui certes le premier avait bombardé Londres, valait-elle la mort de ces vieillards, de ces femmes, de ces enfants ? Et maintenant… Faut-il que les Alliés choisissent d'écraser des Français sous d'autres bombes pour reprendre l'initiative et épargner la vie de leurs soldats ? La place de ces équipages de bombardiers n'est décidément pas enviable.

Pendant un mois, les missions vont se succéder, presque quotidiennement. Pour nombres de groupes de chasse de la RAF, la bataille de Normandie se résume rapidement aux deux types d'actions dévolues à la *2nd Tactical Air Force*, radicalement différentes l'une de l'autre : l'escorte de bombardiers, comme le 18 juillet à Caen, et l'appui des troupes au sol. Si les premières sont moins dangereuses pour les chasseurs face à une *Luftwaffe* très affaiblie, les secondes sont doublement risquées. En effet, conduites à très basse altitude, elles rendent les avions très vulnérables à la *Flak*, tout en en faisant des cibles privilégiées pour les chasseurs allemands en maraude. Lancé à plus de cinq cents kilomètres heure au ras des arbres, des clochers et des lignes électriques, le pilote doit disperser son attention tout en restant concentré sur un vol techniquement très délicat. Il lui faut en effet déceler des objectifs d'opportunité souvent bien camouflés, apercevoir les départs de *Flak* pour tenter

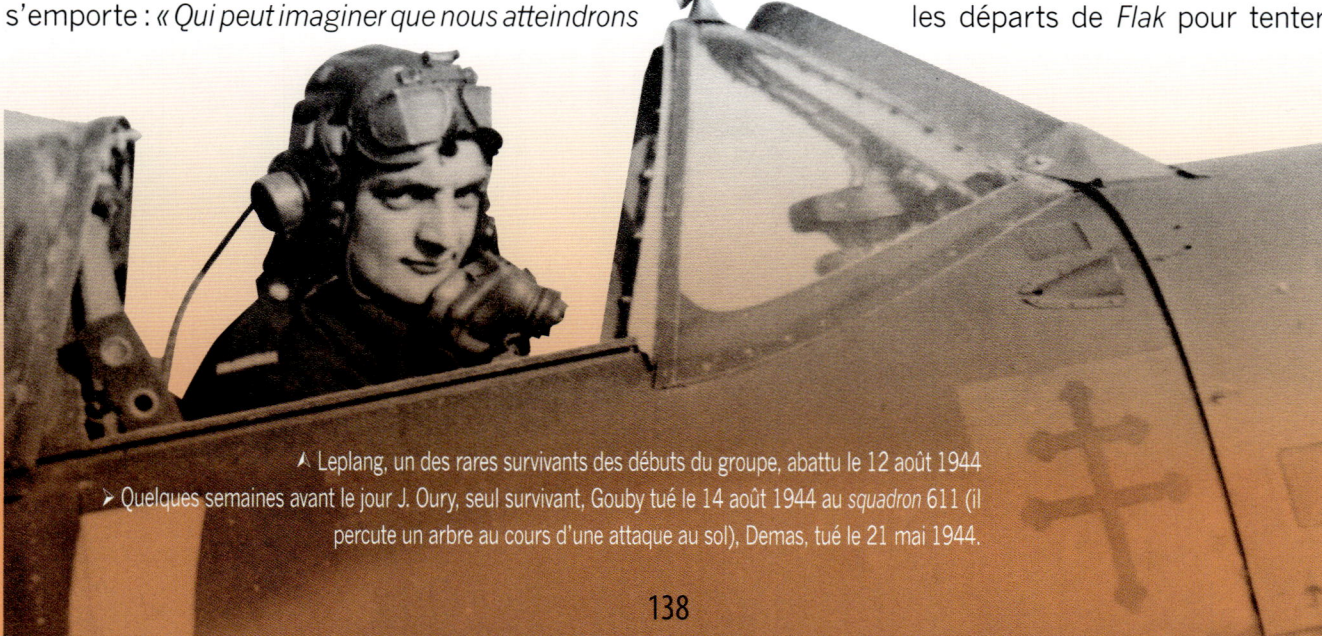

⋏ Leplang, un des rares survivants des débuts du groupe, abattu le 12 août 1944
⋗ Quelques semaines avant le jour J. Oury, seul survivant, Gouby tué le 14 août 1944 au *squadron* 611 (il percute un arbre au cours d'une attaque au sol), Demas, tué le 21 mai 1944.

d'y échapper, et garder enfin un œil vers le ciel, d'où peuvent surgir quelques chasseurs isolés. Ce genre de sport est dangereux… et particulièrement éprouvant pour les nerfs!

Tantôt à la tête d'une section, tantôt leader du *squadron*, Schlœsing escorte des bombardiers sur Dieppe, Saint-Omer, Saint-Cyr-L'école, Fontainebleau… À plusieurs reprises il assiste à la destruction en vol d'appareils qui, impassibles, traversent en formations serrées les rideaux défensifs allemands. Deux fois, en juillet, il commande des missions d'appui feu, en région parisienne et au-dessus de l'Orne, traquant les colonnes en retraite vers la Seine.

Le rythme des opérations lui laisse pourtant encore l'opportunité d'aller, d'un coup d'ailes, retrouver Rosemary, de temps à autre. La guerre ferait presque oublier que c'est l'été, et qu'il y a comme un air de «vacances» dans le Sud de l'Angleterre… Rosemary profite de la propriété familiale, de sa piscine en plein air, où elle accueille Jacques-Henri le temps d'une soirée ou d'une journée de permission.

Comme le relèvent les courriers des mois de juillet à Rosemary, la vie prend ainsi une tournure surréaliste, où alternent sans transition les combats les plus risqués au-dessus de la France et les moments de détente en Angleterre :

«Jeudi 26 juillet

Après vous avoir quittée hier matin je suis arrivé ici en un temps quasi record pour tomber en plein sur la visite du général Bourcat, C in C[5] de l'aviation française. Malan[6], un peu étonné de me voir arriver quand tout était à peu près fini, m'a dit : où étiez-vous ce matin? Il a bien fallu que je lui dise que je me trouvais avec la plus charmante personne que la terre ait portée, ce qui justifiait toutes les désertions et fit pleurer de tendresse tous les air marshals[7] et généraux présents. Pour me punir néanmoins, on m'a assis (de force) à côté du C in C et il m'a fallu remplir son verre, lui passer le sel et le poivre et avoir l'air enchanté de son esprit… The way I'm going, it is just as well, I think, that I should censor my own letter[8]. Sans parler de sentiments très personnels dont je me retiens d'explorer les détails.

Hier soir, comme petit divertissement, j'ai eu l'occasion de passer juste au- dessus de Chantaloup, la maison de campagne de mes parents, assez bas. J'avais envie de descendre voir s'il y avait quelqu'un, mais ne le pouvais pas. De là, nous avons été à Paris, ou presque, et jeté un coup d'œil sur la tour Eiffel et un tas d'endroits bien connus. C'et curieux de se trouver là, près à toucher,

en pleine vue de ce que l'on voudrait savoir et d'ignorer complètement ce qui s'y passe.

Thursday 27th.

J'ai été interrompu hier pour aller faire une autre ballade, du côté de Fontainebleau, SE of Paris, où j'ai passé beaucoup de vacances! Il faisait un temps magnifique et j'aime ces grandes chevauchées au-dessus des provinces françaises…»

Le 12 août, le 340 enregistre sa première perte depuis le début des opérations sur la France. Schlœsing est en tête du groupe. Un dépôt d'essence et de munitions est attaqué dans la forêt de Montrichard, à quelques kilomètres de Tours. Sur le chemin du retour, à l'ouest de Chartres, le sous-lieutenant Leplang et son ailier, le sergent Trouillet, aperçoivent un avion volant largement au-dessous de la formation. Ils dégagent et foncent vers cet isolé pour l'identifier, mais perdent le contact avec le reste du groupe. La ruse des Allemands fonctionne parfaitement : six *Messerschmitt* 109 surgissent brutalement et engagent le combat. Leplang ne parvient pas à larguer le réservoir supplémentaire emporté pour la mission. Alourdi par cette charge qui l'empêche de manœuvrer, il est presque aussitôt abattu, sans que son ailier puisse lui venir en aide. Lui-même attaqué par d'autres avions, Trouillet voit son chef s'écraser en flamme dans un champ. Il finit par se tirer d'affaire en abattant un 109 et en endommageant un second, et se pose à court d'essence dans les lignes amies.

Le surlendemain, c'est au tour des lieutenants Homolle et du sous-lieutenant Lepage d'être très sérieusement touchés par la Flak au cours d'une attaque au sol dans la région de Trouville.

Un nouveau drame survient le 16 août. Le sergent Trouillet, qui a miraculeusement survécu au combat du 12 est percuté au décollage par le *Spitfire* qui le suit. Son avion prend aussitôt feu. Les munitions contenues dans les ailes commencent à exploser, interdisant aux

non sans nostalgie. Quand ils traversent la Manche pour la dernière fois aux commandes de leurs avions, Schlœsing, et quelques autres, songent qu'ils touchent enfin au but. Mais ils sont bien seuls pour savourer l'instant! La page qui se tourne dans leur vie est aussi celle d'un livre d'histoire, écrite avec beaucoup de camarades aujourd'hui disparus. Et l'Angleterre, dont la côte s'estompe rapidement derrière eux restera leur seconde patrie, bien qu'ils y aient connu les pires moments de solitude.

Bayeux, la Normandie… dès que les roues du *Spit* se posent sur l'herbe grasse du terrain de Sommervieu, une nouvelle vie commence, dont Schlœsing s'empresse de livrer les premières impressions à Rosemary.

« Mardi 22 août.
Comment vous décrire l'arrivée ici et par quoi commencer? Notre airfield[10] *était couvert de poussière à l'arrivée et depuis s'est transformé en mer de boue. Au milieu de tout cela émergent quelques fermes, qui essaient de continuer à exister au milieu du trafic incessant, et les vaches paissent entre les Spitfire. Les paysans d'ici sont polis et même gentils, mais ils ont autre chose à faire qu'à vous le témoigner tout le temps, surtout deux mois et demi après le Débarquement.*
Fournier et moi avons passé nos heures libres à nous balader aux environs en jeep. Nous faisons un peu la découverte de notre propre pays, plein de très jolies vieilles églises et de maisons de tous siècles très belles, en particulier dans la ville proche où la cathédrale est magnifique, B[11]*.*
Pour ne rien vous cacher, j'ai passé hier l'après-midi avec trois jeunes filles françaises, dans la maison d'un Français qui a passé les trois dernières années dans la RAF. Il est maintenant rentré chez lui, y a retrouvé sa femme et ses enfants sains et saufs, en dépit des combats incessants autour d'eux. La maison a reçu plusieurs obus et est assez abimée […]. Les Allemands occupaient la moitié de cette maison qui n'a pas souffert jusqu'à leur départ. Malheureusement, depuis l'arrivée des Alliés, se sont passés des incidents fâcheux que je vous raconterai. C'est triste et décourageant.

Vous imaginez mon excitation et impatience en apprenant que les Américains ont traversé la Seine à Mantes et établi une tête de pont aux environs, car c'est précisément là que

pompiers de s'approcher du brasier… Le malheureux Trouillet meurt brûlé vif dans son cockpit sous les yeux de ses camarades.

Ce soir-là, Schlœsing apprend qu'il est fait Compagnon de la Libération, puis chevalier de la légion d'honneur avec une quatrième citation à l'ordre de l'armée de l'air[9]. Personne ne songe à fêter la nouvelle. C'est aussi ce 16 août 1944 qu'Olivier, le petit frère, touche le sol de France, débarquant devant Cavalaire. Il sera blessé par éclats de mortier quelques jours plus tard à la tête de sa section de tirailleurs sénégalais, en libérant Hyères.

Le 19, l'ordre tant attendu du départ vers la France est enfin reçu. L'« Île-de-France » et l'« Alsace » rejoignent ensemble le terrain « B8 », à Sommervieu, six kilomètres au nord de Bayeux. Pour les plus anciens, quatre ans d'exil s'achèvent, dans la joie bien sûr, mais

▲ Croix de la Libération, attribuée par décret du 16 août 1944, avec la légion d'honneur. Schlœsing n'aura le temps de ne porter ni l'une, ni l'autre.

▶ Le commandant Lucien Martel et Claude Raoul-Duval, photo prise à B8 (Bayeux). Comme Schlœsing, Raoul-Duval fut abattu au-dessus de la France et rejoingnit l'Angleterre après 6 mois d'activité clandestine au sein du réseau Bourgogne.

▶ «Sailor» Malan, as Sud-Africain de la RAF commandant le 145tth *wing* de mars à juillet 1944. Malan comptait 27 victoires homologuées.

se trouve Chantaloup, et peut-être ma famille. Je vais essayer d'aller voir.
D'autre part, j'ai enfin reçu des nouvelles de mon frère François, du Maroc. Cela me rassure car je trouvais ce silence inquiétant. J'ai reçu deux lettres de vous ici. Elles me font croire à votre proximité, car elles sont écrites exactement comme vous me parlez et je crois presque vous entendre, j'imagine vous voir en les lisant. [...]
Cette lettre est si honteusement embêtante que j'ai envie de la déchirer sur le champ. C'est un ramassis de bêtise pure et de factual statements[12], comme un mauvais article de journal. C'est terrible de ne pouvoir faire mieux, surtout en pensant quels yeux charmants et critiques vont la lire. Mon seul espoir est qu'ils soient aveuglés. Mon excuse (bien mauvaise) est l'énorme bol de lait (une bonne pinte) que je viens d'avaler, suivi d'un œuf gobé et précédé de camembert sur une tartine de beurre normand. Le tout pris entre le breakfast et le déjeuner, a achevé d'engloutir les vagues lueurs de mon esprit.
Ce récit, s'il arrive aux oreilles de Daphné[13], la rassurera peut-être sur le bien-être de Jean. Vous pouvez même lui dire que J., ce matin, a passé une heure entière à recoudre ses bretelles et des boutons à son battle dress[14]. J'étais stupéfait de ce zèle.
Je crois que les nouvelles sont assez bonnes pour penser que cela peut finir avant l'hiver. Certains se refusent à le croire. Cela ferait une telle différence. [...]»

Vingt-quatre heures après que ce courrier fut parti vers Rosemary, Schlœsing apprend qu'il est désigné pour prendre le commandement du groupe «Alsace». Quelque vingt missions de guerre ont confirmé ses qualités retrouvées de pilote. Le voilà donc à nouveau jugé apte à assumer cette lourde responsabilité.
La tâche n'est pas simple, car il s'agit de succéder au commandant Lucien Montet, alias Christian Martell, as aux six victoires homologuées et aux six autres probables, qui a abattu l'un des meilleurs pilotes de chasse allemands : le *major*[15] Hermann Graff. Martell, colosse au sourire charmeur, est une autre légende des FAFL. Moniteur de voltige à Salon-de-Provence au moment de la déclaration de guerre, il est démobilisé sans avoir combattu. En avril 1942, il réussit à rejoindre l'Angleterre après de multiples tentatives avortées. Recruté au Bureau central de renseignement et d'action (BCRA)[16], il est parachuté en France et y organise un réseau de résistance. Ce

n'est qu'en janvier 1943 qu'il parvient enfin à se faire affecter comme pilote de chasse au groupe «Alsace», sous les ordres de Mouchotte. Il en prend le commandement dix mois plus tard.
Pour le groupe «Alsace», le départ de ce chef que tout le monde surnomme «Chris» est vécu comme un déchirement, relevé amèrement par le journal de marche de l'unité :
«Quelques jours après notre arrivée[17], une décision du haut commandement jette la consternation parmi nous. Le commandant Martell est envoyé au repos. Impression pénible que notre vieux groupe de Biggin Hill, privé maintenant de son ancien chef et de ses deux commandants d'escadrilles, est complètement décapité. Bruno abandonne l'idée de continuer dans ces conditions, se déclare fatigué et nous quitte. Les autres anciens du squadron, Girardon, Roos, Laurent, Guinemard, Gallay et le toubib marquent leur volonté de faire

survivre dans notre groupe cet esprit de camaraderie, de mutuelle confiance et de discipline librement consentie qui en fait une unité digne (c'est le mot du commandant Martell) "des grandes escadrilles de l'autre guerre".
Le commandant Schlœsing, Croix de guerre, DFC[18], au visage brûlé, héros d'une évasion de France après avoir été descendu en flammes dix-sept mois auparavant prend la tête du squadron. Sa simplicité et sa franchise aident à supporter le départ de notre "Chris". »

En fait, il est adopté d'emblée.
Le 25, Schlœsing prend officiellement le commandement de l'«Alsace». Martell a quitté le terrain au petit matin, à bord d'un bimoteur *Anson*. Ses pilotes, rassemblés pour le saluer une dernière fois, n'ont pas caché leur tristesse. Mais la guerre ne leur laisse guère le loisir de s'y abandonner. Aussitôt après, ils décollent derrière leur nouveau patron, direction Rouen. Les Allemands, toujours aussi prudents, ne s'approchent pas. Une seconde mission est déclenchée en fin d'après-midi. Cette fois le groupe s'envole vers Caudebecq, pour un second *sweep* avec escorte de *Typhoon*[19]. Une colonne de camions et de blindés est détruite, malgré une Flak redoutable. À 18 h 35, tous les avions se reposent à Sommervieu.

Une bonne nouvelle chassant rapidement une mauvaise, en ces jours de l'été 1944... la soirée est joyeuse, sous la tente qui sert de mess : Paris est libéré! Annoncée prématurément par radio Londres, la nouvelle courait depuis quarante-huit heures. Mais ce n'est que deux jours plus tard que les Allemands capitulent effectivement, après deux semaines d'un soulèvement organisé par les Forces françaises de l'intérieur (FFI) et l'intervention de la 2ème division blindée du général Leclerc de Hauteclocque. Cette division, récemment débarquée en Normandie, s'est en effet lancée le 23 dans un raid d'Alençon à Paris. Le général américain Gerow, patron du corps d'armée, l'avait formellement interdit. Mais Leclerc, bien qu'il lui soit subordonné, prend aussi ses ordres chez de Gaulle... Et il n'est pas question pour le Général que d'autres que des Français hissent le drapeau de la victoire sur Paris. Il en va de son crédit, mais aussi de sa légitimité, qu'il faut asseoir dans une capitale qui, voici quelques semaines, acclamait encore le Maréchal Pétain! Furieux et mis devant le fait accompli, les Américains ordonnent néanmoins à leur 4e division d'infanterie de soutenir l'action de la 2ème DB. L'affaire n'est pas sans risque, mais elle est menée de mains de maître par le brillant tacticien de quarante-trois ans qu'est Leclerc. Le 24 au soir, ses groupements tactiques atteignent la banlieue Sud et se heurtent aux défenses allemandes. Dans Paris, la situation est confuse, et l'on craint les réactions de désespoir des Allemands. Leclerc ordonne à l'un de ses régiments de se porter au secours des FFI assiégés à l'hôtel de ville. Le capitaine Dronne du Régiment de marche du Tchad, atteint son objectif avec cent vingt hommes à la tombée de la nuit. Le lendemain matin, les blindés de la division franchissent la porte d'Orléans et bousculent les poches de résistance rencontrées. Les Allemands résistent encore farouchement et de nombreux duels de chars meurtriers jalonnent la progression des *Sherman* de la 2ème DB, de la rue de Rivoli aux jardins du Luxembourg.

À 15 h 30, ce 25 août, le général von Choltitz, commandant la

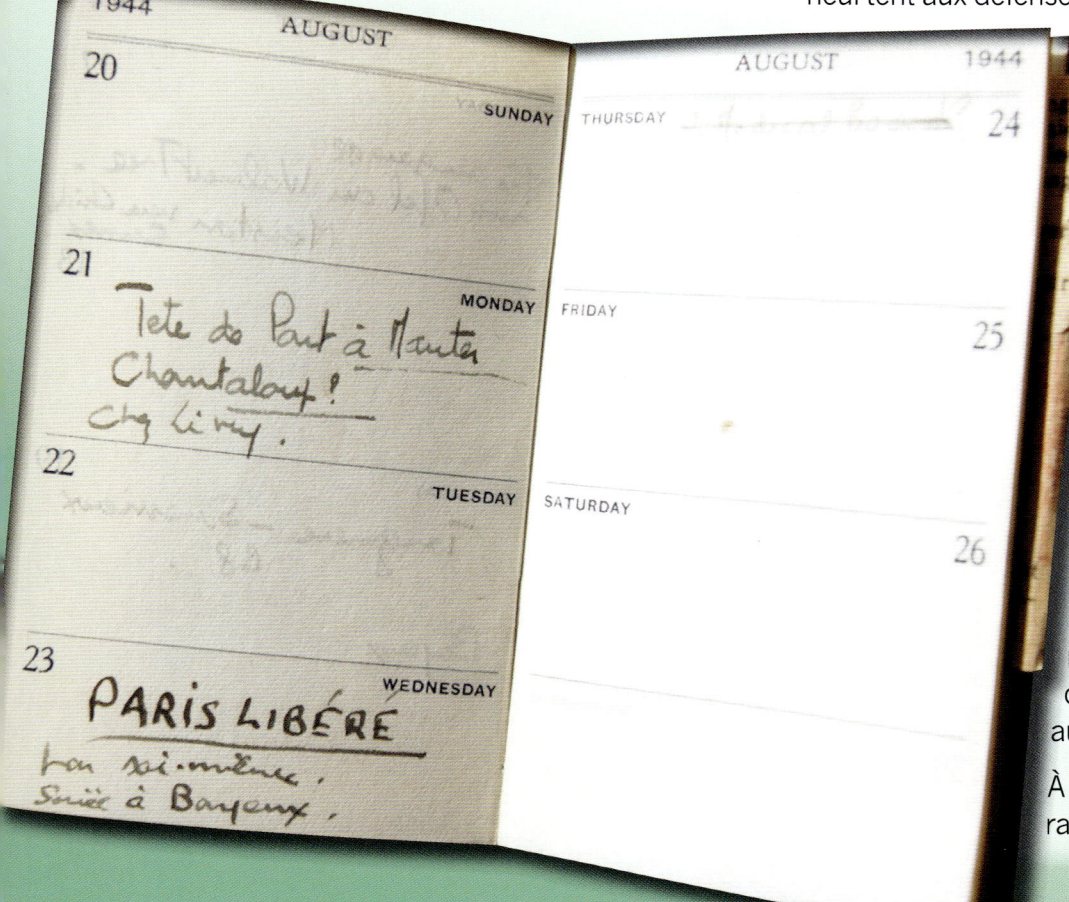

garnison allemande, signe néanmoins l'acte de reddition de ses troupes. Sa désobéissance à un ordre formel d'Adolf Hitler, qui voulait faire de Paris «un second Stalingrad», a épargné des pertes massives et le dynamitage des plus beaux monuments de la ville. Dans l'après-midi, le général de Gaulle rejoint Leclerc à la gare Montparnasse et gagne ensuite l'hôtel de ville pour y prononcer son premier discours parisien. Il demande au patron de la 2ème DB d'organiser l'entrée officielle de son gouvernement dans Paris, le lendemain. De Gaulle arrivera à 15 heures place de l'Étoile, entouré des dignitaires du Gouvernement provisoire de la république (GPRF). Ensemble, ils descendront les Champs-Élysées et se rendront à la cathédrale Notre-Dame, pour y assister à une messe d'actions de grâce.

Au retour d'une soirée très arrosée à Bayeux où il fête l'événement avec ses pilotes, Schlœsing prend la plume. Il écrit ses dernières lignes à Rosemary.

« *Friday 25 août 1944.*
Ma très chère (très, très) Que vous dire que vous ne sachiez déjà?
Au milieu des vols on a ici le temps de se réjouir des nouvelles qui nous arrivent de Paris. C'est extraordinaire et c'est passé, comme le reste, de façon imprévue. D'après les communiqués, on a dû se battre sous les fenêtres de notre maison. Je ne pourrai pas y aller d'ici quelque temps, mais ne manquerai pas la première occasion. Pendant ce temps ma pensée vous suit, là-bas, sous les doodle bugs[20], avec vos visites quotidiennes et votre petit travail aux Beaux-Arts l'après-midi. De mon côté, un léger changement dans mon adresse et ma fonction :
Frog. 115. Officers mess 341 Squadron RAF c/o British liberation army.
Je suis maintenant le collègue next door[21] de Fournier depuis hier. C'est la fin de ma vie de bohème au 340, avec rien à faire. Il faut dorénavant que je fasse semblant de me prendre un peu plus au sérieux. [...] Écrivez-moi tout le temps, car je pense à vous tout le temps, et à Paris.
C'est fou, fou, fou. Serait-ce la fin? Ici en France, que de contrastes, de misères, de réjouissances, de célébrations, de destructions, d'enthousiasme et d'irréparable. Un des officiers a rencontré sa sœur dans la rue et a appris que sa mère était très gravement blessée et deux autres membres de sa famille tués par des bombes, à Caen. D'autres sont allés voir leurs parents au Mans, bien.
Je voudrais, comme un fou, être à Paris, si près.
Il est très tard comme je vous écris et je ne puis me lancer dans de longs récits [...]; il faut du sommeil lorsqu'on vole.
Les combats actuels sont d'une férocité irracontable et les détails qui arrivent du front sont parfois terribles. [...] Je vous aime beaucoup et vous dit bonsoir et à BIENTÔT.
Frog. »

Notes
[1] Force aérienne tactique.
[2] 145ème escadre de chasse composée des 340 («Île de France») 341 (Alsace), 329 (Cigognes) *French squadrons*.
[3] Flugzeugabwehrkanone : artillerie antiaérienne.
[4] Boîtes : formations très compactes de bombardiers, qui ne peuvent être que difficilement pénétrées par la chasse adverse.
[5] Commandant en chef. Il s'agit en fait du général Bouscat.
[6] Le *wing commander* Malan, commandant l'escadre.
[7] Général de corps d'armée aérienne.
[8] Compte tenu du ton qu'elle prend, je crois qu'il vaut mieux que je censure ici ma propre lettre.
[9] Voir annexe III.
[10] Aérodrome.
[11] Il s'agit de Bayeux, non mentionné pour éviter la censure.
[12] Faits sans intérêt.
[13] L'épouse du commandant Fournier.
[14] Veste de combat.
[15] Commandant.
[16] Services secrets de la France Libre.
[17] À Sommervieu.
[18] *Distinguished flying cross*, décoration élevée dans la hiérarchie des médailles décernées aux aviateurs britanniques. La DFC est réservée aux officiers.
[19] Le *Typhoon* était un chasseur monomoteur puissant, très vite transformé pour les missions d'appui feu. Il était équipé de quatre canons de 20 mm et surtout de huit roquettes anti-char de 127 mm.
[20] Surnom donné aux bombes volantes V1.
[21] Voisin de palier.
[22] Grenouille, surnom traditionnel donné par les Britanniques aux Français.

◂ Paris Libéré... Ceux qui restent semblent enfin pouvoir toucher au but.

Chapitre XXII

26 Août 1944

« À BIENTÔT. »

Tant d'espoir est contenu dans ces deux mots... La fin de la guerre, le retour à la vie sont désormais envisageables, et pourtant encore inaccessibles. Petite lueur précieuse et fragile, que chacun entretient secrètement, cet espoir n'abandonne plus Schlœsing, pas même quand il prépare une nouvelle journée de combat.

Une de plus? Pas seulement. Paris étant libéré et la retraite allemande inexorable, l'action prend un autre sens. C'est un peu comme si, désormais, la vie de chacun des combattants reprenait un peu de sa valeur.

Certes on n'en est pas encore là, mais est-il pire destin que d'être le dernier mort d'une guerre? «Bientôt», la France sera libérée, et l'Allemagne capitulera. Avant l'hiver, peut-être. «*Cela ferait une telle différence*», écrivait Schlœsing dans son courrier précédent... La différence, c'est bien sûr un certain nombre de vies à donner d'ici là.

Combien? Beaucoup sans doute, car l'hiver est encore loin.

Comme la veille, c'est une belle journée qui s'annonce et devrait permettre de mener au moins deux missions.

La poche de Falaise est maintenant refermée. Pour l'essentiel, les Allemands qui se sont battus en Normandie y ont été anéantis et les survivants sont désormais prisonniers. Ceux qui ont pu échapper à l'encerclement ont atteint la Seine, au nord de Paris. Rétablis sur cette coupure, ils tentent une nouvelle fois de contenir l'avance alliée et de sauver ce qui peut encore l'être, d'hommes et de matériels. Les Alliés s'acharnent naturellement sur ces éléments résiduels, aux environs des quelques points de passage que la Wehrmacht tient à grand-peine, faute d'artillerie, de chars et d'avions. C'est vers cette tête de pont que l'«Alsace» va s'envoler à deux reprises dans la journée.

Le groupe décolle une première fois à 10 h 35. Trois sections de quatre avions quittent le terrain à quinze minutes d'intervalle. Chacune d'elles file vers les abords sud de Rouen, où sont signalées quelques colonnes, camouflées le long des itinéraires de retraite en attendant la nuit pour reprendre leur déplacement...

Quinze minutes de vol suffisent pour atteindre la zone de chasse. Là commence la maraude, à basse altitude.

Concentré à l'extrême, Schlœsing emmène sa section dans le dédale de haies et de bosquets qui couvrent la campagne rouennaise. La cime des arbres défile à plus de quatre cents kilomètres heure, quelques mètres à peine sous ses ailes. Chaque équipier scrute le paysage dans son secteur d'observation. Lui se concentre sur la direction de vol, tous les sens en éveil, prêt à détecter le premier départ de coup d'une batterie de *Flak*, où l'image furtive d'un véhicule en stationnement.

◂ *Battle dress* identique à celui que portait Schlœsing.
▸ Le nouveau patron de l'Alsace. Quelle ressemblance entre ce commandant défiguré et le jeune aspirant arrivé en Angleterre 4 ans plus tôt?
▸ Maurice de Saxcé, équipier du 26 août au matin.

Soudain il aperçoit ce qui ressemble à une moto, sur une petite route de campagne, à l'ouest du village de Boos. L'estafette allemande ne peut pas les entendre. Schlœsing transmet l'information à son numéro trois, qui s'alignera plus facilement sur la cible en reprenant un peu d'altitude. À l'instant où le motard perçoit le vrombissement du premier *Spit*, il est touché par le tir précis des deux canons de 20 m/m de l'aspirant de Saxcé. Le sergent Dabos confirme brièvement la destruction de l'objectif.

Une fraction de seconde plus tard, c'est l'aspirant Laveissière qui signale un camion isolé, camouflé le long d'une clairière bordant la petite départementale. Il faut cette fois dépasser l'objectif et virer largement pour pouvoir revenir l'attaquer sur un axe favorable. S'il n'est pas seul et si jamais il est défendu, ce qui est fort probable, la section deviendra subitement très vulnérable. Cette simple manœuvre permet en effet à l'ennemi de préparer ses tirs, en prenant quelques secondes d'avance cruciales sur les attaquants. En amorçant son virage, Schlœsing ordonne à Saxcé et Dabos d'assurer leur couverture, pendant qu'il attaquera le camion avec Laveissière. Ils dégageront ensuite par la droite.

Effectivement, alors qu'ils engagent enfin leur piqué sur l'objectif, les deux *Spits* sont subitement encadrés de petits flocons noirs marquant l'explosion des obus de 20 de la *Flak*. Les détonations proches créent parfois un trou d'air perceptible dans les commandes de l'avion. Sans même s'en rendre compte, les deux pilotes rentrent la tête dans les épaules, contractent chacun de leurs muscles en se tassant dans leur siège et attendent le choc d'un impact. À cet instant, leur protection tient bien plus à leur vitesse d'approche qu'à la fine plaque d'acier qui protège seulement leur dos, ou au minuscule pare-brise blindé… Imperturbablement, sans rien modifier à l'axe d'approche, Schlœsing et Laveissière foncent en retenant leur tir. Ce n'est qu'à trois cents mètres du véhicule qu'ils ouvrent le feu de toutes leurs armes, successivement, pendant deux brèves secondes. Le camion, sans doute chargé de munitions, explose dès les premiers impacts. Aussitôt après, tirant d'un coup sur le manche et engageant son virage à droite, Schlœsing déclenche une ressource brutale qui les sort des grilles de visée de la *Flak*. Écrasé sur son siège par l'augmentation brutale du facteur de charge, incapable de tourner la tête, il cherche du regard les *Spits* de Saxcé et Dabos qu'il doit retrouver au plus vite. Au même instant il entend Saxcé annoncer : «Bingo, *Turban leader*! *Red 3* à vos 15 heures»[1].

C'est passé! De justesse sans doute, mais c'est passé, encore une fois. Les quatre *Spits* ont reconstitué leur formation et prennent la direction de Bayeux, qu'ils apercevront bientôt à l'horizon. Avant de l'atteindre, il faut refranchir l'invisible ligne de front, qui les libérera de la menace des canons allemands.

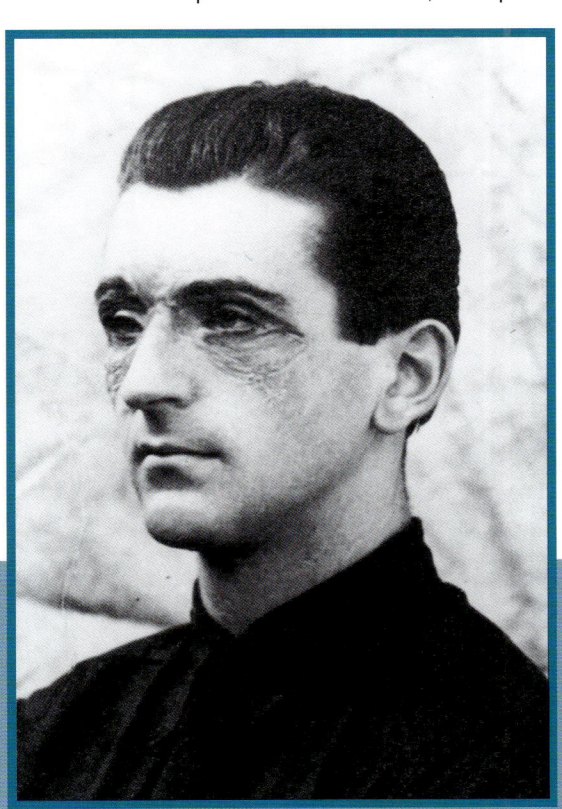

Quand ils se posent, à 11 h 45, Schlœsing et ses camarades ont la satisfaction de trouver sur le terrain les deux autres sections au roulage. La chasse a été bonne. Roos et Brunschwig ont détruit ensemble un transport de troupe blindé. Le sous-lieutenant Borne et le sergent Cristinacce ont ajouté à ce premier bilan de la journée deux camions et deux transports de troupes. Ils ont eu de la chance... et il en faut au moins autant que du sang-froid en pareilles circonstances!

Les douze hommes retrouvent le reste du groupe pour un repas rapidement avalé à l'ombre des pommiers, pendant que les mécaniciens s'affairent sur les avions, complétant les pleins d'essence et rechargeant les armes. Ceux qui rentrent de mission sont souriants et soulagés mais ne se livrent à aucune effusion. Chasseurs dans l'âme, ces hommes ne goûtent que modérément les «plaisirs» de l'attaque au sol. L'exécution de ce motard isolé en rase campagne ou la destruction de ce camion mal camouflé n'incitent pas aux manifestations de joie. C'est la mission. Un travail certes indispensable, puisqu'il épargne la vie de combattants au sol. Mais un travail peu exaltant, en dépit de risques très élevés. Alors ils le font consciencieusement, sans enthousiasme, avec une sorte de pudeur qui fait oublier les heures de gloire et les grandes démonstrations qui suivaient les duels aériens victorieux de Biggin Hill. Un temps qui pourrait presque sembler révolu, tant les chasseurs allemands se font rares.

13 h 15. Schlœsing est déjà au *dispersal* pour «briefer» le vol suivant, un second *sweep* dans la région Est de Rouen. Précédant de quinze minutes la section du lieutenant Robinet puis celle du capitaine Andrieux, il emmènera avec lui le sergent Le Goff et le sous-lieutenant Parent. Le décollage des premiers est fixé à 13 h 40. Souhaitant bonne chasse à ses pilotes, Schlœsing attrape ses équipements de vol et se dirige calmement vers son appareil, où il va prendre le temps de discuter quelques minutes avec ses mécaniciens.

À la même heure le *Hauptmann* Emil Lang se prépare lui aussi à décoller du terrain de Mons en Chaussée, dans la Somme. Lang – ses pilotes l'appellent «Bully» pour son physique peu avenant – commande depuis un mois le 2e groupe de la JG26, cette même escadrille que Schlœsing a déjà rencontrée dans le ciel d'Abbeville, le 13 février 1943.
Comme Schlœsing, Lang va entamer sa seconde mission de la journée. Le matin, il a croisé dans le ciel de Neuchâtel deux *Spitfire* du *squadron* 421, les abattant l'un et l'autre à deux minutes d'intervalle. Ce pilote expérimenté – il a trente-cinq ans et volait déjà pour la *Lufthansa* à la déclaration de guerre – compte cent soixante-douze victoires aériennes. Pas moins. Il est un des chasseurs les plus renommés de l'aviation allemande et revendique avec fierté un singulier record : celui du nombre d'appareils détruits dans la journée : dix-huit. Et les allemands sont plutôt tatillons sur les homologations. C'était fin 1943, au-dessus de Kiev. Pour l'heure, et comme chaque jour depuis son arrivée en Normandie, il va retourner sur la tête de pont alliée, essayer de soulager cette pression insupportable qui pèse sur les troupes au sol, sans cesse harcelées par les «*Jabos*»[2].

À la même heure encore, sortant du ministère de la Guerre à Paris, le général de Gaulle s'apprête à rejoindre en voiture la place de l'Étoile, où il retrouvera les membres de son gouvernement et les grands représentants de la Résistance et de la

France combattante. Les heures qui viennent appartiennent à l'histoire, il le sait. Elles symbolisent à la fois le terme d'un exil douloureux, la consécration d'un combat de quatre ans et surtout l'onction populaire qui assoiera la légitimité de son pouvoir en France.

Schlœsing refait les gestes mille fois répétés qui précèdent le décollage, avec la même application qu'au premier jour. Dès que son avion a quitté la piste, il a un dernier coup d'œil pour le clocher et les deux flèches de la cathédrale de Bayeux, nichée au cœur de la ville et pourtant si proche du bocage et de quelques vaches qui paissent tranquillement tout à côté...

Les trois *Spitfire* ont très vite franchi la ligne de front et filent plein ouest, à grande vitesse. Lors du briefing, l'officier renseignement leur a clairement indiqué une colonne importante, probablement stationnée aux environs de Gisors. Ils commenceront par là, avant de revenir vers Rouen.

Elbeuf, Fleury sur Andelle, Étrepagny. Rien.

Aux abords de Gisors, enfin, un véhicule qui semble isolé, sur une route de campagne. Il est détruit en un passage. Pas de réaction de la *Flak*... Les Allemands sont peut-être partis. Ou alors ils sont bien là, mais décidés à ne pas dévoiler leur dispositif, lassés par les attaques incessantes de ces avions qui tournent au-dessus de leurs têtes. Plus ils en abattent, plus il en vient...

14 h 10. Après avoir fouillé vainement la zone où le camion flambe, Schlœsing reprend la direction du nord. Les trois avions s'enfoncent alors une nouvelle fois dans le pays de Bray, cette parcelle de France aux confins de la Normandie et du Nord, creusée de vallons profonds, recouverte d'une forêt haute qui laisse parfois la place à un bocage serré. Sautant d'une colline à l'autre, suivant le cours sinueux des rivières, les *Spits* progressent rapidement vers Gournay-en-Bray.

14h15. Un ordre bref à la radio. Schlœsing ordonne à Le Goff d'aller reconnaître ce qui semble être une voiture blindée, dissimulée en plein bois. Aussitôt le jeune sergent pique vers l'objectif, tire, mais sans résultat apparent. En pleine ressource, alors qu'il remonte vers ses équipiers, Le Goff entrevoit sur sa droite une vingtaine de FW 190.

À l'instant même, un cri rompt le silence radio : « *Climb like hell !* »[3]

C'est la voix du « grand Chleu ». Il n'a rien vu venir, pas plus que Parent, dont l'appareil est déjà en feu. Deux Allemands s'acharnent encore sur le lieutenant.

Emil Lang s'est jeté sur l'avion de Schlœsing. Malgré une ressource brutale et une tentative de renversement, le patron de l'« Alsace » n'échappe pas à son poursuivant. Une longue rafale explose sur les ailes du *Spit*. Lang semble rivé à sa proie.

◂ Emil, « Bully » Lang, qui commande le II / JG 26. Il détient le record du nombre d'avions abattus dans une seule journée durant la Seconde Guerre mondiale : 18.
▴ Lang en Normandie début 1944.
▴ Fw-190A7 de la II : JG 26 ; photo prise en juin 1944.
▴ Débris du *Spitfire* immatriculé NL-C dans la cour de la ferme des Monts.

Il ne la lâche qu'après une seconde rafale, posée, précise, mortelle.

Seul dans le ciel, signalé par une arabesque de fumée grise, le *Spitfire* en flammes décrit une vrille désordonnée qui le rapproche du village de Beauvoir-en-Lyons. Plus rien ne semble pouvoir arrêter sa course folle vers ce point de chute.

Quelques secondes plus tard, l'avion explose dans la cour de la ferme des Monts, emportant avec lui le secret des derniers instants du «grand Chleu».

Il est 14 h 20. Paris est en liesse. Le général de Gaulle vient de retrouver les autorités de la France Libre, à l'ombre de l'Arc-de-Triomphe. Il s'avance vers les Champs-Élysées :

« Ah ! C'est la mer ! Une foule immense est massée de part et d'autre de la chaussée. Peut-être des millions d'âmes. Les toits aussi sont noirs de monde. À toutes les fenêtres s'entassent des groupes compacts, pêle-mêle avec des drapeaux. Des grappes humaines sont accrochées à des échelles, des mats, des réverbères. Si loin que porte ma vue, ce n'est qu'une houle vivante, dans le soleil, sous le tricolore.

Je vais à pied. Ce n'est pas le jour de passer une revue où brillent les armes et sonnent les fanfares. Il s'agit, aujourd'hui, de rendre à lui-même, par le spectacle de sa joie et l'évidence de sa liberté, un peuple qui fut, hier, écrasé par la défaite et dispersé par la servitude. [...]

Il se passe, en ce moment, un de ces miracles de la conscience nationale, un de ces gestes de la France, qui parfois, au long des siècles, viennent illuminer notre histoire. »

La Petite Flague, Bayeux. Le 17 Avril 2009.

Notes
[1] *Turban leader* est l'indicatif du commandant du groupe «Alsace». *Red 3* est l'indicatif du numéro trois de sa section, qui annonce sa position en utilisant la méthode du cadran solaire.
[2] *Jagdbomber* : chasseurs bombardiers.
[3] Je grimpe comme un diable !

⋀ La première sépulture de Jacques-Henri Schlœsing, dans le verger de la ferme des Monts à Beauvoir-en-Lyons. Les restes de la croix de Lorraine du *Spit* ont été déposés sur la tombe, devant les débris de l'avion.

⋖ Cette relique est aujourd'hui conservée à l'École de l'Air de Salon de Provence.

Le général de Gaulle arrive sur les Champs Élysées. Il est 15 heures. Paris est libéré.

POSTFACE

Par Olivier Schlœsing

Sous la veste d'uniforme ont été retrouvés, aux meilleures sources, non seulement le combattant, le chef, le Français libre, le fin pilote, mais aussi le jeune homme, le frère et le fils. Je soupçonne que cette plongée dans la vie du héros n'a pas été sans effet sur l'auteur… Quoi qu'il en soit, il m'a demandé de dire en postface ce que sont devenus, après le 26 août 1944, l'amie, les parents, la sœur, les frères. Soit !

Rosemary Kerr a été la plus fidèle amie des parents de Jacques-Henri, familière des étés d'après-guerre à Chantaloup. Elle leur offrit pour leurs noces d'or un voyage en Grèce[1], qui permit au pasteur de réciter pour les touristes, assemblés sur les gradins du théâtre d'Epidaure, une belle tirade de Racine. Rosemary a eu, jusqu'au bout, sa famille de France.

Andrée, la grande sœur admirée, a revêtu à son tour l'uniforme et servi comme « toubiba »[2] dans une petite unité assez spéciale du BCRA en Allemagne occupée. Puis elle s'est mariée, a élevé des jumeaux et est restée la grande sœur : gardienne des bons usages, des traditions, des souvenirs et des documents familiaux.

Pierre, le marin, après une longue maladie qui l'a mis hors jeu en 1944-1945 et un poste au cabinet du ministre de la Défense, a commandé une de ces canonnières fluviales en Indochine. Puis il a servi comme attaché naval et militaire en Scandinavie et aux Pays-Bas, élevant une très nombreuse famille.

François, mon plus proche par l'âge, l'engagé du 10 juillet 1940 à Liverpool devenu officier de marine sans bachot mais titulaire d'un *U-Boot*[3] éperonné en Atlantique Nord, avait postulé pour l'aéronavale. Ayant obtenu son brevet de pilote en Floride, il était basé à Agadir, chef de bord d'un hydravion Catalina voué aux patrouilles de surveillance maritime en Atlantique. Dès septembre 1944, son Catalina faisait la navette entre Alger et Paris, transbordant ministres et membres des cabinets vers la capitale retrouvée. Choisi comme pilote de l'amiral Thierry d'Argenlieu, haut-commissaire en Indochine, il fit alors la navette entre Saïgon et Paris aux commandes d'un *Lockheed Ventura* richement aménagé et baptisé *18 Juin 1940*, battant au passage le record de vitesse sur cette liaison. À Saïgon, il s'est marié sans sortir de la marine. Un bimoteur rapide, c'est bien… mais un monoréacteur de chasse c'est encore mieux, pensait ce fonceur à la carrière insolite. Il l'a eu. Basé à Hyères-Palyvestre, ce fut un *Hellcat*, avec lequel il s'exerçait aux appontages simulés sur piste lorsqu'il est tombé près du Luc, en Provence, en 1952. Il laissait trois jeunes enfants qui ne l'ont pas connu. La marine a fait de son épouse Paula la secrétaire quasi perpétuelle du chef d'état-major, rue Royale.

Le « petit dernier », Olivier, a fini la guerre vivant et entier – comme moins de la moitié de sa promotion de l'école de cadets de la France libre – toujours chef de section d'infanterie à la 1re DFL. Avec elle, il a défilé à Paris, le 18 juin 1945. Après des études reprises en 1945-1947, il a servi avec passion les débuts de la coopération européenne, puis, plus tard, la voix et l'intérêt français dans le concert des grandes compagnies pétrolières, notamment au Moyen-Orient. Mari heureux et heureux père de quatre enfants, c'est maintenant un vieux bonhomme privilégié – seul survivant de la fratrie – qui, sans le dire, sait ce qu'il doit aux autres, à commencer par ses parents, et depuis cinquante-cinq ans, à son épouse.

Seul survivant ? À moins d'y réintégrer les ombres lumineuses de ceux qui furent, et d'y admettre ceux dont les recherches, le travail, l'intelligence et le tact, les font revivre !

Admis : Patrick Collet.

Notes

[1] Celui qu'elle rêvait d'entreprendre avec Jacques-Henri après la guerre… (Ndla)
[2] Docteur, en arabe.
[3] Unterseeboot : sous-marin.

▲ Inauguration de la rue du commandant Schlœsing à Paris XVIème.
▲ La cérémonie a lieu en présence des parents de Jacques-Henri, de Rosemary. On y voit également Andrée, Pierre et Anaïs.
◄ Quelques unes des lettres de Jacques Henry à Rosemary Kerr.
▼ Les carnets, tenus au jour le jour de juillet 40 à août 44.

ANNEXE I

REPORTED MISSING[1]

Monsieur et Madame Schlœsing étaient effectivement à Chantaloup, en ce mois d'août 1944. C'est là qu'ils apprirent que Jacques-Henri avait été abattu. Mais il n'était pas mort... Simplement porté disparu, car personne n'avait vu son avion s'écraser au sol.

Pendant quelque temps, bien sûr, ils crurent au miracle. Ne les y avait-il pas un peu habitués?

Début septembre, une décapotable emprunta le chemin de la propriété. À l'intérieur, quatre grands gaillards en uniformes bleu louise de l'aviation française. Aperçus de loin, chacun d'entre eux aurait pu être Jacques-Henri. Mais alors que la voiture se rapprochait, il fallut renoncer au terrible espoir. Non, il n'était pas l'un d'eux. Et cette fois, il ne reviendrait certainement pas. C'est ce qu'étaient venus expliquer les camarades d'escadrille. Tout laissait craindre le pire : la violence de l'attaque, la faible altitude, la supériorité numérique des Allemands. Il y avait bien peu de chances que le commandant Schlœsing ait survécu.

Ils repartirent, laissant les parents avec le peu de doute qui subsistait... La fin des combats en Normandie permettrait peut-être de retrouver rapidement l'épave de son avion, et peut-être son corps.

Germaine L'Herbier Montagnon, infirmière pilote de la Croix-Rouge travaillant pour le service de recherche des morts et disparus de l'armée de l'air, arpentait depuis 1940 les champs de bataille, à la recherche des restes d'aviateurs français et alliés abattus. Sa mission était simple : mettre des noms sur des croix anonymes, ce qui revenait souvent à mettre un terme à de douloureux espoirs...

Le 10 octobre 1944, elle reçut cette lettre :

« Madame, Connaissant l'œuvre à laquelle vous vous êtes attachée […] et ancien de l'école de pilotage d'Istres […], j'ai été le témoin de la chute d'un pilote français de la RAF et vous écris afin de permettre son identification.

Le samedi 26 août dernier, les chasseurs allemands se sont invités au-dessus de mon village, le matin d'abord, où un pilote de la RAF fut contraint de sauter en parachute et fut fait prisonnier.

L'après-midi, vers 2 heures 30, deuxième combat aérien. Ce combat fut très rapide. Les Spitfire volant en formation dispersée au-dessus de deux mille mètres, j'ai pu voir le pilote attaqué se dégager pour amorcer un renversement, puis, attaqué à nouveau et presqu'aussitôt tomber en vrille et en feu.

Après le combat, je me suis rendu avec le chef FFI local (secrétaire de mairie), à l'endroit de la chute de l'avion, c'est-à-dire à l'entrée de la ferme de M. Duchauvel à Beauvoir-en-Lyons (Seine inférieure). Là, nous avons trouvé un groupe d'Allemands et un officier aviateur allemand venu en voiture. Ce dernier essayait de faire extraire le moteur des débris de l'avion profondément entré dans le sol, dans le but évident de récupérer quelque chose. Nous nous sommes retirés en voyant cela après son départ. Les recherches furent entreprises à nouveau le lendemain par M. Duchauvel, après extinction du feu qui avait couvé, puis repris. Des débris de l'avion nous avons retiré sous le moteur et les plaques de blindage, les restes carbonisés du pilote et quelques lambeaux de vêtements.

Madame Duchauvel m'a montré les quelques objets appartenant au pilote, et son insigne. J'ai reconnu tout de suite notre insigne de pilote français. Sachant que j'allais y trouver le numéro poinçonné derrière qui permettra son identification, j'ai noté ce numéro, qui est le n° 3 370 ou 3 870, les chiffres étant un peu effacés, et l'étoile qui se trouve au sommet est disparue, dessoudée par le feu, probablement.

Cet insigne est en dépôt à la mairie de Beauvoir-en-Lyons. Les restes du pilote furent, sur ma demande, mis dans un petit cercueil et enterrés sur place. Sur la tombe, nous lui avons mis l'insigne de l'avion, une croix de Lorraine[2] […].

M. Chovet, Beauvoir-en-Lyons. »

Germaine L'Herbier Montagnon se rendit sur place deux semaines plus tard. Elle savait que malheureusement le numéro inscrit au dos des insignes de pilote ne permettait généralement pas l'identification du propriétaire. Il lui en fallait donc davantage.

Elle fouilla elle-même, méticuleusement, les restes de l'épave, et rédigea le compte rendu suivant :

« Parmi les débris de l'avion, présumé Spitfire, abattu le 26 août 1944, lors d'un combat opposant quatre avions alliés à huit chasseurs allemands, on a retrouvé seulement :

La main gauche du pilote, restée intacte parmi les ferrailles calcinées (qui ne portait aucune bague) et une mèche de cheveux épargnés par l'incendie. En outre on releva une pince à ongles marquée Nogent, un petit canif, un peigne de poche à demi calciné, un couteau de la marque Opinel, une pince à épiler, un macaron de pilote (n°3 870) et une dent en or de la mâchoire supérieure. L'appareil portait sur le fuselage une croix de Lorraine rouge sur fond blanc, ainsi que les lettres PL.C.

Sur un morceau de l'aile droite, l'inscription suivante était imprimée en rouge : "NOT BE WALKED".

Sur le gouvernail de direction (qui est entoilé ainsi que le gouvernail de profondeur, alors que le reste de l'appareil est métallique) releva les indications :

MOD-S-17 DTD 308 Sur l'aileron gauche : DTD 314 Une plaque de contrôle moteur portait : Serial NQCQV1445 ORG N°QC issue n° 7 Test pressure 70 LBS-IN OW GPM Max test temp 135 C TORES PEF 27 B 227B.

Une mèche de cheveux du pilote figure dans les "successions" du service de recherche des morts et disparus de l'armée de l'air.

G. L'Herbier. 15 novembre 1944. »

Il y en avait là plus qu'il ne fallait pour identifier l'avion du commandant Schlœsing. Les lettres PL indiquaient l'appartenance de l'appareil au groupe «Alsace». La lettre C était celle du patron de l'unité.

La triste nouvelle fut donc communiquée aux parents du «grand Chleu». Ils ne purent que confirmer que leur fils ne se séparait jamais de son Opinel de scout... Le 16 décembre, ils firent célébrer un office religieux en sa mémoire.

Notes

[1] Porté disparu : statut officiel de tout combattant dont le corps n'a pas été retrouvé et identifié formellement.

[2] Aujourd'hui conservée au musée de l'école de l'air de Salon de Provence.

▲ Germaine l'Herbier Montagnon identifia rapidement le crash de Beauvoir-en-Lyons comme celui du commandant de l'Alsace.

▲ Relique émouvante des derniers instants, le brevet de du commandant Schlœsing. Il a perdu son étoile... qui selon la tradition «guide le pilote». Le numéro au verso (3370) semble ne correspondre à rien de connu.

◀ La première sépulture de Jacques-Henri Schlœsing, avant son transfert dans le cimetière du village.

▽ La ferme aujourd'hui, et le monument, à quelques mètres du lieu du crash.

ANNEXE II

SCHLŒSING VU PAR...

Bernard Dupérier, in *La vieille équipe*[3], décrivant les pilotes affectés au groupe de chasse «Île-de-France» en formation à Turnhouse et après avoir présenté Fournier lisant Platon dans le texte :

« Son inséparable, le sous-lieutenant Schlœsing, est le fils d'un pasteur protestant. Très grand et très mince, son regard clair découvre dès l'abord une âme pure et nette comme une épée; celui-là est un chef né. D'esprit plus mûr que ne le laisserait supposer ses vingt-trois ans, beaucoup de choses en lui se comprennent mieux quand on sait que son père, fait prisonnier sur la ligne Maginot, toute la famille Schlœsing s'est retrouvée à Londres sans s'être concertée par un réflexe naturel chez ces Alsaciens de bonne race.
Je suis sûr déjà, après avoir passé ces quelques semaines avec eux, que Schlœsing et Fournier seront parmi ceux qui feront la relève des anciens quand nous disparaîtrons. Ils feront des chefs de la meilleure trempe. Entre leurs mains, flights et squadrons iront à la gloire et c'est pour moi un énorme appoint que de les sentir là. »

Six mois plus tard, le groupe étant en opération, basé à Westhampnett :

« Hier soir, avec Schlœsing, que tout le monde ici appelle "le grand Chleu", je suis allé dîner pas très loin de Tangmere, chez sa mère qui va repartir pour la France. J'ai été extrêmement impressionné par l'extraordinaire élévation morale de la mère et du fils. Des fils, devrais-je dire, car Mme Schlœsing avait amené en Angleterre ses deux cadets et y retrouva notre "Chleuh", déjà là, arrivé en avion. Aujourd'hui, l'un des deux jeunes est marin, il sert comme «midship»[4] sur la corvette Roselys qui s'illustra en convoi il y a quelques mois, l'autre est à l'école des Cadets, à Malvern, et ira rejoindre bientôt nos forces du Proche-Orient. Après une soirée qui fut pour moi très douce par tous les souvenirs qu'elle avait évoqués, nous primes congé de Mme Schlœsing que je chargeai de messages pour les miens. »

Et enfin en postface de La vieille équipe :

« Le commandant Schlœsing avait pris à mon départ le commandement du groupe "Île-de-France". Il fit à sa tête de très nombreuses missions et fut très vite considéré par ses chefs britanniques comme un des meilleurs commandants de squadrons de la RAF.
Le 13 février 1943, au cours d'un combat dans la région d'Abbeville, contre un ennemi très supérieur en nombre, il vit son appareil mis en feu à plus de onze mille mètres d'altitude. Le toit mobile se bloqua et Schlœsing ne réussit à se dégager et à sauter que deux mille mètres plus bas, très gravement brûlé au visage, aux mains et aux chevilles. Malgré des blessures atroces, il préféra se cacher pendant trois jours dans un bois afin d'échapper aux recherches des Allemands et pour pouvoir revenir prendre sa place au combat. Aidé par la Résistance, il était de retour à Londres moins de trois mois plus tard. Là il subit opération sur opération pendant plus d'un an et enfin le 24 août 1944, il prenait le commandement du groupe «Alsace». Quarante-huit heures après, hélas, il était abattu au-dessus de la forêt de Bray, dans le Rouennais, laissant à tous le souvenir admirable d'un héroïsme pur, sans tache, calme et discret. »

Daniel Monod, pasteur, lors de la cérémonie religieuse du 16 décembre 1944, au temple du Saint-Esprit, à Paris :

« Jacques-Henri Schlœsing n'était pas un guerrier; ni son tempérament, ni ses goûts ne le portaient vers la guerre, le risque, l'aventure. Bien que le mot lui eût répugné, il a été un héros...
Son visage, tel que nous les montrent les photographies, avait pris une singulière virilité, une gravité où se reflétaient les rudes expériences et les lourdes responsabilités. À côté de ce visage, notre cœur évoque celui de l'adolescent, son sourire lumineux, doucement ironique, indulgent aux autres, accueillant, bienveillant.
Ces deux visions s'éclairent et se renforcent l'une l'autre et leur fusion fait la beauté de cette vie si courte et si complète... »

Jean Fournier, ami intime de Schlœsing, commandant du groupe «Île-de-France» en 1943-1944, en première page du Times de Londres (en français, à la rubrique Obituary[5]) :

« Le commandant Jacques-Henri Schlœsing est tombé au champ d'honneur le 26 août 1944, alors qu'il commandait un groupe d'aviation sur le front de Normandie. Deux ans auparavant, à la tête d'un autre groupe, abattu au-dessus de la Somme et grièvement blessé, il avait regagné l'Angleterre, puis quand vint la Libération, il avait repris l'air, ses blessures à peine refermées, dans l'impatience d'y prendre part, échappant presque aux médecins.
Les deux unités qu'il a commandées, naguère filleules des deux provinces auxquelles il était attaché par la naissance et par l'adoption, "Alsace", "Île-de-France", garderont sa mémoire comme un idéal. Pour nous, dont il fut le camarade, nous subissons encore le charme rayonnant de toutes les complaisances que Dieu avait mises en lui. Nous l'évoquons familièrement tel qu'il a vécu parmi nous, se distinguant par la prestance et le caractère; son âme adonnée tantôt à la découverte enjouée et incrédule de la réalité quotidienne, tantôt à la jouissance inquiète et grave de l'absolu que la musique lui procurait et lui rendait de plus en plus indispensable. L'esprit exigeant mais sans arrogance s'accommodait avec humour de la mortification mentale que cette guerre signifiait si souvent pour lui. Sa supériorité restait bienveillante quand elle devenait caustique. Loin de l'embarrasser lui-même, elle l'amusait. Loin d'affecter de la dissimuler par modestie, il s'en servait par gentillesse.
Les hommes l'adoraient. Dans leur imagination, l'épopée de son retour à travers la France occupée avait déjà presque sublimé la réalité physique de sa présence. Plus profonde encore que ce culte ingénu est la piété fraternelle à laquelle sa glorieuse fin le voue. »

Roland Béchoff, sous-préfet, pilote de l'«Île-de-France», dans une lettre à Henri Lafont, autre camarade de combat, datée de 1984 :

« De tous nos disparus du 340, J. Schlœsing est de ceux dont je conserve le souvenir le plus vivace. Au vrai, j'admirais dans "le grand

Chleu" comme on l'appelait, une sagesse, une autorité et une courtoisie rarement rencontrées chez un garçon de cet âge, et qui faisaient de l'excellent pilote qu'il était déjà, du brillant leader qu'il allait devenir, un jeune homme d'exception.

Son évasion à travers la France et l'Espagne, après avoir été abattu avec d'affreuses brûlures, soulignerait, s'il en était besoin, son courage et la trempe peu commune de son caractère.

Quel exemple pour les jeunes générations qu'une telle carrière à proprement parler héroïque, et aussi quels regrets laisse la disparition d'une personnalité si prometteuse quand on pense aux tâches qu'elle aurait pu accomplir dans la France d'après-guerre... »

François Jacob, professeur de médecine, prix Nobel et académicien, in La statue intérieure[6]:

« *Saisissante rencontre, près de Hull : un de mes anciens camarades de classe, Jacques S. J'avais conservé de lui le souvenir d'un garçon sage, timide, réservé, parlant peu, premier en gymnastique. Je retrouvai un homme très droit, déterminé, sûr de lui, plein de l'autorité que lui conférait son uniforme d'aviateur à quatre galons, bardé des plus hautes décorations ; et surtout nimbé du destin tragique que révélait un visage déformé par les cicatrices. Engagé dans la France Libre dès juin 1940, S. était devenu pilote de chasse et avait commandé le groupe « Ile-de-France ». Abattu en flammes sur le Nord de la France, il avait été gravement brûlé aux yeux et aux mains ; mais était parvenu à sauter en parachute. Presque aveugle, il avait pu se réfugier dans une ferme. De là, un réseau de résistants l'avait fait passer en Espagne, puis en Angleterre. Après plusieurs opérations, il avait retrouvé l'usage de ses yeux et de ses mains. De quoi reprendre l'entraînement. Quand je le vis, en mai 1944, il espérait bien retrouver sa place au combat. Il la retrouva. Il fut abattu et disparut... le 26 août 1944, à l'heure même où de Gaulle descendait les Champs-Élysées. »*

Notes

[3] Éditions Berger-Levraud, 1946.
[4] Enseigne de vaisseau.
[5] Nécrologie.
[6] Éditions Odile Jacob, 1987.

ANNEXE III

DÉCORATIONS ET CITATIONS

Citation à l'ordre du groupe aérien, n° 4 856/1 du 17 juillet 1942

Magnifique officier qui n'a cessé de donner le plus bel exemple depuis son arrivée au groupe. Toujours volontaire, a exécuté brillamment vingt-cinq missions au-dessus des territoires occupés, dont huit comme chef de section. Le 4 juin 1942, a intercepté et gravement endommagé un Junker 88 au-dessus de la Manche.

Cette citation comporte l'attribution de la Croix de guerre avec étoile de bronze.

Citation à l'ordre de l'armée de l'air, n° 53 du 30 novembre 1942

Jeune commandant d'escadrille qui réunit toutes les qualités du chef et du chasseur. Compte cent vingt heures de vol en opérations et quarante-sept sorties au-dessus des territoires occupés. Le 2 novembre 1942, a eu l'occasion de montrer toute sa valeur en attaquant des chasseurs ennemis au-dessus d'Abbeville avec sa section. A abattu et probablement détruit un FW 190 au cours de cette action qui a contribué à un brillant succès de son unité sur la chasse ennemie.

Cette citation comporte l'attribution de la croix de guerre avec palme.

Citation à l'ordre des forces aériennes françaises libres n° 1 681 du 15 février 1943

A effectué soixante-neuf missions de guerre au-dessus de la France, dont quatre lors des opérations combinées de Dieppe. Dans ces opérations, a fait preuve des qualités de chef qui lui ont valu le commandement du groupe « Île-de-France ». A endommagé un Junker 88 et participé à la destruction d'un DO 217.

Cette citation comporte l'attribution de la croix de guerre avec palme.

Distinguished Flying Cross du 4 août 1943

Cet officier a fait preuve, en opérations aériennes, d'un courage et d'une force d'âme dignes des plus grands éloges. Il a participé à de nombreuses sorties au cours desquelles il a sûrement détruit un avion ennemi, probablement détruit un autre et endommagé un troisième.

Décret du 16 août 1944 portant attribution de la Croix de la Libération

Jeune commandant de groupe de chasse qui a rallié les forces aériennes françaises libres dès juillet 1940 et constamment manifesté ses qualités de chef et de combattant.

Le 13 février 1943, à la tête du groupe de chasse « Île-de-France », au cours d'un combat aérien à très haute altitude contre un ennemi supérieur en nombre est parvenu, grâce à son sang-froid, à sortir de son avion en flammes. Grièvement brûlé au visage et aux yeux, a pu donner toute la mesure de son énergie et de sa volonté inflexible en échappant à la poursuite de l'ennemi pendant deux jours dans la campagne française.

Recueilli et soigné par de courageux patriotes français a mis tout en œuvre avec une ténacité remarquable pour reprendre sa place au combat. Est le premier pilote des Forces aériennes françaises libres qui a rejoint son unité après avoir été abattu au-dessus des territoires français occupés.

Il est intéressant de noter que Schlœsing fut proposé dès juin 1943 pour la Croix de la Libération, cet ordre que de Gaulle créa pour récompenser les plus hauts faits d'armes des combattants de la France libre.

Mais la demande signée du général Valin s'égara, tout bêtement.

En novembre, le commandant Dupérier relance le cabinet du général de Gaulle. Dans la semaine qui suit, il lui est répondu qu'un télégramme part aussitôt vers le comité français de la libération nationale (CFLN) à Alger, *« pour régler rapidement ce qui aurait du être résolu depuis longtemps »*... Nouveau silence. Le 22 avril 1944, le chef de cabinet militaire du général de Gaulle, relancé une nouvelle fois, adresse une correspondance au commissaire de l'air du CFLN pour lui demander de constituer un nouveau dossier de proposition, le précédent étant... à nouveau égaré!

Le conseil de l'ordre émettra finalement un avis favorable le 16 mai 1944. Le décret portant attribution sera signé par de Gaulle le 16 août, plus d'un an après la demande initiale, dix jours avant la mort du commandant Schlœsing.

Citation à l'ordre de l'armée de l'air du 20 août 1944

Magnifique soldat et entraîneur d'homme hors de pair. Commandant d'escadrille puis commandant du groupe «Île-de-France», au cours d'un an d'opérations, a accompli cent quarante-huit heures de vol de guerre, totalisant quatre-vingt-cinq missions offensives. Abattu en combat aérien en territoire occupé par l'ennemi, et bien que gravement blessé, a réussi à se soustraire aux recherches de l'ennemi. A pu rejoindre la Grande-Bretagne. Trois fois cité à l'ordre de l'armée.

Cette citation comporte l'attribution de la Croix de guerre avec palme et accompagne la nomination au grade de chevalier de la Légion d'honneur.

ANNEXE IV

DISCOURS DE BERNARD DUPÉRIER, DÉPUTÉ DE PARIS, LORS DE L'INAUGURATION DE LA RUE COMMANDANT SCHLŒSING, TROCADÉRO, LE 18 MAI 1965

Il y a vingt-cinq ans aujourd'hui, l'armée allemande déferlait sur la France et tout semblait perdu. L'une après l'autre, les lignes de repli s'effondraient et bientôt n'allaient plus rester que deux voies, ouvertes à ceux qui refuseraient de plier le genou devant l'envahisseur : le combat de la nuit que Paris, l'autre jour, a voulu exalter en portant au Panthéon les cendres de Jean Moulin et l'autre combat, dans l'amertume de l'exil, serré autour du seul allié resté encore debout, avec les Tchèques, les Polonais, les Belges, les Danois et les Norvégiens.

Vous souvenez-vous, Monsieur le Ministre, de cette conversation que nous avons eue en novembre 1940, à Marseille, et de vos paroles de ce jour là? *« Nous restons ici, me disiez-vous, pour lutter contre l'occupant par tous les moyens, mais il faut que les aviateurs, eux, aillent à Londres. On y a besoin d'eux ! »*

C'est ce combat-là que choisit Jacques-Henri Schlœsing, conscient de ce que ses jeunes ailes pouvaient apporter à la Royal Air Force. Aussi est-il parmi les premiers à arriver en Angleterre où le général de Gaulle le détache dans la RAF. Alors commence pour lui, qui croyait aller tout de suite au combat, la longue épreuve des écoles et de l'apprentissage imposé aux nouveaux venus.

Mais cette déception n'entame pas son enthousiasme et il se met à travailler d'arrache-pied pour se classer parmi les meilleurs.

Enfin, en novembre 1941, il est prêt et ses notes le font choisir pour être de ceux qui formeront le premier groupe de chasse français en Grande-Bretagne : le groupe «Île-de-France».

Très vite, il s'y distingue par son adresse de pilote, comme par son étonnante personnalité, qui fait de lui un chef né et cela en dépit de son extrême jeunesse.

Après le premier combat de groupe auquel il participe d'ailleurs et où nous devions perdre les trois meilleurs d'entre nous, il est nommé chef de patrouille. Le capitaine Fayolle, qui est son commandant d'escadrille, le choisit alors come adjoint et, lorsque la RAF fera à Fayolle l'honneur de lui confier le commandement d'un groupe britannique, c'est à Schlœsing que, d'accord avec le général Valin et avec nos alliés, je donnerai le commandement de son escadrille.

C'est lui enfin, que je recommanderai pour me succéder à la tête du groupe, lorsque je le quitterai au mois de décembre de la même année.

Sa prise de commandement devait dépeindre l'homme tout entier. Après une très brève cérémonie militaire, Jacques-Henri, une fois de plus, m'avait montré la qualité de son cœur en me remettant, au nom de ses camarades, mais sur une idée qui était de lui, ce qui pouvait me toucher le plus : un très beau recueil des compte- rendus du groupe, somptueusement réunis dans une reliure ancienne. Puis, dans l'heure qui avait suivi, le commandant Schlœsing, à la tête du groupe qui était maintenant le sein, avait remporté trois victoires sur la Luftwaffe.

Ce groupe, il le mènera dès lors de victoire en victoire, faisant adopter par la chasse alliée toute entière un nouveau dispositif de combat qu'il a imaginé et qu'il a mis au point avec son commandant de secteur, le célèbre group captain Malan, le plus brillant chasseur de la bataille d'Angleterre.

Mais le 13 février 1943 au matin, le groupe «Île-de-France» se trouve engagé à dix mille mètres d'altitude au-dessus d'Abbeville, dans un combat disproportionné contre la chasse ennemie. Les Français remportent trois victoires, mais le *Spitfire* de Schlœsing est touché et prend feu. Jacques-Henri décide tout de suite de sauter, mais le dispositif de largage du cockpit se coince et ce ne sera que trois mille mètres plus bas qu'il réussira, enfin, à sortir du brasier et à se jeter dans le vide, le visage, les chevilles et les mains affreusement brûlés par le feu qui dévore l'appareil.

Et c'est dans cet état que, pendant quarante-huit heures interminables, il se cachera dans les bois pour échapper aux Allemands qui l'ont vu descendre et le cherchent partout. Il faut avoir vu cet homme au courage indomptable parcourir ainsi la campagne de taillis en taillis, alors qu'il était aux trois quarts aveuglé, obligé pour voir où il se traînait, de relever ses paupières carbonisées de ses doigts mutilés. Il faut avoir été cet homme entièrement tendu vers la poursuite de son combat pour avoir résisté sans défaillance à la tentation de se rendre à l'ennemi tout proche qui aurait sur le champ pansé ses blessures et calmé ses souffrances. Il faut avoir été cet homme qu'animait une volonté surhumaine pour être allé sans faiblir jusqu'à l'extrême limite d'une agonie sans nom, et cela parce qu'il sentait, obscurément peut-être, qu'au-delà des brûlures de sa chair, il lui restait un exemple à donner et qu'il y avait aussi l'honneur, dont il avait la charge à ce moment précis, de ceux qui avaient le bonheur de se battre à visage découvert, au grand soleil, mais qui l'heure venue, devaient savoir se montrer dignes du Peuple de la Nuit, de ceux de la torture comme de ceux des camps.

Jacques-Henri Schlœsing, d'un acier sans défaut, a tenu, pour l'honneur, jusqu'au bout de ses forces, et c'est épuisé, aveugle et délirant que le découvriront ceux de la Résistance. Ils le soignèrent et le ramenèrent à Paris, dans sa famille. Respectueux de sa volonté de retourner au combat, ils le convoyèrent ensuite, dès qu'il fut transportable, jusqu'à la frontière d'Espagne, pour qu'il puisse aller chercher son destin, et, après avoir participé à la tête de son groupe à la Libération, si longtemps attendue, si chèrement payée, trouver en plein ciel, le trépas exemplaire d'un grand pilote de chasse.

Permettez-moi, Monsieur le Pasteur, Madame, vous qui avez donné à la France l'un des plus purs héros de son armée de l'air, mais qui lui avez aussi donné, je veux le dire ici, un second fils, François, lieutenant de vaisseau de l'aéronavale, permettez-moi, en m'inclinant très respectueusement devant votre douleur, de vous dire aujourd'hui que jamais leur exemple ne sera oublié. Jacques-Henri a rejoint, dans la pérennité de la tradition de notre armée, les Guynemer et les Marin La Meslée derrière qui, avec son frère, se profile, pour nous qui les avons connus, la foule innombrable de nos camarades disparus en plein ciel.

▲ Sépulture actuelle du commandant Jacques-Henri Schlœsing, à l'entrée du cimetière de Beauvoir-en-Lyons. Chaque année une cérémonie s'y tient le 26 août.

ANNEXE V
QUELQUES INSIGNES DU *SQUADRON* 340

⌃ Origine inconnue... mais en possession de quelques anciens.

⌃ Fabrication 2ème G.M. Pas de référence. Don d'un ancien du groupe.

◂ Fabrication britannique 1942 1944. Cet exemplaire a appartenu au LT Lepage, affecté au groupe en février 1943. Il est intéressant de noter que les premiers exemplaires étaient numérotés. L'actuel commandant de l'escadron « Île de France » (équipé de Rafales) porte toujours l'exemplaire attribué à... B. Dupérier.

⌃ Fabrication 1944 45. Arthus Bertrand.

⌃ Fabrication contemporaine.

Insignes perçus par un pilote du groupe en 1944. L'insigne du bas était porté sur la combinaison avec laquelle il fut abattu en avril 1945.

Insigne tissu collé dans le carnet de vol d'un pilote présent au groupe en 1943.